"受广东省高水平大学重点学科建设项目《服务21世纪海上丝绸之路重大战略需求的经管学科融合创新体系建设》资助"。

JOURNALIST

记者
如何转型

新闻从业者职业生涯变动的
动因与路径

陆扶民　　主编

中国社会科学出版社

图书在版编目（CIP）数据

记者如何转型：新闻从业者职业生涯变动的动因与路径/陆扶民主编.
—北京：中国社会科学出版社，2018.4
ISBN 978 - 7 - 5203 - 1937 - 9

Ⅰ.①记…　Ⅱ.①陆…　Ⅲ.①新闻工作—研究—中国
Ⅳ.①G219.2

中国版本图书馆 CIP 数据核字（2018）第 004797 号

出 版 人	赵剑英
责任编辑	陈肖静
责任校对	石春梅
责任印制	戴　宽

出　　版	中国社会科学出版社
社　　址	北京鼓楼西大街甲 158 号
邮　　编	100720
网　　址	http://www.csspw.cn
发 行 部	010 - 84083685
门 市 部	010 - 84029450
经　　销	新华书店及其他书店

印　　刷	北京明恒达印务有限公司
装　　订	廊坊市广阳区广增装订厂
版　　次	2018 年 4 月第 1 版
印　　次	2018 年 4 月第 1 次印刷

开　　本	710×1000　1/16
印　　张	17.5
插　　页	2
字　　数	255 千字
定　　价	76.00 元

目　录

序 言

范以锦

一拿到《记者如何转型——新闻从业者职业生涯变动的动因与路径》书稿，就有一种亲切感。书中访谈对象大多是我所熟悉的。他们中的一些人转型时曾在业界引起反响，在新闻学界也引发争论。本书通过他们的叙述和点评，原原本本传递了他们的观点，这对我们如何客观看待新闻从业者转型现象，以及推动"万物皆媒"时代媒体人才走势的研究将有帮助。

透过 22 位转型者的观点可以看出，新闻从业者转型是互联网技术进步和媒体环境变化后的一种正常的媒体人才流动现象。本书主编陆扶民直言："记者只是职业的起点。"当然从一而终的坚守者还是不少的，陆扶民指的是相当一部分人可能会出现这种情况，而且这里说的"职业"指的是专业媒体尤其是传统媒体的新闻职业，并不包括其他岗位的类似传媒的职业。"万物皆媒"时代，无论哪个人、哪个职业都有可能与新闻传播沾边。专业新闻人退出之后，其实很快又在别的平台做曾经做过的相关的事。陆扶民结合 22 位转型者的情况归纳出新闻从业者的"去向"有五：互联网公司、自主创业、去企业、走专业路线、从政。只要考量分析一下会发现，他们的新岗位与媒体、与做内容关联度极高。比如到互联网公司，只是换了一个平台，做的还是内容传播。书中的访谈对象金杜原任职南方都市报社、后进行自主创业，她创建了旅行民宿品牌"宛若故里"，其常用新媒体平台去推广业务。转型到企业的不论是从事企业形象维护、品牌推广，还是公共关系、媒体关系岗位工作，也都与媒体相关。本书的访谈对象曾是业界的骨干，而他们现在从事的工作大多是原来身份的延伸，从书中感受到他们转型并不是对做媒体的失望。曾在南方日报社十余年、于2015年加盟乐视的周虎城说，"现在是媒体人的黄金时代"，"转型是延伸和拓展"，"传播内容的人永远不会被淘汰"。行业不断变化的现实和个人发展的需求，两者之间的权衡，有人选择坚守，有人选择离开，当属正常。不能说留下来的没有追求，也不能说离开的就放弃了理想。留下来的，在艰难中创新，继续实现新闻理想；离开的，在新的平台开拓，以另一种方式实现理想，如果做的依然是与媒体相关的工作，则在另一个平台实现新闻理想。本书中的访谈对象陈伟军，由南方日报社主任编辑转为暨南大学新闻与传播学院教授、博导、新闻系副主任，其转型并非转行，不仅继续实现其新闻理想，而且培养、带动了一批具有新闻理想的人才。

其实，不仅新闻从业者在转型，新闻学生也需适应转型，因为他们毕业时除少部分进入传统媒体，大部分进入到了新媒体及各类机构从事内容传播方面的工作，可称之为泛媒体就业。然而，新闻学生所具有的媒介素养不管到了哪个岗位都终身受用，如果他们在媒体业界历练过就等于为未来发展积聚了能量。本书中的访谈对象、长隆集团市场总经理熊晓杰的女儿也是学媒体的，他要求女儿："无论人生今后怎么变化，一定要做一段时间的媒体，比如说两三年我觉得是必需的。因为媒体它会给人很多其他行业所给不到的。理想主义精神、思维高度、见世面和各种资源的积累，这都是做媒体的一个好处。"曾就职于南方都市报社、现为微信公众号"黎贝卡的异想世界"的主理人方夷敏，在访谈中表露："如果我有小孩，他们也愿意，我希望他们去当一下记者。因为这是一个可以很快接触到很多人、看到很多事情的平台。"她还说："内容创作对我来说是最兴奋的。"他们的看法对新闻学生认清自己的专业方向是大有裨益的，新闻学生应该坚定不移地提升自己的媒介素养。即便未来有的人完全改行，但媒介素养以及在媒体的历练给他们带来的独立思考、对事物敏感、善于组织策划、懂得传播效果等能力对工作是很有帮助的。

本书抓住了时下学业界共同关注的话题，且有很强的针对性，这与主编陆扶民的经历有关。他 1992 年 7 月大学本科毕业进入羊城晚报社工作，2017 年 1 月调动到广东外语外贸大学新闻与传播学院任教。业界工作 24 年，实践经验丰富——既从事过记者工作，也做过编辑管理；既在羊城晚报社工作过，也参与创办市场化程度较高的都市类媒体《新快报》；既有纸媒的实践经验，又牵头组建新快网，关注网络和新媒体的发展。正因为这样，其主编的这本书能很好地接地气，很有现实的意义。细读这本书，我觉得具有如下三个特点：其一，独特的研究角度。由于主编的个人经历，给这本书带来了业界和学界的双重视角，使得传统媒体离职现象研究的资料更为翔实，视野更为开阔，立场更为客观。比如，编者在导读中指出，"新闻从业人员转型也是人力资源的一种重新配置，适当的流动对个人、对行业、对社会未必就是坏事"，认为新闻人由于职业规划中途离职，没必要给予道德上的否定。"只要他们在岗一天尽职尽责，就无可厚非。主动离职与被动离职，在道义上都是平等的。"现在媒体转型的研究大多从机构转型的角度切入，关注新闻人转型的研究较少。事实上，只有了解新闻人的发展需求和离职原因，才能有针对性地制定人才培养方案和人事管理制度，为新闻事业留住优秀人才。其二，创新的学科理念。编者提出"新闻职业阶段化"的观点，认为新闻职业今后对部分人来说将是一个阶段性职业，新闻学院不仅要教会学生如何进入新闻界，而且应当教会学生如何退出新闻界。因为，只有知道为什么会退出，才能了解新闻路上将出现怎样的障碍，才能找到长期扎根新闻界的办法；只有知道如何退出，才能规划好记者的职业生涯，才能变被动变化为主动变化，增加人生成功的概率。对大多数新闻人来说，记者是不是一个过渡性职业，还有待进一步观察。但编者提出如何培养复合型人才的观点——新闻人的本科和硕士研究生阶段应该"专业错位（新闻＋其他专业）"的观点值得关注。在泛媒化的时代背景下，机构传播平台将需要大量的新闻传播类大学毕业生，必然要求他们既懂得采、写、编、评和摄、录、播等业务技能，又要了解相关行业的基本情况。考虑到目前各高校新闻院系的毕业生每年只有少量进入新闻机构工作的现实情况，培养就业适应面广的复合型人才是有其市场逻辑的。对于在职的新闻人来说，新闻职业阶段性的特点也强调了在职继续学习的重要性。本书不少转型成功的新闻人就是很好的例证。其三，互动的教学模式。这是一部由新闻学院老师（主编）与新闻学专业本科生、前知名新闻人共同完成的专著，参与的学生至少在三个方面有所收获：（一）访谈对象都曾经是优秀的新闻人，采写业务技能过硬，能够在接受采访过程中指出学生的优、缺点，从而提升学生的采写技能。指导老师按发表的标准修改学生作业，又必然让学生在修改中体会改与不改的差异。学生第一次真实情境的采访，就能将新闻写作课的"作业"变成"作品"，有利于提升学生的成就感，以及进一步学习新闻专业的兴趣。比如，专访陈朝华的报道已经在《新闻记者》杂志的微信公众号发表，并且获得了较高的阅读量。（二）增强学生学习新闻专业的信心。访谈对象无不肯定记者工作对社会和个人成长的重要作用，这种互动是新闻理想和新闻精神传承的很好形式。同时，访谈也解答了学生心中许多疑虑，比如学习新闻专业有无前途等。（三）有利于新闻专业的学生做好职业规划，增强终身学习的意识。谈对象都是"过江猛龙"，他们对记者职业的深刻体验不是大学课堂所能轻易获得的。他们都是课外指导老师，以过来人身份谈记者职业规划和终身学习更有说服力。像尹捷改行做公关部部长之前，去英国学习过公众传播与公众关系专业；罗爱萍改行做律师前，攻读过法学硕士学位。一位采访过罗爱萍的学生说，她准备报考社会学专业的研究生，把自己打造成复合型人才就是一个例证。

从现实来看，传统新闻人跳槽转型趋势继续加剧中。这并不意味着新闻人放弃了理想的追求，也并非意味着新闻学生前景渺茫。从《记者如何转型——新闻从业者职业生涯变动的动因与路径》一书中，我们已经看到了这些知名度极高的转型者做出了客观、理性的回答，无论对坚守者、转型者还是新闻学子，都应该会有所启迪。

（作序者范以锦为暨南大学新闻与传播学院院长、教授、博导）

论新闻职业阶段化

陆扶民

2016 年秋，正在办理调动手续的我，应邀到广东外语外贸大学新闻与传播学院，给新闻系 2015 级学生讲授《新闻写作》。第一次站在大学讲台上，面对一群如我女儿一般年龄的学生，心中不免忐忑：作为一名有 24 年新闻龄的教师，我能给他们带来什么？会不会误人子弟？……

某日，偶遇复旦大学新闻学院张涛甫教授，他曾在广州地区一家报社短暂工作过。谈起新闻人到高校任教的话题，他建议，要努力影响那些有志从事新闻事业的年轻人。我俩不谋而合。

第一堂课，我让他们观看柴静的演讲视频：

> 一个国家由一个个具体的人构成，它由这些人创造并且决定，只有一个国家能够拥有那些寻求真理的人，能够独立思考的人，能够记录真实的人，能够不计利害为这片土地付出的人，能够捍卫自己宪法权利的人，能够知道世界并不完美、但仍然不言乏力不言放弃的人，只有一个国家拥有这样的头脑和灵魂，我们才能说我们为祖国骄傲。只有一个国家能够珍重这样的头脑和灵魂，我们才能说，我们有信心让明天更好。[①]

---

① 柴静：《看见》，广西师范大学出版社 2013 年版，第 404—405 页。

我还跟他们分享，2016 年夏天参观哥伦比亚大学新闻研究生院时看到的一段铜刻文字：

> 我们的共和国及其新闻媒体将休戚与共。有能力的、公正的、具有公众精神的媒体，拥有训练有素、是非分明、有勇气去献身的从业人员，就能够保持公众道德。没有这种公众道德，人民政府将虚伪而可笑。一个愤世嫉俗、唯利是图、蛊惑人心的媒体，则迟早会制造出一个同样卑劣的民族。塑造共和国未来的力量，将掌握在未来的新闻从业者手中。[1]

有学生说，她想做柴静那样的记者。我心生喜悦。因为，有职业偶像的人，其职业忠诚度要高于没有职业偶像的人，这是学者们的调查发现。[2]

当时，恰逢学院举办职业规划大赛，班上几个学生找到我，希望能给些意见。结果，学生拿了一个一等奖、一个二等奖和一个优秀奖。真是一群有理想的年轻人！那个时候，我反而担心：当理想照不进现实时，他们能否依然坚持？如果不能，他们能否找到人生的幸福？于是，我给学生布置了分组采写大作业：记者如何才能成功退出新闻界？

拿到这个题目，不少学生感到困惑：我们还没进入新闻界，老师就教我们如何退出新闻界？！

我跟学生说，我有一个"歪论"：新闻学院不仅要教会学生如何进入新闻界，而且应当教会学生如何退出新闻界。因为，只有知道为什么会退出，才能了解新闻路上将会出现怎样的障碍，才能找到长期扎根新闻界的办法；只有知道如何退出，才能规划好新闻记者的职业生涯，才能变被动变化为主动变化，增加人生成功的概率。

---

[1] ［美］约瑟夫·普利策：《新闻学院》，《北美评论》（*North American Review*）1904 年第 5 期（文中所引，转译于哥伦比亚大学新闻研究生院一楼大堂的铜刻英文）。

[2] 陆晔、俞卫东：《传媒人的职业理想——2002 上海新闻从业者调查报告之二》，《新闻记者》2003 年第 2 期。

　　听了我如此这般的解释，学生们才感到释然。他们努力的成果，便是呈现读者面前的这本学生习作——《记者如何转型——新闻从业者职业生涯变动的动因与路径》。令人欣慰的是，学生们不仅从前辈那里分享了专业体验，而且收获了专业自信。细读他们的"采访札记"，你能感受到他们的困惑、思考和感悟，以及对新闻记者职业的向往。感谢受访的朋友们，是你们帮助我完成了课堂上未完成的任务。

　　正如基克加德所说："生活要向前看，但对生活的理解只能向后看。"① 对新闻职业的理解同样如此。我相信，这些"过江猛龙"的人生感悟值得读一读，尤其是对那些正在学习新闻传播专业的学生，以及那些彷徨中的新闻人。

记者只是职业的起点

　　在探讨记者如何转型之前，应该首先问一问：记者有必要转型吗？许多已经转型的新闻人，估计和我都有类似的职业体验：踏足新闻界的时候，压根儿就没想过，有一天我会离开我所热爱的这个行业。

　　我大学本科毕业那年，刚好碰上邓小平南方视察，全国激起"改革开放的滚滚春潮"②，就业形势大好。我和班上一位广东籍同学到了羊城晚报社。入职前，报社要求签订劳动合同，约定五年内不得离职。我心想："这不是多此一举吗？'羊晚'是多好的平台，我也要像很多前辈那样，力争做个优秀记者，而且一直做到退休。签什么合同呢？对新闻专业出身的我们来说，难道还有比新闻更好的职业？"多年后，我的同学去了美国读研、读博，最后进了香港某大学从事新闻教育工作。而我也不例外，最终到了高校。至此，与我同年进入羊城晚报社工作的大学毕业生，已有近半的人离职。

　　我的经历并非个案。

　　本书访谈对象张海波，现任广州市少年宫副主任。2016 年，他回

---

　　① 转引自彼德·科利尔、戴维·霍洛维茨，［1989］2004，《破坏性的一代——对六十年代的再思考》，北京出版社出版集团、文津出版社，引言第 5 页。

　　② 陈开枝：《1992·邓小平南方之行》，中国文史出版社 2004 年版，第 161 页。

母校武汉大学参加毕业 20 周年同学聚会时发现，以前做记者、现在还待在新闻行业的同学，剩下不到原来的三分之一。他进入新闻界的 1996 年，正是市场化程度较高的都市报兴起之时，新闻业经历着"那些金子一样的日子，闪亮得让人不敢相信"①。

有一组被广泛引用的数据，可以佐证我们对媒介环境的直接感受。2014 年，南方报业传媒集团聘任员工（占总员工数的 15%）有 202 人离职，这一数据在 2012 年、2013 年分别为 141 人、176 人。离职员工中以记者、编辑等采编人员为主。分析发现，入职前 3 年最容易辞职，共有 102 人离开，占 2014 年度离职总人数的一半，入职 5—9 年辞职的占到将近三成。②

假设这些离职者大多是本科毕业生，入职前 3 年辞职，最多也就 25 岁；入职 5—9 年辞职，也就是 27—31 岁。即使他们大多是硕士研究生，这种情况与中国香港报业新闻从业人员的流动也越来越像："大部分记者都是在 30 岁前甚至 25 岁前就选择离开报社"，"总的来说，很少有人会长期留在媒体工作，十个人大概只有两个人留下来"。③

对于新闻行业的离职现象，不少论者以"年轻化"或"青春饭"来描述，如美国《新闻人》（*The News People*）一书指出，"新闻行业是年轻人的行业"（Johnstone，Slawski & Bowman，1976）。国内相关调查也证实了新闻职业"年轻化"的趋势。2002 年，一项调查发现，上海新闻从业者平均年龄为 34.7 岁，较之 1997 年的全国调查（平均年龄 37.4）相比，平均年龄有所下降。④ 2012 年 11 月至 2013 年 1 月，一项针对全国 5 家报业集团 2109 位新闻从业者的问卷调查发现，新闻从业者的平均年龄为 32 岁，这个数字与 1997 年的全国调查相比小了 5 岁左右。约

---

① 陈菊红：《哈佛乱翻书：从〈南方周末〉到哈佛》，花城出版社 2005 年版，第 267 页。
② 郭全中：《核心人力已不在》，《中国出版传媒商报》2015 年 1 月 27 日第 22 版；胡林：《南方报业集团 202 人离职折射下的纸媒转型困境》2015 年 1 月 10 日，http://help.3g.163.com/15/0110/14/AFJU7D4A00964K91.html。
③ 果蕾、王静、戴熙、王慧敏：《香港报业新闻记者从业人员的流动探究》，《传播与社会学刊》2013 年（总）第 24 期。
④ 陆晔、俞卫东：《传媒人的职业理想——2002 上海新闻从业者调查报告之二》，《新闻记者》2003 年第 2 期。

有 76% 的新闻从业者年龄在 35 岁及 35 岁以下，50 岁以上的仅占 2%。①

在我看来，"年轻化"只是从年龄的层面对新闻从业者整体特征进行概括，如果站在从业者的角度，用"阶段化"来描述新闻职业特征更为准确。所谓"阶段化"，是指对部分新闻从业者来说，新闻职业今后将是一个阶段性职业，而不是从一而终的终身职业。

其实，在欧美国家新闻职业阶段化早已不是什么新鲜事。法国有一句谚语："新闻事业是通向一切的途径——只要你能跳得出去。"② 美国学者也认为，新闻报道是"众多行业的入门"，"报社记者积累的经验往往是各种其他职业的基础。随便查查那些已故和健在的公众人物的成长背景，就会发现一串令人印象深刻的名字：许多市长、州长、参众两院议员、大使、演员、公司总裁、大学教授都曾当过记者，这份名单中甚至还包括一位美国总统和总统夫人。"③

在中国，新闻职业阶段化正成为一种趋势。有研究者指出，近十几年，传统媒体人出现了三次离职潮：第一次发生在 2000 年左右，新闻门户概念兴起，一批优秀媒体人加入互联网媒体；第二次发生在 2007 年左右，传统媒体处于巅峰时期，一些不甘于现状的媒体人和有商业头脑的广告人员，"变现"媒体内部资源优势和外部企业主的人脉优势，离职创办公关公司、广告公司，或到大企业、公关公司从事品牌公关工作；第三次发生在 2014 年以后，传统媒体正值"寒冬"，越来越多的媒体人离职创业或做自媒体。④ 也有业界人士以 1.0 时代、2.0 时代和 3.0 时代来形容这三次离职潮。⑤

应该说，新闻职业阶段化是社会变迁的一个缩影。

这种变迁用当代著名社会学家齐格蒙·鲍曼（Zygmunt Bauman，

① 张志安、张京京、林功成：《新媒体环境下中国新闻从业者调查》，《当代传播》2014 年第 3 期。

② ［美］杰克·海敦：《怎样当好新闻记者》，伍任译，新华出版社 1980 年版，第 27 页。

③ ［美］凯利·莱特尔、朱莉安·哈里斯、斯坦利·约翰逊：《全能记者必备》，宋铁军译，中国人民大学出版社 2010 年版，第 5—6 页。

④ 姜琳琳：《当下我国传统媒体人离职现象研究》，山东大学 2015 年硕士学位论文。

⑤ 栾春晖：《媒体人的几次离职潮》，《青年记者》2015 年第 1 期。

1925—2017）的"流动的现代性"的概念来说，就是现代社会向后现代社会的转变。后现代的基本特点是流动和不稳定性，在这种社会里没有固定的规则，一切都在变化之中。不再有永恒的关系、纽带，人际间互有牵连，但不再着重紧密扣紧，在于可以随时松绑。用更抽象的话来说，就是确定性代表了现代性，而不确定性则代表了后现代性，不确定性就是流动性。鲍曼把后现代社会称作"液态现代世界"①。

在"液态现代世界"中，个人职业发展模式出现了新变化。早在20世纪90年代后半期，西方学者关注到，由于信息技术发展、全球化进程加快和市场竞争加剧，企业组织和员工职业发展途径也发生着深刻变化，人才流动越来越频繁。在一两个组织内完成从低到高的传统线性的、静态的、不变的职业发展模式，已经很难描述和解释现实社会中的职业生涯（注：指个人的工作序列）新变化。1994 年，学者亚瑟（Arthur M B）为此正式提出了"无边界职业生涯"（boundaryless career）②概念，它预示着："雇员不再是在一个或两个组织中完成终身职业生涯，而必须在多个组织、多个部门、多个职业、多个岗位实现自己的职业生涯目标，职业生涯的不稳定性或动荡性将更加突出，员工将可能更多地面对职业生涯危机，个人自我职业生涯管理的能力将变得极其重要。"③ 这个概念的提出，激发了众多学者对现代职业生涯研究的兴趣。

作为社会系统的一部分，新闻业在新技术的冲击下也在逐渐呈现出"液态"特征。国内外一些学者近几年开始以"液态新闻业（liquid journalism）"④ 的概念来描述这种新变化，而本书"记者转型"关注的就是新媒体时代"记者职业生涯变动"的新趋势，属于"职业生涯变动"的一种情形。需要指出的是，"记者转型"是对"记者职业转型"

---

① ［英］齐格蒙·鲍曼：《来自液态现代世界的44封信》，鲍磊译，漓江出版社2013年版，第1页。

② Arthur, M B., "The boundaryless career: A new perspective for organizational inquiry", *Journal of Organizational Behavior*, 1994, 15（4）：295 – 306.

③ 王忠军、龙立荣：《知识经济时代社会资本与职业生涯成功关系探析》，《外国经济与管理》2005 年第 2 期。

④ 陆晔、周睿鸣：《"液态"的新闻业：新传播形态与新闻专业主义再思考——以澎湃新闻"东方之星"长江沉船事故报道为个案》，《新闻与传播研究》2016 年第 7 期。

的简称，本书特指记者离开传统媒体转向其他行业或其他类型的媒体。其中，"记者"一词取其广义上的意义，亦即"新闻从业者"。有的受访者虽然从经营岗位离职，但此前曾经从事新闻采编工作，因此仍视之为"记者转型"的延续；"职业生涯变动"一词，则指"个体职业生活路线的变化，可能同时变换职业和工作单位，也可能只变换职业而工作单位不变，也可能只变换工作单位而职业不变化。"① 变动的内容包括工作（内容）变动、单位变动和地位变动。本书关注的是新闻从业者在传统媒体外的职业转型，以及由此引发的相关变动。

在"无边界职业生涯"理论的视域下，影响职业生涯的因素有个人与环境两方面，因此，本文亦尝试以此为框架，分析新闻职业阶段化的动因。

新闻职业阶段化的个体需求

是什么原因导致了新闻职业阶段化？

这是与职业忠诚度有关的问题。近十五年来，国内多个关于新闻从业者的调查都涉及职业忠诚度，如 2002 年上海新闻从业者调查②、2002—2003 杭州市新闻工作者调查③、2010—2011 年国内调查记者职业忠诚度及其影响因素的调查④。但是，这些调查是在国内报业经营业绩"断崖式"滑落之前进行的，无法反映当今新闻从业者职业忠诚度的现状。至于影响新闻职业忠诚度的因素，上海调查认为有九个：年龄、职称、从业年限、专业背景、海外经历、有无偶像、是否感到竞争压力、对新闻工作者社会地位的自我评价、对新闻工作自主程度的自我评价。杭州调查认为，影响新闻从业者今后五年继续从事新闻工作意愿的因素

---

① 吕杰：《人力资本、社会资本与职业生涯变动研究》，南开大学 2011 年博士学位论文。

② 陆晔、俞卫东：《传媒人的职业理想——2002 上海新闻从业者调查报告之二》，《新闻记者》2003 年第 2 期。

③ 吴飞：《新闻从业人员的职业忠诚度》，《浙江大学学报》（人文社会科学版）2006 年第 7 期。

④ 张志安、沈菲：《调查记者的职业忠诚度及影响因素》，《中国地质大学学报》（社会科学版）2013 年第 3 期。

是：职称、职务、媒体类型、专业。

根据本次对 22 位转型新闻人深度访谈的结果，我认为，新闻职业阶段化的首要动因是新闻从业者的心理需求。根据马斯洛的需求层次理论，人类需求像阶梯一样从低到高按层次分为六种：生理需求、安全需求、社交需求、尊重需求、自我实现需求和超越性需求。据观察，新闻从业者退出新闻界的主要动机，大多在于获得尊重和自我实现这两个较高的需求层次。

相比其他行业，记者的"成长"无疑是较快的。这是因为，记者是一个与人、与社会各行各业打交道的职业，社会接触面广，是"最接近生活本源的人"[1]。人是什么？用马克思的话来说，"人的本质不是单个人所固有的抽象物，在其现实性上，它是一切社会关系的总和。"[2]可以说，人脉资源是记者最宝贵的社会资本。另外，从知识社会学的角度来看，新闻工作又是与知识有关的活动。记者面对的太阳每天都是新的，必须不断地学习，他们必然又比其他行业的人员更容易积累知识和经验。如果这些积累和能力的提升无法在新闻机构内体现其价值，那么在行业之外"自我实现"就不可避免了。本书访谈对象、广州汽车集团股份有限公司公关部部长尹捷，谈到转型的首要原因时就提到："经过亚运会锻炼，我觉得自己能力有很大提升，学习了很多新东西。再回到台里，就有点像从大海走到溪流里的一种感觉，这种平台的约束感就比较强。"

尹捷"跳槽"，是因为个人成长碰到了"天花板"。与此不同的是，有的人没有碰到"天花板"，但根据个人职业规划也会"跳槽"。我所见过的最有效率的记者职业规划，是一位非新闻专业的大学毕业生，干了一年时政记者，立马转做产经记者，进而转去广告经营部门，最后跳槽到了一家广告公司做高管。这是成长性需求的另一种情形。对于这种不把记者当作终身职业的人，业界多有不屑：神圣的新闻事业怎么就成

---

[1] 转引自张志安，见陈竹、周凯《学新闻：是无冕之王还是新闻民工》，《中国青年报》2011 年 3 月 21 日第 12 版。
[2] 《马克思恩格斯选集》第 1 卷，人民出版社 2012 年版，第 135 页。

了某些人的"跳板"呢？在我看来，这种道德评判大可不必，只要他们在岗一天尽职尽责，就无可厚非。主动离职与被动离职，在道义上都是平等的。

最难以探寻的是转型新闻人的尊重需求，即使他们受了委屈也难以言表，一般的访谈是无法找到真实答案的。如今火爆自媒体圈的"罗胖"（罗振宇）接受许知远采访时直言，离开央视是因为不知什么原因把领导得罪了，领导要降他的职——从《对话》栏目制片人挪到一个小栏目做副制片人。试想一下，有多少人能忍受这种屈辱？事后，"罗胖"在他的节目里大发感慨："在一个组织内部，无论是政府机关组织，还是一个公司的组织内部，衡量个人价值的尺度是什么？是领导啊。一个人干得好不好，讨不讨领导喜欢这是关键。他的喜怒哀乐、他的个人偏好，都对一个人的市场价值产生致命的影响。""个人喜好这个标准的不确定性恰恰非常大。也许他就是看你不顺眼，那你这一辈子可能有几年就要被蹉跎掉。"我相信，如果不是因为那位领导（郭振玺）落马了，估计"罗胖"也不会说出他心中的委屈。

本书也有受访者直言，因为换了领导，干得不舒心就走了。其实，要想令人不舒心，"套路"有的是。比如，某位主任如果想炒掉不想要的员工，就可以少派活，或者对他完成的工作给予较低的分数，让他连续几个月完不成任务。这时候，报社就可以根据劳动合同坦然辞退这名员工。又如，行业不景气，报纸版面压缩，报社不想背负炒人的恶名或赔偿，就会通过调岗或大幅减薪的办法，让员工知难而退。

恶劣的人际关系容易让员工缺乏安全感和尊重。当一个人在组织内感到"没面子"，又看不到未来——行业的未来或自己在一个组织内的未来，像"罗胖"这样真正有市场化能力、敢于冒险的骨干出走就自然而然了。人际关系对于新闻职业忠诚度的重要性得到了实证研究的验证，比如，一项针对国内调查记者群进行的问卷调查表明，对工作协作关系回报满意的记者，愿意从事时间更久的调查记者。[①]

---

① 张志安、沈菲：《调查记者的职业忠诚度及影响因素》，《中国地质大学学报》（社会科学版）2013年第3期。

有人担心，如果不具备能力或没有冒险精神的人继续苟活在体制内，期望政府的包养，传统媒体岂不成了混吃等死的"养老院"①？其实，"混吃等死"的安逸日子也不是每个人的期待。咪蒙（真名马凌）说，辞职前，她每天工作半天就差不多，月入一两万。有大把时间做自己喜欢的事，部门领导特别开明，同事们都很友善。为什么还要辞掉这么爽的工作？第一个原因：那种曾经的热血再也没有了，她越来越找不到职业尊严。第二个原因：她学不到任何东西了。② 咪蒙的困扰，完全可以用马斯洛需求层次理论来解释，而且我相信，咪蒙说出了许多新闻人的心声。

另外，个人职业发展过程中遭遇的职业停滞或职业倦怠现象，也有可能造成新闻人职业中断。本书访谈对象、人称"黎贝卡"的方夷敏，她战胜职业倦怠的办法是换一个新领域。她说："有些人很适合在一个领域中耕耘一辈子，而我转型是因为我觉得我在那个领域很疲态了，我需要一个新的兴奋点"，"我进入疲态期的时候，会觉得比较难熬。我会觉得，当我对它没有那么强的学习欲望和动力时，我会慌，会思考怎么度过。从时政转到做娱乐、从娱乐转到做自媒体，这些都是。我是通过新的领域重新开始学习，激发自己的学习欲望。"

新闻职业阶段化的环境因素

导致新闻职业阶段化的深层次原因，是市场化就业机制和技术变革所带来的媒介环境变化。

魏武挥认为，"媒体人离开传统媒体，最直接的动因就是'收入'"。③在他看来，一些传统媒体人的离职告白有"矫情"之嫌。其实，媒体行业的工作是极其自由的，上下班时间并不固定，而内容写作上的感觉不自由，是多年来的事情，用不着现在像发现新大陆一样恍然大悟。本

---

① 郭全中：《核心人力已不在》，《中国出版传媒商报》2015 年 1 月 27 日第 22 版。

② 咪蒙：《我为什么辞掉稳定的工作？》，2016 年 3 月 4 日，http://mp.weixin.qq.com/s/Nk9i4cZf1JaSeqVHTge-bQ。

③ 魏武挥：《那些年出走的媒体人们》，《社会观察》2014 年第 3 期。

书一位访谈对象就坦言，他转型的主要原因是"为了五斗米折腰"。有了家庭之后，记者微薄的薪水已经不能支撑整个家庭了。即便他珍视记者的身份，也不得不去了收入较高的报社广告部门，后来还是离开报社，最后创办属于自己的广告公司。

有人哀叹，纸媒行业记者收入十年无增长，"无冕之王"早已沦为"新闻民工"。"每月拿着8000块，和一帮一月拿数十万的公司老总们高屋建瓴地谈产业规划，这是财经记者；每月拿着7000块，留着哈喇子说着年薪百万以上的人怎么吃穿玩乐，这是时尚记者；每月拿着6000块，两眼放光地写'中国向何处去'之类的文章，这是时政记者；每月拿着5000块钱，全国各地要追查真相，常常被赶出门偶尔被追打，这是记者中的战斗机，调查记者。"①

一项针对广东23家传统媒体、302位从业者的问卷调查显示，56.62%的被调查者认为，自己在工作中的付出和收入不成正比；近五成（45.7%）的被调查者认同传统媒体从业者的职业角色越来越低端化。②本书访谈对象、《民营经济报》原副总编辑黄华军，是1987年进入华中理工大学（现华中科技大学）就读新闻专业的，他还记得1987级里面有一个江苏省文科状元。时隔27年之后的2014年，当江苏省理科状元吴呈杰面对蜂拥而至的新闻记者说出自己的"记者梦"时，却遭到"良心记者"苦口婆心般的规劝，最后改读北京大学经济专业。这种转变也折射出新闻从业人员社会经济地位的变迁。

新闻从业者收入"十年无增长"的背后，反映的是市场逻辑。作为一种劳动力，新闻从业者的薪酬水平是由市场供求关系决定的。目前，新闻职业的人力资源供给远远大于需求。

据《新闻战线》杂志透露，截至2015年年底，全国有681所高校开设新闻传播类专业（包括新闻学、广告学、广播电视学、传播学、

---

① 王晓：《记者：当理想照不进现实——朝阳行业中的黄昏岗位》，《学习博览》2013年第3期。

② 谢亮辉：《近半媒体人有职业危机感，超五成认为付出和收入不成正比》，《南方都市报》2014年12月15日第A II 22版。

编辑出版学、网络与新媒体、数字出版),相关专业布点达到 1244 个,每一百个在校本科生就有 1.4 个是读新闻传播专业的。① 在校本科生的人数现有 23 万,如果加上硕士和博士研究生 (2012 年的人数约为 3 万),在校学生多达 26 万人。在就业人数急剧增长的同时,不少报社减版减人,传统媒体对人才的需求不断缩减。据中华全国新闻工作者协会公布的数据,截至 2014 年年底全国在职的新闻采编人员只有 25.8 万余人。当然,这只是持有新闻记者证的人数,而实际从业者据说超过百万。但是,考虑到各类非新闻传播专业毕业生涌入媒体,新闻传播类专业毕业生学非所用的情况是非常普遍的。目前,一线新闻学院的毕业生如果能有三分之一进入新闻机构工作,已经是非常亮丽的"成绩单"。

新闻行业劳动力长期供大于求的后果之一,就是从业者的薪水难以提升。面对大量的新生力量,新闻机构没有加薪挽留人才的积极性,相反,还可能利用"新人"调动"老人"的积极性。国内某报社一位副总编辑曾把记者工作比喻为一群人的自行车比赛——"新人"年轻,体力好,冲劲大,前进速度快,这就迫使"老人"加快速度,不停向前,形成你追我赶的局面。可是,在这种状态下,记者其实是在透支体力和精力,久而久之,"老人"就会干不动,"新人"也会变"老人"。加上聘用制和末位淘汰制,流动是不可避免的。

面对喋喋不休的抱怨,新闻机构有足够的定力。因为,职员年轻化有其好处:一是节省成本,年轻职员不存在医疗卫生、退休保险等问题;二是新人可以带来新理念和新想法。以中国香港为例,一些报业高层甚至认为,人员流动快、人员流动幅度大是报业的特质,不需要大惊小怪。即使一个资深人员因为经济考虑离开报社,报社一样可以花同样价钱找到另一个资深人员,或者以同样的价钱请两三个新人顶替资深离职记者。《东方日报》静态新闻组"资深"与"资浅"记者比例为3:7,这已算行业内较理想的情况。②

----

① 胡正荣、冷爽:《新闻传播学类专业学生就业现状及难点》,《新闻战线》2016 年第 11 期。

② 果蕾、王静、戴熙、王慧敏:《香港报业新闻记者从业人员的流动探究》,《传播与社会学刊》2013 年(总)第 24 期。

平心而论，新闻从业人员转型也是人力资源的一种重新配置，适当的流动对个人、对行业、对社会未必就是坏事。2017年2月6日，中央全面深化改革领导小组第三十二次会议审议通过《关于深化中央主要新闻单位采编播管岗位人事管理制度改革的试行意见》，其中一个要求就是"完善考核评价和退出机制"。从某种意义上来说，部分新闻从业者退出新闻界也是一种制度安排。

学者 Van Buren 认为，"雇主和雇员越来越不希望建立终生关系。"①这一观点或许还有争议，但毫无疑问，无边界职业生涯中的最大获益者将是雇主。

引起媒介环境变化的第二个重要因素是技术变革。

在移动互联网时代，传统媒体衰落是无法阻挡的趋势。2014年为什么被称为"传统媒体人出走元年"？背后的事实是：2013年互联网广告收入超过报纸，2014年互联网广告收入超过电视和报纸之和，2015年互联网广告收入（2096.7亿元）超过电视、报纸、广播、杂志四大传统媒体广告收入总和（1743.53亿元）。

有失也有得。当马歇尔·麦克卢汉说"媒介即是信息"的时候，他一分为二地分析了媒介对人和社会的影响——新媒介的诞生，既淘汰一些就业机会，也为人们创造新的角色。移动互联网技术的发展，又何尝不是如此呢？它不仅导致传统媒体的崩溃——受众迁移，二次销售模式坍塌，新闻人看不到希望而出现离职大潮，而且为有价值的新闻人创造了新的机会。本书访谈对象"智谷趋势"公众号创办者、《南方周末》原编委邓科，"黎贝卡的异想世界"公众号创办者、《南方都市报》原首席记者方夷敏等人，得益的正是技术变革带来的机会。试想一下，如果没有行政许可，他们能创办属于自己的纸质刊物吗？

有能力、有勇气从事内容创业的新闻人毕竟是少数，更大的机会来自机构媒体。互联网技术的普及，让个人、政府部门、企业和其他社会机构拥有了自己的喉舌或营销平台。就拿反腐动态新闻来说，过去都由

---

① Van Buren H J Ⅲ., "Boundaryless careers and employability obligations", *Business Ethics Quarterly*, 2003, 13 (2): 131 – 149.

专业媒体发布，现在首发的是纪委监察部门的网站，连专业媒体都只能转发它们的消息。"泛媒化"——任何一个个体或社会组织都可以利用互联网技术构建自己的信息发布平台——扩大了新闻人的就业空间。陈彤辞掉新浪网总编辑之后，第一站是"小米"公司，担任副总裁，负责内容投资和内容运营。"小米"只做自媒体不做广告，是企业"脱媒化"——企业宣传推广摆脱传统媒体——的典型，它通过做内容实现公司与用户的零距离接触。

"纸媒在下滑，报人价值却在提升"[1]，这是睿者的眼光。

何处可转？ 何时该转？

新闻职业阶段化将是一个趋势，既然如此，新闻人应当如何转型呢？我们不妨把"如何"二字拆分为两个维度：一是空间——何处可转？二是时间——何时该转？

中国香港的调查[2]发现，新闻从业人员总体上离开本行业的人比例较高，其中有经验的人离开报社后基本会转行，经验少的人离开后还会留在行内。行内流动规律是日报往周报、周报往月刊，薪酬高、压力小是决定因素。而广东的调查[3]发现，15.56%的人也会考虑行内流动，想去更好待遇或符合自己价值观的其他传统媒体，而有改行意愿的人所占比例更高，14.24%的人会选择自主创业，12.25%的人选择政府部门或事业单位。24.5%表示跳槽会首选新媒体公司（如百度、阿里巴巴、腾讯等）。如果这类调查放在2017年来做，我相信选择改行的人会更多。

本书访谈的22名转型新闻从业者，来自中国媒体重镇之一的广州地区，他们的职业转型路径颇具代表性，主要包括互联网媒体、自主创业、企业和专业人士。本来，从政也是新闻人的转型方向之一，但是，这些转型者通常都不愿接受访谈，我们只好留个遗憾。

---

① 范以锦：《纸媒在下滑，报人价值在提升》（卷首），《岭南传媒探索》2016年第3期。

② 果蕾、王静、戴熙、王慧敏：《香港报业新闻记者从业人员的流动探究》，《传播与社会学刊》2013年（总）第24期。

③ 谢亮辉：《近半媒体人有职业危机感，超五成认为付出和收入不成正比》，《南方都市报》2014年12月15日第A II 22版。

概括来说，新闻人职业转型的去向有五：

第一个去向——去互联网媒体。

严格上来说，新闻人去互联网媒体工作算不上改行。从传统媒体流动到互联网媒体，只是换了一个平台，做的还是类似工作，就像在一个报社之内，同样一支采编队伍会同时为纸媒和网媒工作一样，两者虽有差异，但仍然是做内容工作。在强调"整体转型，深度融合"的今天，传统媒体与新媒体难分彼此。因此，本书只选取了三个代表性人物，这不代表互联网媒体不重要，相反，它是新闻传播专业毕业生的主要就业渠道之一。2014 年，我对华中科技大学新闻与信息传播学院在粤毕业生的去向进行过统计，发现人数最多的机构是南方报业传媒集团，第二多的机构是腾讯集团。

第二个去向——自主创业。

在所有"退路"之中，自主创业无疑是最激动人心、最有勇气、最具不确定性的创举，因此本书访谈对象选择最多的还是这一类型的转型新闻人。他们之中，既有延伸新闻人价值的内容创业者，也有将从业经验和社会资本"变现"的商业创业者。尽管有人认为，"整体来看，媒体人出来创业成功率很高"[①]，但我对本书两个受访对象的告诫印象深刻。

一个是旅行民宿品牌"宛若故里"创始人金杜。她说，每个人的个性不一样，我喜欢挑战，拥抱变化，有坚忍不拔的意志，也许我就适合去创业。但像我这样的媒体人并不多，即便像我这样的人去做创业，成功的也只有1%。创业本身就是一条九死一生的路，是所有的路里最难的一条，创业并不是媒体人转型的首选。

另一个是社交民宿平台"朋友家"APP 的创始人兼 CEO 蒲荔子。他认为，媒体采编跟真正市场化操作有三个矛盾，包括工作方式、作息方式和思维方式。如果直接从采编出来创业，第一次基本会失败。如果想相对稳一点，就去一个市场化的企业磨炼一下，了解市场企业的运作规律。所谓产品思维，不是说我一天念个十遍八遍就会有，它是建立在

---

① 卢韵如：《从前有一个记者，后来他去创业了》，《南方都市报》2015 年 11 月 13 日第 A24—A25 版。

失败的基础上的，要你踩过坑要经过失败才会出现。

新闻人创业九死一生的例子太多了。38 岁辞职搞影视公司的咪蒙，第一年就烧掉了 400 万元。我的一位朋友早年从报社辞职创业，赚了一点钱就去拍电视剧，结果亏得一塌糊涂，差点儿翻不了身。后来，有人帮他总结教训：一定不能拿自己的身家性命去创业，把房子卖了，老婆孩子住哪儿？烧钱要烧风投的。讲不好故事，圈不来投资，你就别创业了。现在，他的失败教训成了他跟风投谈投资的最好故事素材。

创业要正视自己的优势和劣势。高樟资本创始人 CEO 范卫锋认为，媒体人创业有"三强三弱"。优势是"三强"：普遍见得比较多，大视野方面比较强；人脉比较强，关键时候能够发挥极大作用；表达能力、包装能力比较强，"从 1 到 10"的宣传能力强。劣势是"三弱"：实际商业经验较弱，容易被很多流行的畅销书、术语、概念诱惑；对单个垂直领域的极致化深度挖掘较弱，容易流于表面，浅尝辄止；构建一个商业模式的能力较弱，"从 0 到 1"对很多媒体人是一个挑战。[①]

第三个去向——去企业。

新闻人到企业担任公关宣传工作是转型的典型路径之一。香港中文大学教授李立峯的观点[②]很有代表性，他认为，就香港公关公司或企业的公关部门而言，一个资深记者对媒体的熟悉度及从业经验，会对企业发展产生正面影响。他们会更加看重记者从业经历及人脉资源。换言之，这是一条"变现"新闻人社会资本和经验的"退路"。职位较高的新闻人，身价通常较高。

据栾轶玫转述，2005 年，网易以 200 万元年薪将原《环球企业家》总经理兼执行主编李甬挖来网易做副总裁兼总编辑；2012 年，万达给《京华时报》刘明胜开出 400 万元年薪；2014 年，《人物》原副主编林

---

① 卢韵如：《从前有一个记者，后来他去创业了》，《南方都市报》2015 年 11 月 13 日第 A24—A25 版。

② 果蕾、王静、戴熙、王慧敏：《香港报业新闻记者从业人员的流动探究》，《传播与社会学刊》2013 年（总）第 24 期。

天宏跳槽万达,价码已是 500 万元。后来,万达集团又挖走《南方周末》原副总编辑伍小峰、《第一财经日报》原副总编辑岳富涛。① 大企业高薪挖角,极大地提升了资深新闻人对自身价值的想象力。

企业薪酬虽高,但缺乏稳定感。南方报业传媒集团一位改了行的中层干部说,民营企业适应期是三年,否则就要"二次就业"了。改变心态是最困难的。

第四个去向——走专业路线。

这里所讲的"专业路线",是指新闻人选择职业时不以权力或财富作为目标,而是以个人兴趣或自我理解的使命感作为依据。本书把新闻人改行去高校、做律师、搞科研等都归属为这一类型。现任广州市少年宫副主任张海波就是一个典型,他离开广州青年报社后,以"十年磨一剑"的毅力,扑下身来从事媒介素养教育事业。2017 年 1 月,由他主编的教材《媒介素养》正式通过了广东省中小学教材审定委员会的审定,成为首本进入我国地方课程的媒介素养教材。

第五个去向——从政。

中国社会"官本位"的观念根深蒂固,新闻界也不能免俗。一位朋友曾对我感慨:"干了几年新闻,如果不捞个一官半职,在丈母娘面前都抬不起头。"只是,媒体内部晋升通道狭窄,而且"新闻官不是官"——掌控社会资源少,"含金量"不高。于是,不少新闻人从外部寻找机会,实现从政梦想。

每逢新闻界出了个"大官",总会引起社会关注,引起新闻人的思考:记者当官好不好?20 世纪 90 年代初曾到河北保定挂职任副市长一年多的人民日报海外版原总编辑詹国枢认为,当官好不好与多年养成的习惯和人生观有关。"记者的长处是脑子灵活,善于发现新苗头,勇于开辟新思路,而且大多文字能力较强,如果环境能让他展其所长,前景还是相当看好的。但是,记者在新闻单位干久了,接触面并不广,人际关系处理是其弱项,各种复杂矛盾的协调处理,远不如地方官员,这些

---

① 栾轶玫:《由"成名的想象"到"专业性失联"》,《视听界》2014 年第 9 期。

弱点不注意克服，仕途难免磕磕绊绊，行之不远矣。"① 詹国枢自认不适合做官，原因有三：一是整天忙忙碌碌，会议开了不少，解决问题不多；二是上下关系复杂，谁是谁的人，谁和谁不对付，根本搞不清楚，活得比较累；三是即使坐在台上，也是一旁陪听，真个度日如年，浪费时间。

考察完去向，我们再分析"何时该转"。

五年前，有人说不少成熟记者一过 35 岁便忙着转岗改行。可如今，本书受访者的建议，"如果你要去传统媒体，不要待超过两年"。38 岁离开传统媒体的咪蒙就坦言，"迄今为止我最后悔的就是，没有早点儿辞职。当你发现你完全能胜任自己的工作的时候，你就该换个工作了。真的。因为一旦你不焦虑了，你就不会再有进步了"。② 她回想，刚入行时每一天都很惶恐，害怕自己做不好，然而，两年之后就开始游刃有余。

如此看来，是不是干两三年就该退出新闻界？

我认为，"何时该转"完全取决于离职者的期待。如果你只是想了解一个行业并掌握相应的采编技能，两三年就够了；如果你想成为一名资深记者或一个领域的报道行家，并积累一定的人脉资源，可能需要五年或更长的时间。从大量社会招聘对年龄的要求来看，30 岁前转型比较稳妥。

从业界转入学界的暨南大学新闻与传播学院退休教授黄匡宇认为，人的一生应该从事 3—5 份职业，跨越 3—5 个地域，且每个工作稳定在 5 年以上。这就是多彩人生。

新闻事业呼唤志业者

新闻职业阶段化并不可怕，因为你有了更多的选择。如果说可怕，那是因为你没意识到，你生活在一个变动不居的"液态现代世界"，这

---

① 詹国枢：《记者当官好不好》，《新京报》2012 年 3 月 17 日第 B08 版。
② 咪蒙：《我为什么辞掉稳定的工作？》，2016 年 3 月 4 日，http：//mp. weixin. qq. com/s/Nk9i4cZflJaSeqVHTge-bQ。

是一个由信息技术推动变革的时代，而你还没有为职业生涯变动新趋势做好必要的准备。

在所有准备之中，最为关键的是要把自己打造成一个复合型人才。习近平总书记在"2·19"重要讲话中指出："要适应分众化、差异化传播趋势，加快构建舆论引导新格局。"分众化传播必然要求新闻人在某个领域、某个学科具有较深的造诣，单学采写编评摄录播导等专业技能，已经难以适应传播趋势新变化。现在，一些新闻学院已经尝试在本科教育里推行"第二学位"，与其他学科联合培养复合型人才。在本科时期攻读两个学位，而且都想学得扎实，其实不容易。在本科与硕士阶段，专业错位（新闻＋其他专业）也许更现实一些。

我有一个跑法院的同事，本科读法律专业，硕士读了新闻专业，如今做得风生水起。他干得好的原因当然离不开敬业，但更重要的是他足够专业——既懂新闻，又懂法律。本书受访对象罗爱萍与我这个同事跑同一条线，她本科读新闻专业，做了政法记者之后，决定攻读法学硕士学位。为什么？"六张报纸里六个记者，三个是读法律的，三个不是。因为自己在法律方面不够专业，在跟法院的人打交道还是感觉到有不一样的地方，是很微小的那种区别对待，只是一种感觉而已，我自己是比较敏感，察觉到之后就决定去读法律。"罗爱萍读法律本来是为了更好地做记者，当纸媒不景气时，她就顺势转型做了律师。

本书受访对象胡屏建议新闻专业的学生，"学好一技之长才是最重要的。你们应该去辅修一个技术类的东西，一定要钻研一门技术，别人不可替代的技术。其实说白了就是要找方向。你们需要提早去确立方向。新闻不是方向。可能未来你还是会做传播，但是你一定要找到一个点。"

"新闻专业的学生通常上手快，架势像，但略显后劲不足、特色不明显"①，这是新闻界的共识。本科选读了新闻专业的学生，就意味着你必须不断地学习，补充其他专业知识。一位学生结束转型新闻人访谈

---

① 宋超：《当向潮头立——在新闻学院 2009 年秋季迎新大会上的讲话》，《新闻大学》2009年第 4 期。

之后，跟我说想报考社会学专业的研究生。这也是我希望通过访谈达到的预期效果之一。我经常鼓励我的学生，只要家庭条件允许，就应该报考研究生，而且要争取报读非新闻专业的研究生。目的只有一个，把自己打造成复合型的人才，提高职业竞争力。国内外一些实证研究显示，受教育程度在职业生涯变动中发挥重要作用。高学历者可以更好地实现其职业抱负，通过工作变动提升其工作满意度的可能性也相对较大。

或许你会困惑：既然新闻职业很有可能变成阶段化职业，报读新闻传播专业还有必要吗？

实事求是地说，在文科之中新闻传播还是一个不错的专业，就业前景相对乐观。2013 年年底的调查发现，全国就业率达到 80% 以上。① 本书受访者无不正面评价自己的新闻从业经历，长隆集团市场总经理熊晓杰还要求女儿："无论人生今后怎么变化，一定要做一段时间的媒体，比如说两三年我觉得是必需的。因为媒体它会给人很多其他行业所给不到的。理想主义精神、思维高度、见世面和各种资源的积累，这都是做媒体非常大的一个好处。"

对新闻机构来说，学新闻与不学新闻的人，还是有差别的。中山大学传播与设计学院院长张志安认为，"学新闻专业和不学最大的不同，是不学的人，只把这个工作当成饭碗，学的人则当成理想和事业"，"学新闻的人，会对这个行业超越饭碗和工作基础上的社会责任、公共利益有更多的期待和认同"。② 一些新闻从业者调查也印证了这一点，如内地学者发现"新闻专业出身的人较之其他专业的职业忠诚度更高"③，香港调查也发现"非新闻专业毕业的离职年龄会更早一些"④。

---

① 胡正荣、冷爽：《新闻传播学类专业学生就业现状及难点》，《新闻战线》2016 年第 11 期。

② 陈竹、周凯：《学新闻：是无冕之王还是新闻民工》，《中国青年报》2011 年 3 月 21 日第 12 版。

③ 陆晔、俞卫东：《传媒人的职业理想——2002 上海新闻从业者调查报告之二》，《新闻记者》2003 年第 2 期。

④ 果蕾、王静、戴熙、王慧敏：《香港报业新闻记者从业人员的流动探究》，《传播与社会学刊》2013 年（总）第 24 期。

饭碗与事业的区别，换句话来说，就是职业与志业的区别。国学大师吴宓（1923）在《我之人生观》一文中做过精到的解释：

> 人生所作之事，可分为两种，曰职业，曰志业。职业者，在社会中为他人或机关而作事，藉得薪俸或佣资，以为谋生糊口之计，仰事俯蓄之需，其事不必为吾之所愿为，亦非即用吾之所长。然为之者，则缘境遇之推移，机会之偶然。志业者，吾闲暇从容之时，为自己而作事，毫无报酬（纵有报酬亦自然而来，非吾之所望或情意），其事必为吾之所极乐为，能尽用吾之所长，他人为之未必及我。而所以为此者，则由一己坚决之志愿，百折不挠之热诚毅力，纵牺牲极巨，阻难至多，仍必为之无懈。故职业与志业截然不同，职业较普通，志业甚特别。职业几于社会中人人有之，志业则仅少数异俗奇特之人有之。有职业者不必有志业，而有志业者仍不得不有职业。职业之功效有定，而见于当时，志业之功效无限，而显于后世。职业平淡而必有物质之报酬，志业艰苦而常有精神之乐趣，皆二者之异也。职业与志业合一，乃人生最幸之事。①

在德国社会学家马克斯·韦伯看来，"志业"更像是一种"天职"："没有这种被所有局外人所嘲讽的独特的迷狂，没有这份热情，坚信'你生之前悠悠千载已逝，未来还会有千年沉寂的期待'——这全看你能否判断成功，没有这些东西，这个人便不会有科学的志向。"②

当我们谈新闻职业阶段化的时候，其实已经默认一个现实：职业者比比皆是，志业者寥寥无几。也许有人会说，社会上哪个行业不是如此？但新闻不同于一般的行业，因为它肩负着重要的职责和使命，呼唤着那些"拥有训练有素、是非分明、有勇气去献身的从业人员"③。我

---

① 见《学衡》1923 年 4 月第 16 期（江苏古籍出版社 1999 年影印本）。
② ［德］马克斯·韦伯：《学术与政治》，冯克利译，生活·读书·新知三联书店 1998 年版，第 24 页。
③ ［美］约瑟夫·普利策：《新闻学院》，《北美评论》（*North American Review*）1904 年第 5 期。

们认清现实，不等于接受现实。新闻教育的任务之一，就是要改变这种现状，培养有献身精神的优秀从业人员。正如徐宝璜所说，"新闻学者，以养成良好新闻记者，并导新闻事业于正轨为职志者也。"① 这与美国哥伦比亚大学新闻研究生院一楼大堂墙上两行字如出一辙："TO EDUCATE THE NEXT GENERATION OF JOURNALISM；TO UPHOLD STANDARDS OF EXCELLENCE IN JOURNALISM"。

还记得被"良心记者"劝离新闻专业的那名理科状元吗？据《中国青年报》报道，正在北京大学读书的吴呈杰现在是一名校媒记者，而且痴心不改——未来想做一名记者。他在微博上吐露心迹："新闻是一条注定要长跑的路，一朝一夕不足以改变这个世界；要相信新闻依然有助于让这个世界变得更好一点，你会是千万推动者中的一员。在中国新闻的历史中，有千千万万名记者奔跑在这条没有终点的路上。"他对记者说："只要饿不死，我都会写下去的。"②

新闻事业需要像吴呈杰这样的理想主义者。

---

① 徐宝璜：《新闻学》，时代文艺出版社 2009 年版，第 106 页。
② 黄昉苨：《理科状元的记者梦》，《中国青年报》2016 年 1 月 6 日第 10 版。

一

转战网媒

陈朝华 我在悲观中坚守

朱秋雨 聂国娜

人物档案

陈朝华，1969 年 8 月生，诗人，资深媒体人。华语文学传媒大奖发起人、中国建筑传媒奖发起人。中国乡村儿童大病医保公益基金核心发起人之一。

1992 年 7 月，陈朝华毕业于华东政法学院（现华东政法大学），先后担任过南方周末记者，南方日报、《南方周末》上海记者站副站长，南方都市报编委，南方都市报副总编辑。2006 年，主持创办《南都周刊》及《南都娱乐周刊》，并兼任总编。2014 年 1 月后，被任命为《南方都市报》总经理。

2015 年年初，加盟搜狐，担任副总裁兼总编辑。

2017 年 1 月，出任 360 公司副总裁、北京时间联席总裁。

陈朝华接受我们采访的时候，刚从一个饭局抽身出来，只预留了一小时。那时他的身份还是搜狐总编辑，他坦言，搜狐的工作比起报纸要忙一些，"报纸杂志都有个出版周期，而网站这边面特别广，需要快速地反应"。而在采访中，陈朝华也透露，自己将在近期有人事变动。来到搜狐工作未满两年，在互联网媒体还算"新手"，还在"纠结"和"无奈"的他，至今已在媒体工作 25 年多了。访谈中，陈朝华讲述了当年离开南都加盟搜狐的原因，他做新闻的"初心"以及对这个行业未来的看法。

就在 2016 年 12 月 14 日，网上有消息称，搜狐计划将新闻门户的定位改为自媒体平台，自媒体权重将进一步加大，现任总编辑陈朝华将离职。当天，搜狐微信公众号发布《关于"搜狐内容部相关传闻"的声明》，称"搜狐副总裁兼总编辑陈朝华正在考虑新的职业发展选择"。陈朝华也在朋友圈引用加措活佛的一句话作为回复——"一切都是最好的安排，谢谢诸位的关心和祝福。"

2017 年 1 月 11 日，陈朝华更新了微博——"时间开始了"，正式开启了他在 360 北京时间的新旅程。

"张朝阳是个有信仰的人"

问：2015 年前后，当时门户的知名大佬们如陈彤、刘春纷纷离开门户网站，你却离开了南都，加盟搜狐。为什么会选择搜狐？

陈朝华：我在南都做了很多年，从来没想过离开纸媒，但确实是看到大势所趋，移动互联是未来的方向。

那时，我与张朝阳有了一次深谈，觉得他还是一个有情怀的人，同样是希望优质的新闻报道对社会进步有一定的推动力。搜狐的内容呈现方式更快更丰富，到门户网站可继续实现我的媒体愿景。

问：在互联网时代，你依然觉得内容还是比较重要？

陈朝华：这还是我现在内心的信仰吧。在信息化全媒体喧嚣的背景下，优质的内容对用户、对整个社会还是有它的价值。

问：为什么会选择门户网站？是不是门户更能做到这一方面呢？

陈朝华：纸媒的内容和用户是割裂的，而门户实际上就是一种渠道，一种链接内容与用户的渠道。在移动端，搜狐的布局也很早，有较大的用户基础。过去确实有很多机会找我，但我从没想过有一天我会离开南方报业。后来我一些朋友的遭遇让我感到悲凉，很不舒服。在萌生去意的那段时间，刚好张朝阳通过朋友来找我，机缘巧合，价值观也一致，我就去了。

我到门户来，其实也不叫转型，是换一种呈现方式。互联网的手段更新更丰富。

问：网站没有采编权，会不会和在报纸有很大的不同？

陈朝华：这是比较苦恼的问题。我们也是在很小的夹缝中寻找出路吧。

当然，我们也有自己的优势。除了自己原创，还可以和机构媒体、自媒体合作。运用网络的呈现手法和融媒体的技术，对优质的内容进行策划精编，然后进行一些网络化的处理，制作最及时的推送等。

还有一个优势就是：我们的原创团队能迅速地做一些最重要的报道，在题材选择和时度效的把握上体现我们的视野、能力、智慧和传播技巧。

问：在新闻生产方面，搜狐和其他门户网站（如腾讯、网易、新浪等）有什么不同吗？

陈朝华：现在几家网站对新闻的处理都差不太多。搜狐更重视平时的及时报道这一块。在去年和今年上半年，我们重视独家报道、每天快速报道，以及对每周社会热点及时、理性的评论和独家深度调查等。其实，我还是比较传统的，是媒体人用互联网的速度来做一个新闻媒体真正该做的事情。

问：到现在为止，你觉得你和当初来到搜狐的初衷有没有什么变化？

陈朝华：还是会随着环境的变化而调整。过去，我觉得自媒体是个补充；现在，觉得自媒体是媒体平台的基础，它供应的量甚至超过传统购买版权的机构媒体。我们编辑部做的原创，只做能体现我们价值观的内容，来体现我们的与众不同。慢慢地，我们的媒体属性会减弱，平台型的、生态型的、服务运营型的网站属性会更强。

"诗歌是我内心比较柔软的地方"

问：你微博上的标签信息是"半知堂主人""传媒插班生""法学留级生""诗歌翘课生"，为什么会给自己贴这样的标签？

陈朝华：那是在微博玩得比较起劲儿的时候，自己调侃自己。现在很少写诗了。"诗人"更多的是一种情怀，是对自身的精神和追求的自我提醒。"诗人"在审美上对万事万物更敏感。这也算是我内心比较柔软的地方。从高中开始，写诗一直是我习惯的一种文字表达方式。

问：在生活中还是需要诗歌调剂一下？

陈朝华：有空的时候，会看看朋友们的作品。我还是把"媒体人"作为自己比较重要的身份标签吧。"诗人"这个身份，只是用来提醒自己还是一个文化人吧。

问：平常会写诗吗？

陈朝华：平常还是会写。个人需要记录点东西的时候，诗歌还是最熟悉的方式。

"我的媒体愿景实现了一大半"

问：我很好奇，你是读法学的，为什么会去媒体当记者？

陈朝华：年轻的时候，虽然学了法律，通过一年的实习，觉得一些政法部门实际运作和自己大学学的东西有差距。自己从小就希望能写点东西，通过报道披露真相，促进事情的解决。也就是那句话——"铁肩担道义，妙手著文章"。学法律的能从事法制报道也挺好，最初的想法就是这样，想通过观察了解社会，更好地洞察人性。1992年投简历，是第一年可以双向选择的，我给广州几家媒体都投了简历，包括南方报业、羊晚、广日。最后也很幸运，《南方周末》要了我。

问：你觉得在媒体里有没有实现当初你对媒体的设想？

陈朝华：我觉得，我的媒体愿景还是实现了一大半吧。纸媒发展，特别是后来都市报发展的黄金十几年，我都基本参与了、见证了。通过媒体的报道和同事们的努力，实现了一个优质媒体的价值。

如果让我再次选择的话，我还是无悔、无憾。

问：你当记者那么多年，有没有印象深刻或一辈子难忘的时刻（或挑战）？

陈朝华：做记者，其实我还是经历了很多。我记得，当年与央视"焦点访谈"栏目合作做一个调查。那是1995年吧，在深圳有个叫ABA的外贸骗局。一个团伙，假冒了很多外贸项目，在深圳设局，把全国各地很多中小企业都骗过来谈合作，至少骗了几千万元吧。后来，我和"焦点访谈"的记者联合进行调查暗访。对方直接把电话打到办公室威胁我，说要砍我之类的话，还通过 CALL 机留言威胁要找我家人麻烦。当时，我确实有点紧张，那时才毕业两年嘛。最后，我向公安局报案了。当然，这个报道还是做了出来。我对这件事印象比较深。

还有一次去广州火车站，以前那里比较乱，我去暗访那些黑旅店。其实，我觉得这些都没啥，一方面有点紧张，但另一方面，越做下去越觉得他们是有问题的。

问：是记者的责任驱使你继续调查吗？

陈朝华：对呀！一些调查报道，还有一些读者来信或市民爆料提供的线索，只要是觉得感兴趣有价值的，都会尽力为他们抱打不平、披露真相。

"优质内容最终还会获得自己那份尊严"

问：像你刚刚说的，你们那个年代有很多调查类报道，很多报道会伸张正义、抱打不平，但现在这种优质报道越来越少，你觉得是什么原因呢？

陈朝华：哪怕现在是移动互联网时代，我认为还是有一批人会努力提供更真实、专业的报道，只是在这过程中，会有更多不和谐的东西在干扰记者的调查、转移读者的视线。现在这种有热血、有情怀、有勇气的记者还有不少。也许是现在社会更加多元了，大家更加浮躁了，更加功利了。相对来说，整个社会在以自我为中心，大家对重大事件、热点的关注度没那么高了。我觉得，有信仰的记者还是相信新闻报道的力量、舆论的力量，对社会的转型进步有助推作用。有时候，受访对象通过新闻报道改变了他们的命运，感受到社会的公平、正义和人间温暖，对调查报道记者来说，这很有成就感。

问：搜狐有很多让我们印象深刻的独家娱乐新闻。抢娱乐新闻的独家，是不是这个行业的常态？

陈朝华：对。现在因为技术的发展和多平台竞争，很多消息已经没有什么独家的概念了。在这种情况下，大家都希望能快点把消息发出来。过去，纸媒把报纸做出来，时效性实际上是减弱了，而现在网络媒体是以一分钟、两分钟的单位来计量时效性的。这就是现状！

很多娱乐新闻实际上就是一个短消息，能够第一时间发出来就是独家新闻。当然，我们也用融媒体的手段做深度分析、做策划，也有比较强的出品，但这些始终不及以八卦、独家等方式发出去的报道获得的关注度高。我也是很无奈。但我相信，除了快速消费资讯，慢慢地，用户也会对文本有要求、有期待的。更加有内涵的文章，慢慢地还是能找到它的用户的。

问：在互联网时代，大家可能会更加关注热点，如一个娱乐"小鲜肉"的动态，而不是真正优质的内容。这样对你会不会是一种打击？

陈朝华：对，用户会这样。现在传统媒体优质的深度报道越来越少，这里面有管制的问题、有传统媒体自身的问题。而更纠结的是，广泛的"吃瓜群众"越来越不关心时事了，这是社会心态的问题。

过去，有同情心、同理心，大家对重大事件的关注会高一点。但现在，事情可能不在我身边，就不关注了。事件报道的多元传播越来越撕裂。受众的共同认知越来越少，大家看到的是个性化的，我喜欢的，我看到的，就是我的全部。五六年前我就说过在某种程度上，互联网让用户越来越封闭，现在移动互联时代，资讯消费千人千面，这种感觉更强烈了。

普遍的、需要大家去守护的、有价值的信息，我们或者传媒希望在报道里面能够引发大家去思考的这一块，是弱化了。大家有点"去媒体化"，只关心自己，只知道一点资讯就够了。这也是现在我们比较纠结的。

搜狐新闻有时会去挖掘一些重要的报道，但是主流用户的关注度并不高。这是比较悲哀的现状。但不管怎样，总好过没人去做。比较欣喜的是，并不是整个行业都崩溃了，还是有些人比较有思想、有情怀，愿意报道、呈现真实的社会。主流的用户还比较年轻，他们都会成熟，也要知其所以然，这些重要报道会启发他们，拓展他们的视野。我始终相信，优质的新闻内容最终还是会获得自己的那份尊严的。

问：你还是保持乐观？

陈朝华：我不叫乐观，我是在悲观中坚守。我是略悲观的，但不至于绝望。虽然现在是比较喧嚣、比较浮躁，但慢慢地会回到还有自己那份尊严、使命和存在价值的时候。

问：这算是自媒体崛起带来的弊端吗？

陈朝华：太过多元后，失去了标准。在一个共同的社会，需要一些底线，也是标准。

问：你现在还会看报纸吗？

陈朝华：看得比较少，出差的时候在机场看。你会发现，大部分的纸媒都是在重复网上做过的内容。一些杂志独家的专题策划、深度报道，还是品质挺高的。

"有些人离去不值得大惊小怪"

问：在这种媒体的发展趋势下，你的前同事苟骅做过判断——未来的三到五年，至少会有一半媒体人要离职或面临转型的问题。你怎么看这个观点？传统媒体人转型的方向你觉得怎样是最好的呢？

陈朝华：媒体人不再服务于一个机构媒体，而是自己进行创业或服务于新媒体，我还是认为这不是转型，而是换一种活法，换一种工作方式。

自媒体更多的都是一些情绪型、观点型的内容为主，呈现事实的文章不算特别多。但能够提供事实性报道且质量比较高的自媒体，以后也会慢慢机构化。

同一个城市如有五六张同质化的日报，在移动互联网和社交媒体的碾压之下，肯定会继续洗牌，更加的少。就像《东方早报》和《京华时报》停刊，但它们最后也还会是一个网络发布的媒体。我去年就说了，这是机构本身受到了挑战。有些人离开，不值得去大惊小怪，这是社会的一种发展趋势和市场化共赢的改革。过去同质化媒体太多，也该好好调整了。如果去掉行政化手段，很多纸媒的存在和其价值已经相背离，本来也不值得惋惜。

问：传统媒体记者转型时，原有的技能不足以适应新媒体，这种情况会不会导致一些人失业？

陈朝华：有三五年历练、比较称职的记者，如果他的适应环境能力、对新生事物的接受能力、学习能力比较强，不管过去跑社会、时政、文化、娱乐、财经或者其他新闻，都比较好找工作。转型的话，很多会去自媒体做平台、做公关，以前一些人脉积累和文字表达能力会发挥作用。很多人过去就有出色的选题把握和采写能力，到了门户网站或互联网公司之后，如果能掌握内容产品化的能力和自媒体、融媒体的呈现手段，具有更强的服务意识和活跃的思维，在商业网站里做原创报道，你会明显感觉他们的作品质量会高一些。

我一直认为，从纸媒到商业网站，不算是转型，只是换一种方式去从事原来的工作。而去自媒体，像黎贝卡、咪蒙这类的，通过自己过去的积累然后融通了网络表达的精髓，在这个时代做得特别有个性，能够吸引一大批人，他们让你能得到更多更有品位的资讯。

你想换的一个工作，没有说哪个方向是最好的，能够发挥自己的能力就好。没有哪个方向最好，能发挥过去的积累就好。越专业越垂直，价值越大。自媒体包罗万象，会有自我的定位。

"在这个时代要懂点技术"

问：那你觉得传媒中最重要的是什么？是内容、技术还是渠道？

陈朝华：内容是基础、王道、最主要的入口，因为有内容才能吸引用户去打开；技术是霸道，在平台竞争中更加重要。移动互联智能时代，数据挖掘能力和机器对用户精准判断，都是技术优先。例如，聂树斌案各家传媒内容都是大同小异，技术好、渠道强的平台，其资讯传播的速度就更快，用户体验也就更好。

不过，在这样同题竞争的背景下，采编能力的高低和重点挖掘角度的差异往往更能体现职业媒体人的价值，比如搜狐在这次同台比拼中，一篇"聂树斌案沉冤昭雪，所有的赞美都是可耻的"的评论，就被刷屏，被很多人记住了。

问：现在媒介变化如此快，对当代新闻专业/其他大学生/传媒人能力的要求发生变化，更加看重哪些能力？

陈朝华：如果我选择手下的话，会一看最基本的文字表达能力，因为现在很多人的文章都写得很有个性化，我觉得需要比较看重。

二看对社会现象的关注度，要有自己的独特思考能力。

三看执行能力。不是坐在办公室，是突破能力、坚持力、发现力。

四看视野和阅读量，应该比较熟练地掌握一门外语。

五看技术。现在是融媒体时代，要懂得基本的图表制作、视频剪辑、简单的H5制作，以及用网络化来呈现新闻内容的手段。只会写字不会拍照片，这不行。在这时代，要懂一点技术。

六看敬业精神、媒体理想和服务意识。

问：现在媒体的变化快，你是否觉得高校新闻教学也要适应？

陈朝华：现在新闻院校太多，学的东西和移动互联网时代的不太相联，几个月就变化了。高校应该与机构媒体、商业网站有更深的互动，培养出动手能力强的记者。一方面，要研究未来传播趋势，让师生一起参与探索；另一方面，要更有针对性、更务实的教学，适应媒体的实际变化要求。

问：送几句话给将要走上这个行业的年轻人吧？

陈朝华：首先是要热爱这个行业。要有肝胆、有勇气、有心肠，从善意的角度去报道；要有能力，培养提升自己；要有定力，不管现在是自媒体喧嚣、传统的机构媒体的衰落，以及其他的诱惑；要有担当，不一定能够实现自己全部的理想，但是如果选择这一行，就要一步一个脚印，通过自己的努力来证明自我，靠自己的出品来为自己赢得尊严；要有信仰，新闻报道给受众带来一些有用的、有收获的价值。

如果不是你自己热爱的行业，只是想干一两年然后找个行业，很难有收获。

采访札记

"这是一种深入骨髓的坚持和信仰"

作为新闻专业大二的学生，能采访到陈朝华这类大咖人物，着实很兴奋，但也很着急：他工作忙碌，是否愿意把时间空闲出来接受我们两个名不见经传的学生采访？很幸运的是，他同意了，很尽力地挤出了一个小时的时间，在一个温暖的冬日下午，接受了我们的采访。

在访谈中，他俨然不似一个公司的总裁，不似一个在关心效益的生意人，他强调最多的还是优质的内容和他的媒介信仰。他还似那个印象中的媒体人形象：追求公平，有强烈的媒体责任感，追求内容优质。他说他在悲观中坚守。无论再悲观，受到用户、市场的暂时打击再大，他也会一直在追求内容的道路上走下去，这是一种执着。更准确地说，这是一种深入骨髓的坚持和信仰。他说，我们这代新闻人应该有定性，无论外面有多喧嚣，都要抵得住诱惑。这句话我们该用来自勉。

他是个很务实的人。在问到目前现状时，无论是搜狐公司还是媒介行业本身，他都很直面地回答了我们的问题。没有过多的拐弯抹角，也足够一针见血。他悲哀当今的媒介现状和受众水准，字里行间透露着对门户发展现状的无奈。他就像个大势已去的清末的诗人，在痛惜当今形势时，只能选择坚守，并带着悲观色彩地相信"内容为王"的时代会回归。

他是个偏执者，一个时代里不可或缺的坚守者。

令人感触最深的是：陈朝华说，只要你是有经验、有能力的记者，无论换到哪里，换成什么工作什么岗位，都可以很快去适应发展，永远把"媒体人"这个标签贴在自己身上，选择了这一行，无悔、无憾。一个做了这么多年的媒体人，能说出这样的话，很是令人感动。

我们都知道，如今新闻行业很不好做，特别是女生。当初报志愿的时候，家里就反对报新闻专业，说是女生很辛苦。但是由于自己喜欢的原因，并硬是坚持报了这个专业。如今也会看到各种报道说新闻行业的工资低，工作辛苦，但这是我们喜欢做的事情，和钱没有关系。只有你真的热爱这个事业，你才可以把它做好。做好了，再提钱之类的事情，才是有意义的。

虽然是电话采访，没有看到陈朝华本人，但是在聊天的话语中可以感觉到他是一个很有理想、很有毅力的人。他一直坚持着自己走在新闻媒体的道路上，希望这也会是促使我们一直坚持学好新闻的原因，希望我们也可以像他那样，一直做着自己喜欢的事情，在我们的三十、四十、五十岁的时候，也无悔、无憾。

黄华军 新闻教育要拒绝"万金油"

林婉珊 王晓阳 陈晓均

人物档案

黄华军，广州人，1991 年大学本科毕业于华中理工大学（现华中科技大学）新闻系。曾任职于《亚太经济时报》《粤港信息日报》（后改名为《民营经济报》），历任记者、部主任、副总编辑，从事报业工作 13 年，尤其在商业报道方面大放异彩。

2004 年辞职下海。2007 年创办第一商业网。参与创建广东省商业地产投资协会并出任常务副会长，同时兼任广东省内多个行业协会副会长；策划和参与撰写《天河城报告——"中国第一 MALL"解析》一书。

都说现代传播日益分众化、差异化，做记者就要做专家型的记者。那么，如何才能成为专家型记者？第一商业网总裁黄华军的从业经历引起了我们的关注。

从财经报纸的商业记者、副总编辑，到商业行业垂直门户网站的创办人，黄华军走的无疑是一条非常经典的专业化路线。他是如何在商业领域成为权威人士的？又是如何把新闻工作积累的资源转化为创业优势的呢？

2016 年 12 月 1 日，黄华军欣然接受我们的采访，分享了他的记者生涯以及转型故事。令人"大跌眼镜"的是，12 年前就从纸媒出走的他，竟然建议我们这些学新闻专业的学生要努力争取去纸媒工作。在他看来，"纸媒最锻炼人，最考验综合素质"。

当年读新闻的都非常拔尖

问：先从你年轻时候的事情开始聊一聊吧。

黄华军：我现在也很年轻啊。哈哈哈哈！

问：据说你从小就有一个梦想，想要成为一个新闻人。为什么？

黄华军：我从小语文成绩好，初中时写的作文经常被老师课堂宣读。

问：你憧憬新闻行业，是因为你从小语文成绩好？

黄华军：是的。上大学前，我考虑了中文、新闻和法律三个专业。刚好 1987 年的时候，大学母校的一位广东籍老师来我们中学提前招生。我当时在整个年级里面算比较拔尖吧，担任学生会主席，学习成绩也不错，就得到了推荐生的名额。

我们年级里面还有江苏省文科状元。从 1977 年恢复高考到八十年代，这一批大学生含金量很高。

问：怎么就舍得离开广州呢？

黄华军：我在广州出生，在广州长大，读大学前从来没离开过广东。男孩子贪玩嘛，就想去外面闯，所谓"男儿志在四方"，那就去试一下吧。

"商业领域的报道大放异彩"

问：你从事新闻工作的时间有多长？

黄华军：我是 1987 年入校，从大三开始实习，一毕业就投身新闻事业，工作了 13 年。什么岗位我都做过，从一个连名片都没有的小记者到离职时担任副总编辑，就这一点我确实觉得蛮骄傲的。

问：除了采写还干过其他什么工作吗？

黄华军：校对、发行、经营都做过。那时候的校对跟现在的完全不同，没有电脑，全部手写，再叫打字员打出来。我还因此得了近视。

问：发行？这个也包括在里面？

黄华军：是啊。校对、发行，都是不一样的岗位。最后是编辑，我编过很多版。当时的编辑也算是有一官半职吧。我做过两份财经类的报纸，能当好编辑不容易。

问：所以，当时就对财经有所涉猎了？

黄华军：我在广东省社会科学院下属的《亚太经济时报》工作了7年。在这7年里，我把经济理论这一块短板补上了。后来，我去了羊城晚报报业集团旗下的《粤港信息日报》（简称"粤港报"）担任记者部负责人。在这份报纸，我在商业领域采写的报道大放异彩，我一直工作到成为这份报纸的副总编辑。在这个过程里面，我得到了很多锻炼，"粤港报"给了我一个很大的发展平台。写《天河城报告——"中国第一MALL"解析》这本书的念头，也是那个时候萌发的。

始终要对得起自己的名字

问：回顾从事报业工作的13年，有经历过什么困难吗？

黄华军：这个很多呀！毕业以后，国家不包分配了，求职方面很不理想，也没人关照。好不容易挤进一个周报里，那真的是什么都得靠自己不断去努力。唯有不怕辛苦，只有一个念头，那就是努力做好每件事。

问：所以，当时最大的困难就是机会少，需要自己去争取？

黄华军：对啊，你需要让别人知道你是不错的，是一个好苗子。我还算是在比较短的时间内得到了提拔。当时做了两三年就做到编辑了。从记者到编辑，这是一道坎，可能你们没有体会。以前我们做纸媒，如果要成为编辑，你没有七八年功夫，甚至没有十年八年的工作经验，你根本是无法胜任的。可能是我们单位里人手少，加上我也算是比较能干的一个吧，很快让我当上了编辑。编辑的综合能力比一般记者要求更高，你要做好自己的稿子，还要会改别人的稿子。

问：经济报道是单位要你去跑的，还是说你自己也有兴趣？

黄华军：单位需要啊。《亚太经济时报》面向学术界，眼下一些赫赫有名的学界大咖，那时都是我的采访对象，这就需要你懂得他们讲的东西。不需要很深入，但必须理解和消化。因此，我读了很多经济类书籍，看到好的文章就剪下来。这些东西需要不断地去学习。我养成了剪报的习惯，从我做实习生开始，我写的所有印成铅字的报道都保留下来了。我跟很多人都说过，如果报纸上的文章印有你的名字，你应该感受到一种神圣感。因为印上报纸成为铅字后，你要对得起它。这一点是我们跟现在媒体人的最大差别。可能我们当时受的教育都是这样的，你要对得起自己写的报道，自己写过的文字。

问：这十几年来的记者经历，对你来说也是很美好的？

黄华军：是很美好，因为有很多很多无法想象的事情。说是一种折磨也好，挑战也好。但有时候，做得好会让人很满足。你写的报道能让很多人、很多行业看到，你甚至能够成为一些历史性事件的目击者、见证者，那是很了不起的。在那时候，纸媒的社会关注度跟现在完全不一样。现在是信息爆炸时代。

做媒体人要战战兢兢如履薄冰

问：在《亚太经济时报》工作 7 年后，为何会跳到《粤港信息日报》？

黄华军：我毕业后工作了 7 年，做到了一个正科级的部门主任。那时候 29 岁，刚好《粤港信息日报》这边缺人，于是就过去了，算是个"空降兵"吧。

问：这也算是人生的一次小转折，有什么不同吗？

黄华军：记得当时我如同初生牛犊，到新单位后毫不留情就指出那些报道做得不好，包括标题、内文用词等，因此产生很多矛盾。我记得那时发生了一件很有趣的事情。一位资深女编辑毫不留情地把我稿件的错误一一指出来，还说："你怎么写稿的？根本难以想象！枉你还做了七八年的记者，还做到主任！"我被批得一无是处。

问：当时有没有感觉到不舒服？

黄华军：我冷静下来以后，觉得她确实是讲得没错。第一，因为每份报纸的文风文体都不一样，面向的读者也不一样，所以文章的关注点也不一样，写作手法等这些技巧上的东西更不一样；第二，就是我确实还存在很多需要学习的地方，很多方面我都做得不够扎实。所以她说得非常好。也正是因为她的鞭策，我才能够不断提升自己。大概在2001年的时候，我有一阵子成为了"粤港报"的"头条之王"——周里有三四天的头版头条，都是我的报道。

问：产量很高？

黄华军：不只是产量问题。产量高，质量也好。所以到了一个新单位以后，你需要把新报纸的特性了解清楚，了解它的读者群……为此我做了大量的艰苦转型工作。"粤港报"当年很是红火，所以稍有不慎就……

问：就怎么？

黄华军：直到现在，我都经常拿我的一件事作为深刻的经验教训。就是关于我要对得起自己的名字的事情。我在"粤港报"工作那么多年，甚至说我在这个行业里做了13年，我只出过一次事故，我一直记到现在。20世纪90年代末，我在采访某个企业的时候，他们当时说要退出广州市场，我在本子上是记下来了，但是在文章里却误写成了"退出市场"。厂家就抓住这个不放，然后报社成了被告。最后还找了当时某省的省委书记出面协调，报社还是不得不赔偿了十万元。

问：最后赔了十万元？

黄华军：是啊，我当年的年终奖、年度优秀干部之类的统统泡汤了。

问：经过这次事故之后有什么转变呢？

黄华军：出了这次事故以后，我就更加觉得要对自己的名字负责任，谨慎用词。现在我身边的人最怕我检查出他们写错名字、写错数字。不过现在还好，非纸媒时代，想改就改了嘛，只是那时候报纸一旦印出来就没办法改。做媒体人就要战战兢兢，如履薄冰，笔下千钧重，谨慎再谨慎。甚至到现在做会刊、出集子，我都会亲自校对，反复多遍。

问：亲力亲为？

黄华军：对啊，对外印发的东西我都要亲自来校对。

问：就是因为以前那次事故……

黄华军：是的。

问：而且还养成了习惯？

黄华军：我对错别字特别敏感，他们也说我一看就知道哪里出了问题，比如短信、公众号推文等这些对外的东西，我甚至严格要求到标点符号。这都是纸媒工作带来的习惯。

出走是因为不想站队迎合

问：既然从事纸媒的这段经历如此快乐，为什么突然决定转型？是什么原因让你有了这个想法呢？

黄华军：这是一个比较大的转折。我当时做到副总编辑就辞职不做了。其中涉及的原因很多，比如体制问题，就是我们说的"站队"。我觉得在很多事情上都难以发挥自己的长处。另外就是可能我当年有点书生气吧，比较清高，干得不舒心就走了。

问：是体制让你离开纸媒的？

黄华军：对，体制让我出走。不想去站队迎合，不如自己找寻一番新天地，但是，这个过程很痛苦。我现在回头想，当时自己也是挺冲动的。35岁刚好是所谓的创业年华，如果再晚十年我就不会走了。冲动之下连去哪里做什么都没有想过，就是想把《天河城报告》一书完成而已。离开报社让我可以专心写书，一干就干了大半年。最后完成却用了八年时间。我认为，这本书是我这一生中最值得留下来的东西。

问：那做网站的契机是什么？

黄华军：到了2005年，有个行业协会领导跟我说，只是写书太可惜了，既然做了这么多年的媒体，不如出来帮忙做个网站吧。于是，我就重新出山，主打做一个叫华南商业网的网站。这在我做第一商业网之前，算是练手的东西。从2005年到2007年年初，一年半的时间给了我很多机会和启发。其实，现在第一商业网的基本班底，就是在那个时候建成的。由于当时我在华南商业网里属于技术入股，股份很少，我不想受制于人，干脆就在2007年的时候找了几个老同学，一起创业。2007年4月底，我们合资创办了第一商业网。

新闻人创业要放低身段

问：在创立第一商业网的时候遇到什么困难呢？

黄华军：有个数据说，民营企业最普遍的寿命也就三年，第三年是民企的一道坎，是痛苦的一年。我们创业后的第一、第二年，过得相对还好。结果，第三年开始时遇上了金融危机。

问：所以第三年是比较困难的？

黄华军：嗯，从第三年开始就很痛苦。但是我觉得做事业要坚持，认准了一个目标就要坚持下去；另外就是要专注，确定好定位后始终如一。你要做行业资讯的品牌，就必须专注这一方面才能产生权威，才能产生公信力；还有一个就是要共享和开放，做民营企业就要不断地去分享，即敞开门办网站。

问：这个过程实在是不容易。

黄华军：对，其中的酸甜苦辣不为外人所道也！唉……新闻人创业首先要端正姿态，要学会放低身段。这不是要去迎合，但真的不能自视过高。我回想这十年来，可能还是有点自傲，我的客户中只有极少是国企或政府，基本都是民企，我想市场可能会更认可和接受我们吧。

问：导致困难的主要原因是姿态的问题？

黄华军：不全是，还有外部的问题，就是整个大环境的改变。2009年的金融风暴，宏观经济形势不乐观。另外，企业宣传费用缩减了。还有一个是内部（规律）的问题。那时刚好是创业的第三年，创新哪有这么容易啊？人的思维都是固化的，哪个熟悉做哪个，所以都是在延续之前做的东西。这时客户增长又跟不上，前面两年资源早就已经消耗完了。所以，2009—2011年这三年是比较难突破的。现在回想起这三年，真的是很难忘。

问：这三年是怎么度过的呢？

黄华军：我们在这三年里再一次学到了要坚持。我们每年的5月都要发布"广东商业年度风云人物"。还有从2005年至今，无论如何，我都坚持着每年做一份广东商业年鉴。后来到了2012年，还开始了每年的春秋两季商业地产创新峰会。在坚持的过程中不断去修正、去完善。

总结商业地产的教训很有意义

问：除了第一商业网长年坚持的风云人物和商业年鉴外，我们了解到你最近走访了一些商业人士以及考察了多个重要商区的发展，还打算出版成书，是什么契机促使你决定开展这个策划的呢？

黄华军：《20年·20人：华南商业地产风云二十载启示录》这本书中的二十年是指从 1996 年开始，中国第一家购物中心——天河城正式开业至今的二十年。我们从 2015 年就开始筹划，想做一个大型的策划来回顾这二十年，回顾商业地产的发展状况。其中二十人的访谈是这个策划的一个组成部分，就是选取行业里面比较有代表性的二十个人，然后面对面地访谈，回顾他们的企业以及他们个人在这二十年期间发生的故事，最后总结起来出一本书。

问：所以这是一本总结二十年间商业风云变幻的书？

黄华军：每一个企业的发展都有自己的特点，都有很多精彩的故事。我们现在已经开始编写这本书了。估计到 2017 年 5 月，刚好是我们第一商业网十周年的时候，这本书便会正式公开发售。这是一件非常有意义的事情。

问：也算是对这二十年来的一个纪念？

黄华军：确实，是纪念、是总结，非常有意义。商业地产算是当下最火的行业之一。现在，商业用地不断增加，商业地产已经成为城镇化的一个符号。

"报纸是不会消亡的"

问：你怎么看传统媒体人离职转型现象？

黄华军：这个是必然的。确实，传统媒体会导致部分优秀人才往外流，这个是毫无异议的。比如界面新闻和澎湃新闻，他们也是旧体制出来的，但我觉得这样很好，他们做出了一个工具，让很多媒体人真正运用新媒体思维去处理和播报新闻。这个现象在将来或许会持续一段时间，但传统媒体不会死，它只会壮大。怎么壮大呢？就是从散乱到并成一块。

问：你觉得传统媒体会以一个融合的形式来求得新的发展？

黄华军：是啊，也不一定就以报纸的形式出现。你看澎湃新闻，就是关了旗下的纸媒，专门做这个网络媒体。报纸只是一个载体，读者可以通过 PC、iPad、手机去浏览报道。但是报纸赋予新闻的核心是不变的，一样还是要遵循五个 W，尊重新闻事实。不过在播报的时候形式可以变。为了扩大影响力，还可以和大 V 合作，这个就有很多种做法了。所以将来媒体的表现形式，是多样化的。

问：你觉得报纸会不会完全消亡？

黄华军：（毫不犹豫）不会。不可能消亡的，只是有这么多的报纸，肯定会存在同质化的问题。当下报纸在速度上很难抢得过一些自媒体，这确实也是纸媒的一个痛点。别人拿手机一拍，"咔嚓"一下就完了，报纸怎么抢得过？比如最近关于大同酒家贴出闭业告示那个新闻，就是从自媒体里出来的。但是《美食导报》就把真相做了出来，说清楚它并不是真正的停业，只是暂时歇业。这就是纸媒应该做的事情。

问：纸媒是不是要以内容取胜？

黄华军：对啊，它可以把深度、广度做好，这就是传统媒体的优势。自媒体，不管是微博、微信，都只是很表面，深度的东西就是传统媒体要去做的事情。传统媒体做的，基本的采访一定要用上，只是它们的作品从白纸黑字变成了在手机端、网站上发表。这个问题不大。

问：那你觉得导致它们转型的主要原因是什么？

黄华军：时代在变嘛。我们阅读、接收新闻的渠道在发生深刻的变化。以前是通过报纸和电视，现在我们更多的是通过手机阅读、朋友圈之类的。因为传播工具发生了深刻变化，从而倒逼制造产品或传播内容的人，也就是新闻人，必须主动去改变。他们不能恪守传统的校对印刷流程，而是要变成一个很快速的流程。这也不单是中国，你看西方，很多老旧的报纸都停了。

作为一个媒体人，我觉得就是不能拒绝新东西，一定要保持相对年轻的心态。你不能拒绝新事物。比如说，我是全公司最早开始用微信的，微博也是，我很早就用了。包括现在我觉得好玩的新东西，我都会用。光共享单车的APP，我手机就下载了四个，网购更不在话下了。还有中国搜索，这个号称中国最权威、最全面的搜索，刚推出我就在用了。这些东西你都不要去拒绝，每个工具都有它的价值所在，它们对当下这个互联网时代有很大的帮助（一边讲一边演示手机里的APP）。

"从现在开始要定好自己的兴趣点"

问：现在很多大学都开设"网络与新媒体"专业，不少学生报读，而新闻专业受到了冷落。你怎么看这个事情？

黄华军：因为传统工具发生了历史性的变革，导致新闻的生产方要发生改变。同样，教学机构也要做出改变。这是一个链条上的东西。它倒逼新闻人从思维上乃至整个生产流程都要改变。新闻人的转型同样倒逼着新闻院校的课程以及老师发生改变。比如，我们那时候要学画版样，现在就不用了嘛。

我觉得不需要悲哀。有一句话说：今后的社会再也不是"万金油"的社会了。我们当年说学新闻就是"万金油"，但现在你一定要在某个领域做深、做透，你才有机会在将来出彩。我的经历告诉我，术业必须有专攻。尤其是面临未来残酷的竞争，你现在就要开始琢磨，研究一个感兴趣的行业，慢慢立下一个目标。你对这个行业越专注，对这个行业的理解也就越深。就像人家经常找我采访商业方面的观点，其实我也不是直接操作商业，但是你在这个行业久了，目睹了很多沉浮，基本上也能说个一二三四来。所以，我不认为"万金油"的记者能做得好，这是一个忠告。

现在很多课程一定要变。我觉得将来大学可以给学生设一些专业领域的课，譬如"旅游新闻课""房地产新闻课"。从大学就开始培养，这样学生才有交叉学科的优势。房地产新闻课就由房地产的专家来讲，由房地产涉及的一系列机构人员来讲。让他们（大学生）自个儿去采集房地产行业的信息，做一系列的训练。这样他们毕业一出来就能做，多棒啊！学生以后想要从事什么行业的新闻记者，比如说商业、旅游、环保，就在大学里选择专攻那个行业，而不是简而化之的什么"财经新闻"等。这个"术业有专攻"的工作得在学校里完成。

问：所以，你觉得大学新闻教育一个是要专业化，另一个是要顺应科技的发展？

黄华军：对啊，譬如就按照现在这种新媒体的方式来上写作课和采访课。我们现在的新闻课就只讲倒金字塔、五个 W，我觉得是不行的。专业化的新闻就应该从学校开始。这是当下最大的一个要改的东西。

问：这是大学新闻教育体制的一个大问题？

黄华军：对！一定要和现实结合起来。"万金油"，就是什么都学。这不是说不好，但培养出来的就是"万金油"式的东西了，只知道五个 W，知道倒金字塔……以前的记者是受制于轮岗的制度，每条线都要跑，要"万金油"。但现在不行啦，所以你们要从大学开始就搞清楚你以后要做什么。要是你做不了记者，你还可以做这方面的职业人啊！

问：你对我们这种科班出身的新闻系学生在职业选择方面有什么建议吗？

黄华军：从现在开始要定好自己的兴趣点。有意识地去提前进修这方面的知识。比如现在对金融感兴趣，你就要去了解金融新闻是怎么写的，哪怕做不了金融记者也可以去证券所、期货所、产权所……一定要从现在就开始，不然以后踏入社会拖不起啊！时间是一种财富，因为这个时代信息太丰富了、太爆炸了，你要抓住最有效的东西。一定要记得从事自己感兴趣的行业。

"最锻炼人的还是报纸"

问：现在很多毕业生一出来就去自媒体了，你觉得我们以后要是从事新闻职业的话，在纸媒还有发展空间吗？

黄华军：（毫不犹豫）有啊！但如果你进不了纸媒的话，那就退而求其次进入自媒体啰。但我觉得纸媒最锻炼人，最考验综合素质。我希望你们能进入到纸媒，当然我也希望你们能到一些门户网站去，因为垂直门户网站也会越来越多，越来越细分。

问：现在，大学生有些惧怕纸媒，担心没法出人头地……

黄华军：哪里，有纸媒就赶紧去。

问：不需要害怕？进纸媒更好？

黄华军：不要害怕。前提是你要有所准备，有机会就要去争取。比如你是做房地产的报道，就去请教跑房地产的前辈，"能不能多带带我"这样。而不是随随便便让你跑什么就跑什么，这样很浪费时间。在假期比较闲的时候，就好好研究一下房地产方面的新闻。不要像我们以前那样，什么都做过，家电跑过、农业跑过、娱乐也跑过、时政也跑过，那就不好了。

问：有些人会觉得纸媒又累又辛苦……

黄华军：怕什么辛苦！我觉得最锻炼人的还是纸媒，收获最大的也是纸媒。虽然它不像电视、网媒那样曝光率高，成名快。但是只要你的基础是扎实的，怕什么呢？

问：现在你公司里有多少人是有媒体经验的呢？你在招聘过程中会偏向有媒体经验的人吗？

黄华军：我不是很在意他们是否从事过媒体工作，因为我觉得人的可塑性是很高的，只要肯学习。说句不好听的，要是长期在某个岗位上工作，不善于变化创新，形成僵硬的思维就麻烦了。

问：你刚刚说，对于过去的经历还是有一定的情怀的，"新闻"二字对你有没有什么特别的含义？

黄华军：有啊，我觉得这两个字是一种使命，它肩负着传递事实真相的责任，所以新闻人必须有责任感。这也是我这么重视印成铅字的文字的原因。使命和责任感是很重要的。我觉得新闻记者是很高尚的一个职业，从事这个行业是很好的。你们不要放弃，但也不能再走老路，从现在开始就要知道自己的兴趣点在哪儿。

问：最后请你总结一下转型之后这十几年来的经历吧。

黄华军：我总结不了，评价不了。我觉得我还是需要再学习，还是在不断学习的过程中，离成功还远得很，我们还在成长中。

采访札记

最重要的是找好兴趣点

一走进黄华军的办公室，他热情地迎上来，请我们入座。一边烧水冲茶，一边和我们闲聊，缓解了我们原本紧张的心情，氛围也轻松起来了。

黄华军谈到的几个点对我们触动很大。

他认为，作为一名记者，要对得起自己的名字。从进入报业工作以来，他一直养成了剪报的习惯。当看到报纸杂志上的优秀句子会手抄下来，十多年如一日的坚持，真的让人钦佩！囿于体制，黄华军老师选择了出走，但却始终保持着他的传媒情结。他向我们说明大学生创业的局限性，极力建议我们进入报业集团，这相比自媒体更能磨炼人。

对媒体来说，现在这个时代，既是一个好的时代，也是一个坏的时代。信息渠道的增多，使得报道来源更加丰富，但这也会导致记者懒惰和浮躁。黄华军给我们一个建议，那就是姿态问题，要学会放低身段，但是这并不意味着不自尊、不自重。

谈到传统媒体人纷纷出走的现象，黄华军坦言，这是必然的。体制摆在那里，其弊端也在那里，但是传统媒体是绝对不会死的，它会以趋于融合的形式继续生存下去。新闻的本质不会变，那就是真实，所以传统媒体人也不必悲哀。说实话，这句话让我们感觉吃了一颗定心丸，更加的安心。现在新闻教育要改革，要更加注重新闻采写的实操。在他看来，最重要的是找好自己的兴趣点，做好准备承担起作为一名专业记者的使命感和责任感。

王 茜 与其被动变,不如主动变

林紫晴 林晓蕾 蔡妙妙

人物档案

王茜,2003 年毕业于中国传媒大学电视系,进入广东电视台新闻中心成为一名时政和文化记者,曾多次报道全国两会、博鳌亚洲论坛、汶川地震、纪念长征胜利 70 周年、香港回归 10 周年、三峡大坝全线到顶、天宫一号发射等一系列重大事件,多件作品获得全国和省级新闻奖项。

2008 年后,参与组建法制栏目《午间说法》并担任主要负责人和主持人。2010 年年初,赴河源市龙川县挂职一年,担任副镇长。挂职结束后,重返广东电视台新闻中心,先后负责直播和统筹策划业务。参与策划报道的《寻访海上丝绸之路》大型系列报道,获 2014 年度广东新闻奖一等奖、中国新闻奖二等奖。

2015 年 8 月,从广东广播电视台辞职,担任广州坚和网络科技有限公司(ZAKER)总编辑。

个人事业蒸蒸日上的王茜,2015 年出人意料地跳槽 ZAKER——一款聚合型资讯 APP,担任总编辑一职。

一个在广东电视台从业 12 年的电视人跳槽科技公司,是否因为对电视发展前景不看好?是不是放弃了当初的新闻理想?从传统媒体到互联网媒体,要克服哪些鲜为人知的困难?

2016 年 12 月的一个下午,在 ZAKER 总部,王茜对我们仔细地讲述了她转型的心路历程。

ZAKER 能给传统媒体带来春天？

问：资料上对 ZAKER 的介绍是一款资讯聚合与互动分享阅读软件，这个定义很新鲜。你能简单介绍一下 ZAKER 的业务吗？

王茜：ZAKER 是根据用户订阅和智能推送功能进行资讯传递的 APP，它拥有两套系统：一方面，用户可以在 ZAKER 上订阅自己感兴趣的版块，比如新闻、科技、娱乐，或者订阅自己感兴趣的媒体。主页把内容分门别类，用户能像管理图书馆一样管理自己的订阅内容。另一方面，ZAKER 能运用机器算法的技术向用户推荐内容。也就是将每日热点、看点与用户的阅读兴趣相结合，计算出你可能会喜欢哪些内容。

问：利用两套系统服务用户是资讯聚合平台的共性，还是 ZAKER 的特点？

王茜：用户自主订阅，是 ZAKER 创立（2010）以来一直坚持的服务。这种方式的好处，在于不给用户造成过多负担，用户可以只看他们喜欢看的内容。

媒体之间进行合作，对 ZAKER 来说是一个很好的推广。比如，我喜欢《南方人物周刊》，以前需要购买这本杂志才能看，现在，我只要在 ZAKER 里订阅"南方人物周刊"这个频道就行了。从中可以看得出，ZAKER 很注意维持合作媒体的品牌，这也是 ZAKER 一直在坚持的。

ZAKER 一开始就以聚合和智能推荐（也就是机器算法）切入市场。近年来，为了迎合用户需求和市场趋势，ZAKER 加强了算法的联想功能开发。

问：你说的算法其实是大数据应用，对吗？

王茜：对。

问：同样作为资讯传递的 APP，ZAKER 与其他新闻客户端相比，有什么不同？

王茜：目前行业内的资讯客户端，大致分三类，一是门户类，二是转型类，三是像 ZAKER 这样的聚合类。

首先，从门户网站出身的 APP，比如网易、凤凰，主要是由原来的 PC 端转型而来的。它们在运营中，将很多的资源、人力、精力都投入了 PC 端。面对目前移动端爆发式增长的局面，它们要经历复杂的资源调动的过程。而 ZAKER 一开始就瞄准了移动端应用市场，因此，对 ZAKER 来说，它不存在运营 PC 端的负担。

其次，像澎湃这样由传统媒体转型开发的新闻客户端，它们的核心业务是原创，另外有一部分购买版权的内容。ZAKER 和今日头条、一点资讯等都属于聚合类客户端，我们在同类产品中属于做得比较早的，几乎所有的内容都来自机构媒体或是自媒体，内容丰富。ZAKER 的合作中心是机构媒体，尤其是 2015 年 8 月启动了区域融媒体战略之后，我们加强了跟全国各地传统媒体的合作，包括都市报、广电，共同运营内容、用户，共同经营广告，已经超越了以往单纯版权合作的层面。聚合类客户端有个共同特点，就是内容类别上能让用户得到更多的满足，海量的内容也更容易支持用户依照兴趣进行订阅。

问：ZAKER 在合作媒体的选择上有什么特点？

王茜：主要是跟机构媒体合作，当中既有像新华社、《人民日报》、中新社这样的中央级媒体，也有像《南方都市报》《新京报》《现代快报》《楚天金报》等在全国或区域有影响力的都市报，还有像"财新"这样专业化程度很高的媒体，另外也有像"虎嗅""36 氪""橘子娱乐"这些在移动互联网时代崛起的新媒体。我们跟腾讯、凤凰、新浪、网易等门户网站也有内容合作。跟机构媒体广泛合作，保证了 ZAKER 内容的丰富性和权威性。

问：纸媒正面临寒冬，ZAKER 的合作能为它们带来春天吗？

王茜：能起一定的缓和作用。

第一，当前传统媒体谈转型肯定是要往互联网方向转变的，这就涉及开发移动端产品的问题。对传统媒体来说，自己要做一个客户端，不论是技术成本、时间成本，还是人力成本，投入都太大。而且，关键是市场上的新闻客户端同质化严重，即使传统媒体能做客户端，做成之后想要发展用户也是比较困难的。如果它们选择与ZAKER合作，就会缓解这些转型压力。

比如说，《深圳晚报》与我们合作，负责运营ZAKER上的深圳频道。所有的技术开发和更新迭代都由ZAKER完成，《深圳晚报》团队以他们原本擅长的内容运营为切入口，通过与ZAKER销售团队一起来经营广告，从而逐步掌握互联网运营和经营的方式和方法。

第二，ZAKER本身已经拥有一定数量的用户，能为合作的传统媒体带来流量。与《深圳晚报》合作前，我们在深圳地区已经拥有了300万原始用户。

第三，传统媒体自己做一个客户端，会面临内容稀缺的问题。即便一家报业集团生产的全部内容都放到一个客户端上，也是远远不够的，而要解决内容采购、版权协商等问题，过程会很漫长，费用也会很高。但跟ZAKER合作之后，好几千家媒体和自媒体的版权都可以使用。

第四，ZAKER有数据后台，可以向传统媒体提供所需的用户数据，让它们对自己服务的用户有更清晰的认识。

问：传统媒体能否从与ZAKER的合作中获取经济利益？这是一个新兴的经济增长点还是一个潜在的增长点？

王茜：当然能，这也是它们合作的重要动力。

传统媒体尤其是纸媒的经营能力下滑得很快，通过跟ZAKER的合作，它们可以快速切入移动互联网营销领域。无论是它们运营的ZAK-ER地方频道，还是ZAKER主平台，它们都可以承接广告，跟ZAKER之间按照比例进行分成。而ZAKER的销售团队承接的广告，如果是定点投放到某个区域，该区域的媒体合作伙伴也将按照比例进行分成。这样帮助它们留住正在流失的广告客户，为客户提供包括传统纸媒和移动端的整合营销方案。对于合作较早和地方经济比较发达的合作伙伴，例如《深圳晚报》，已经见到收益了。而且新兴的直播业务，也是给它们带来广告收益的新增长点。

问：你怎么看待聚合类阅读平台的前景？

王茜：我觉得，不论聚合类阅读平台，还是其他平台，它们的界限都会越来越模糊。在内容来源方面，现在门户上既有聚合所得，也有原创；而 ZAKER 得益于融媒体合作，也逐渐推出了一些原创的内容。

在内容形态方面，受网络直播和视频的带动，各家网站也开始开发这两方面的功能。ZAKER 最近更新的版本，已经能在首页看到直播功能了。

所以，今后门户和聚合类的差异将不再明显，大家比拼的是掌握优质内容的能力和服务用户的能力。

做新闻能与很多不同的人打交道

问：你是如何与新闻结缘的？

王茜：我从小就不偏科，但在高中时必须文理分科，当时就选了理科。到了高考后报志愿的时候，感觉自己不属于那种理工科的研究型人才，希望能进入一个更综合的领域。刚好传媒大学的新闻专业是文理兼收的，我就报了。我觉得新闻能够满足一个人的好奇心，有很多机会跟很多不同的人打交道，人生阅历可能相比同龄人更丰富一些。

大学读电视新闻，毕业以后进入新闻行业，对我来说是顺理成章的事情。

问：毕业以后，你在哪些传统媒体工作过？

王茜：就一家，广东广播电视台。在台里，前后换了几个部门，但大部分时间都在新闻中心。

问：在广东广播电视台工作多少年了？

王茜：从 2003 年到 2015 年，一共 12 年了。

问：离开这个工作了 12 年的地方，当时抱着怎样的一种心情？

王茜：肯定会有不舍得，当时台里领导也挽留。但是我觉得，在职场工作那么多年的人，不要陷入"路径依赖"，还是跟随自己内心的想法更重要。

我很感激电视台十多年来的培养。当时那个刚刚毕业还很青涩的大学生，如果不是到了这家不错的平台，可能不会有那么多锻炼的机会，也没办法成长得那么快。我虽然已经离开了电视台，但还与台里的领导、同事保持着联系。后来，我也推动了 ZAKER 和电视台的战略合作。

问：回顾这 12 年，有哪些报道经历最让你难忘？

王茜：在电视台工作期间，从新闻到专题再到直播，从一线记者、主持人再到管理者都做过，但回想起来，成长最快也最快乐的时光要属在一线当记者的时候。那时全部的心思就花在怎么样做出好报道、好片子，管好自己就行了，不用参与行政管理，很纯粹地享受这份工作，每逢有新的选题都跃跃欲试。

2008 年汶川地震，新闻中心当天就考虑派记者到前方，当时我也报了名。但震区危险，条件也很艰苦，领导更倾向派男记者。前后争取了几次，过了几天终于有个机会，能够跟着团委组织的一支志愿者队伍去震区。让我印象最深的，就是灾区小孩子们的乐观坚强，很让人感动。震后三周年，我又去了一次，报道震后援建成就。对我来说，这个系列是挺难忘的。

还有，2006 年为了纪念长征胜利 60 周年，我们策划《长征路上广东人》系列报道。8 个人开了两部采访车，沿着当年长征的路线从江西一直到甘肃，走了一个半月。经常是一路走一路还在找线索、联系老红军，白天采访，夜里写稿编片，传回台里第二天播出，上了车再补觉。路过大渡河一带时，碰上临时封路，如果绕小路会耽误很多时间。于是，我们跑到指挥部，希望放行。施工方让我们签了免责声明，意思是如果路上发生什么危险，后果自己承担。后来，在路上，发现一边就是高耸陡峭的悬崖，不时有碎石滑落，另外一边就是湍急的大渡河。但当时根本不考虑有什么危险，只想着要按计划赶到目的地。

父母经常说我"老江湖"，走南闯北多了，一般遇事不会慌。这正是记者这个职业给我的锻炼。

不想永远"隔着玻璃看世界"

问：你在广东电视台工作的终点，是新闻中心副监制一职。在一般人看来，你已经有了相对稳定的工作和可观的收入，为什么会想到转型？

王茜：可以说电视台的各个业务岗位我都已经尝试过了，但是这些年看着外面的世界在不断进步，新媒体在蓬勃发展，自己心里会觉得外面的世界变化很大、很精彩。而且，大家也都在谈论媒体的转型与融合，更让我觉得，如果我不去外面看一看，尝试投身到那些有活力的、市场化程度高的公司中去，我可能永远都是在"隔着玻璃看世界"。

问：是对电视台工作产生了厌倦？

王茜：不是厌倦。只是觉得，自己已经三十多岁了，希望有些新挑战，也害怕现在不改变，等到再过几年四十岁了，就更不敢改变了。

事业对我来说，不是非得成名成家不可。就像当初选择新闻专业，是因为它能丰富人生阅历一样，现在的我还是觉得，能够尝试不同的工作，和不同的人打交道，能让自己的能力有所提升，就是事业存在的意义。

电视媒体不再处于高速发展的阶段，我在这个领域的上升空间是有限的。这个上升不是指职位上升，而是指你能做哪些事情、你的能力的提升。在这个充满变化的时代，与其被动地变化，还不如主动变化。你当然可以选择不变，但当某天，你周围的环境都变了，而你还停留在原地，那也是挺痛苦的。如果你主动选择变化，那你面对其他变化的时候，你是有准备的，就会更从容。

问：你选择 ZAKER，是因为这个初创公司有什么过人之处吗？

王茜：转型之前，我已经是 ZAKER 的深度用户了，自己对这个产品也有一定了解，但总以为它是个国外的品牌，没想到跟自己就在一个城市里。

那时周末，我在华南理工大学读研究生，平时都是同一条路回家的，结果某一天刚好有点事要办，走了另一条路。当车子从五山立交桥下来的时候，我抬头看到路边有条小巷的路口有个红色的"Z"，就是 ZAKER 这个 APP 的标志。我回去上网一查，发现原来这家公司在广州啊。机缘巧合，电视台在做一个"中国梦"系列的报道，需要找广州本地的创新创业典型案例，我就联系了 ZAKER。通过这次采访，我对这家公司和它的管理层有了更深的认识，还经常一起聊聊天，谈一谈对媒体行业的看法。

2015 年年中，ZAKER 刚好在找一个总编辑的人选，就联系到了我。我那时刚好思考转型的问题。ZAKER 是我喜欢的一个品牌，又是我比较熟悉的媒体行业，于是就决定加入。

新媒体也能传承新闻理想

问：在 ZAKER 和在电视台，你的工作有什么不同？它帮助你实现变化了吗？

王茜：PPT 比以前做得好了呀！（笑）

在电视台工作的后期，我已经在做一些管理工作，到了 ZAKER 担任总编辑，除了对内容做总体把关外，更多的还是要做管理，更关注调动团队的积极性，激发他们的创新能力。

ZAKER 给我带来的变化还是很多的。

第一方面，我现在更了解移动互联网用户的阅读习惯了。比如说，我现在看到一条稿子，就大概能判断它的流量有多少，它会不会受到欢迎，会不会被转发或者引起比较多的评论。

第二方面，我更加熟悉互联网的各种玩法了。比如什么内容要做H5，什么内容要做直播，什么内容要做专题，什么内容要做品牌跨界合作，等等。

第三方面，从管理上来讲，新媒体会更加重视每个个体的价值，以及群体的力量。传统媒体始终会受到体制制约，而且它整个的体制、体系是比较森严的，晋升的渠道也不太多，晋升的过程也比较慢，论资排辈的现象也会存在，很多年轻人在那里就蹉跎了。但是，在创业公司层级是被压缩了的，要充分发挥每个个体的价值，做事情更讲效率。

第四方面是团队协作。比如，我们今年为南国书香节做了一系列名作家访谈直播，访谈的对象就包括刘心武、刘建宏、大冰、苑子文、苑子豪这些作家。这个名单是怎么确定的呢？如果让我选的话，可能我只认识刘心武、刘建宏这些资历比较老的，像大冰、苑子文、苑子豪这类青春作家我是不认识的。但是，我们团队里的年轻人看过他们的书，知道他们在 90 后心里的地位，觉得采访他们的话能够吸引更多年轻人关注。所以，我们最后决定了这份名单，带来的反响也很不错。

问：你是怎么理解新闻理想的？从采写编评到业务管理，你认为工作性质的转变会影响你实现新闻理想吗？

王茜：新闻理想不是挂在嘴上的事情，而是体现在你的日常工作中的。

很多记者都想报道大新闻，觉得只有报道大新闻才能体现自己的新闻理想。但是要知道，大新闻是可遇不可求的，而且我们没必要非得把新闻理想和新闻影响大小挂钩。对我来说，我的新闻理想就是良知和责任感，它们能体现在每个微小的细节，即使看报道的人不记得你报道过什么，但是，那些因为你的报道而让日子变好的人会记得你做了些什么。

我做法制节目时，曾采访过一个因车祸而高位截瘫的年轻女人，她的丈夫在这场车祸中丧生，她还有一个小孩，才一岁多。她起诉肇事车辆的案件被拖了很久，一直得不到赔偿。我们想为她发声。报道出来后不久，那个年轻女人收到了一个香港企业家的捐助，并表示不仅会捐助她，还会捐助她的孩子读书。

我觉得，在新闻理想的驱动下，做新闻的第一个责任就是把事实的真相呈现出来，第二个责任就是在力所能及的时候，去帮助有需要的人。在传统媒体领域我们通过一篇篇报道做到这一点，在新媒体领域我们同样可以运用平台的影响力去传递真善美的价值观，都是殊途同归。

问：新媒体时代给了公众"自己当记者""自己当编辑"的机会，现在有人提出"主编死了，没有主编才是新媒体"，你认同这个观点吗？

王茜：新媒体运营的"指挥棒"是数据，通过数据判断用户喜好，从而筛选、推荐更加符合他喜好的内容。但是数据也不是万能的，偏低俗的内容更容易获得高的流量，但过多推荐的话，不仅跟舆论导向政策相违背，也会降低用户的阅读品位，将个体带进"信息茧房"的同时，甚至有可能对全民的文化素养带来危机。所以，价值观的判断还需要由人工来完成，塑造媒体品牌也依托于价值观。ZAKER 采取的一直都是"机器＋人工"的方式，未来会继续细化用户兴趣标签，提升推送的精准度，人工运营更多偏重于价值观和审美情趣的引导。

问：在这种情况下，和传统媒体的主编相比，新媒体的主编承担着怎样的角色？如何将自己的价值最大化？

王茜：传统媒体主编主要对新闻采编业务负责，要把握内容的舆论导向。新媒体主编在把握导向之余，更多的是内容、产品、用户运营的协调者和推动者，具体来讲：

1. 采编业务本身怎么迎合用户需求，突出媒体特色；

2. 内容的分发手段和呈现形式上怎么提升、改进，需要与产品和技术部门协同；

3. 如何通过运营工作提升用户的活跃度、黏性，评论区的运营与管控；

4. 新兴技术手段如何与内容结合，如直播、VR、AR 等。

关于自身价值的最大化，我觉得要基于过往的媒体从业经验，结合现在新的传播渠道、技术手段进行发挥，变化的是玩法、渠道、过程的把控，不变的是好的内容和价值观。以直播为例，电视台对于直播早就驾轻就熟，对于名人访谈也是看家本领。而到了移动互联网时代，除了网红、秀场类的直播外，新闻类直播也需要有名人效应，但是互动更强、氛围更轻松。

在 2016 年全国"两会"期间，ZAKER 做了钟南山、董明珠、李东生等人大代表的图文直播，8 月份南国书香节期间又做了刘心武、刘建宏、大冰等的手机视频直播，反响都很好，用户在线提问、互动的热情很高。跟电视台相比，直播的布点和技术保障的难度大大降低了，更多的精力放在运营上（预热、活跃评论、数据反馈、二次传播），而嘉宾们在手机直播场景下，也以一种更轻松的心态进行跟用户的互动。

把自己当大爷是很愚蠢的

问：在这个变化的过程中，你遇到什么困难吗？

王茜：也没有吧，很大原因归功于我本来就对 ZAKER 比较熟悉。而且我转型的时候也是抱着一个学习的心态，边做边学习。学习的过程也不能算困难，它更多的是挑战。比如说，学习如何看数据。我在电视台的时候只需要看收视率，所以看数据的能力还是需要提升的。

问：一些人认为，传统媒体人向新媒体转型，会受传统媒体思维定势的限制。你是如何理解思维定势的？

王茜：我所理解的传统媒体人的思维定势可能就是指"我来决定给观众和读者看什么"的想法，这种想法或多或少都有种精英思维在里面。但对新媒体来说，你必须了解受众的需求，而且迎合这种需求。因为新媒体的反馈过程是很短的，你的内容一旦发布了，下面马上就有用户评论，而且很多后台数据也会给你带来反馈。你已经不能凭自己的想象去做一些事情了，而是要靠数据说话。

还有部分传统媒体人可能当甲方当惯了，去到基层也好，政府也好，习惯了大家都对你恭恭敬敬的，养成了一种高姿态，放不下身段做事。到了新媒体之后，这种思想必须改变。假如你还把自己当大爷的话，没有人会理你。

问：从传统媒体到新媒体，相当于甲方到乙方的转变。你是怎么适应这种转变的？

王茜：应该说，我的甲方思维本来就不强。我曾经到基层挂职，深切觉得一个记者到政府或者其他地方办事，需要那么多人接待，是一件很不合适的事情。

我一直很清楚，有大平台作为背景，任何人走到哪里都能得到很多人的尊敬，但是，很多时候这些尊敬不是给你的业务能力，而是给你背后这个平台。当某一天你离开这个平台了，你就什么都不是了。所以，我一直觉得，把自己当大爷是很愚蠢的行为。

也正因如此，即使是经历了从传统媒体人到新媒体人的转变，即使现在出门办事可能会辛苦一些，我也没觉得失落。

面试官欣赏有一定特长的人

问：ZAKER 的"校招"刚刚结束，作为总编辑，你最看重应聘者的哪些能力？

王茜：第一个是学习能力。你进来之后不可能什么都会，对吧？但是如果这个业务需要你，你就要能够马上把这块业务学起来，包括某些技能的培养，比如做 PPT 的技能、做视频的技能，或者说写文章技能，等等。

第二个就是团队协作精神。因为你到哪里都不可能单打独斗，如果你这个人很有个性、很有能力，但你很难跟别人合作的话，那迟早是个问题。你的上级要不断去协调你和其他人的关系，也没有人愿意配合你。

第三个就是创新精神。你不要老把自己关在一个笼子里，给自己设很多限制和条条框框，要不断地往外看，去关注整个行业发生的变化，包括新的趋势等。你甚至要去观察不同的行业正在做的一些事情，因为它能够给你带来很多灵感。也许你的下一次创新，你的一些项目能够用到它。

第四个就是责任心和担当。对应届毕业生来说，学校学到的知识更多是打基础的，而不是实操性的。你真正步入职场的时候，很多东西你都要从头开始学，这时用人单位更希望你能有踏踏实实地学习的态度。比如说，有实习生来了三个月说不满意，刚过试用期就要走，一口咬定这个业务不适合我，这个公司不适合我。那我觉得，其实你在做一个很草率的决定。公司每招聘一个人，前期培训成本还是挺高的。那你连这个业务的模式都没有摸清楚就放弃了，对公司、对自己都是不负责任的。

问：你对新闻系在读学生有什么建议吗？

王茜：我觉得就不一定非要上好所有的课啊（笑），真的是这样。老师讲得好听的时候就多听一点儿，讲得不好听的时候就自己多看点儿吧。我现在都有点后悔，觉得自己在大学阶段读书读得还是不够杂。那个时候老想着"哎呀我是不是应该把作业做完""应该赶紧去考英语啊"什么的。现在这个年纪再回头看，觉得这东西没那么重要。

在大学期间，你把每门课基本上该拿的学分拿到了，然后多去发展一些兴趣，在你的兴趣所在的领域可以钻得深一些。比如说，你喜欢科技，你可以钻得深一些，多看一些这方面的书，听些讲座。

另外，读书要读杂，不要说我光读新闻学的专著。我觉得不用老看一个行业的专著，行业的专著看几本有代表性的就行了。大学期间要涉猎得多一些，文学、历史、哲学都可以读一读，电影也要多看看，没什么坏处。招聘的时候，面试官还挺欣赏那种有一定特长的、在某个领域有强烈兴趣爱好的人。

采访札记

她的内心住着马和草原

前前后后约了好几次时间，最终在 12 月 1 日下午，我们来到了ZAKER 的总部，开始了对王茜的采访。

会面前，我们站在前台等待，没过多久，王茜手里拿着马克杯，从公司里面走出来接我们。她和我们在相关报道上看过的照片一样，留着利落的短发，着装干练，目光有神，符合我们对"女强人"的认知。但转眼间，她亲切的笑容和温柔的声线，一下子就把距离感缩短了。

她很热情地把我们带进休息区。百叶窗、绿植、沙发、吧台、乒乓球桌、饮料机，角落里甚至还有一个小型的摄影棚，从休息区的布局来看，ZAKER 是一个很注重文化和团队建设的公司。

初次出门采访的我们，有点战战兢兢、如履薄冰的拘谨，王茜很轻易就看出来了。"没事儿，反正就当聊聊天嘛。"她很温柔地引导我们。

阳光透过百叶窗，轻轻洒在她的笑脸上，特别地好看。

两个小时的采访，她从来没有因为我们是名不见经传的学生而敷衍，即使是那些问得不是那么成熟的问题，她都会很认真地思考，回答得很详细，能感觉得到她的确是真心诚意地向我们分享她的看法。她始终把我们放在对等的位置上交流，让整个采访都在一种轻松的氛围下顺利进行。

回忆起做新闻时的经历，王茜眉飞色舞，仿佛回到了刚毕业时候的激情岁月。当初她报考专业时候怀揣的憧憬——"想拥有丰富的人生阅历"，在我们看来，她似乎早已实现和达成。能够亲身参与大小事件中产生的自豪感，是属于媒体人的。

王茜说她离开工作了 12 年的电视台，是为了看看外面的世界。这和我们对传统媒体人的认识有点不一样。我们以为，面对寒冬，传统媒体人的出走都是迫不得已、无可奈何的，昔日的新闻理想让他们出走的心情或多或少都带着不甘与悲愤。王茜不一样。她没有扼腕叹息传统媒体行业的衰败，没有倾诉她转型的无奈，更多的是她"在一岗，爱一岗"的敬业精神，以及主动选择变化而不是被变化选择的冲劲儿。

王茜无疑是好动爱变的。时代风向吹向新媒体之际，她选择了 ZAKER 来满足她对世界的好奇。在媒体生态环境巨变的当前，主动选择变化，自我提升，这也是一个媒体人应有的职业素养。

采访进行到一半，ZAKER 员工们下午茶时间到了。他们从座椅上起身，聚在一起快乐地交谈，惬意地品尝食物。在这群年龄二十出头的年轻人中，我们分明感受到，王茜很好地融入了他们之中。那是因为不论年岁如何叠加，她的身上始终保持着年轻人的心态——对自由与变化的向往。

她的内心，不是一汪静止的湖水，而是有着万千匹自由奔跑着马的活力草原。

二

内容创业

邓 科 土壤在变,理想不灭

谢嘉韵 梁梦菲 陈烨程

人物档案

邓科，1974 年出生，1997 年在中国人民大学新闻学院毕业后去了中国记协工作，后加入《南方周末》，曾任《南方周末》编委。

在传统媒体工作了 16 年后，于 2013 年离职，创办分析政经趋势的"智谷趋势"公众号，文章经常被国内外主流媒体转载。例如，一篇分析香港发展局势的文章——"2017，香港沦为'二线'城市?"被美国顶级报刊《外交政策》及《华尔街日报》引用。2014 年，在清华大学、人民网等机构主办的评选中，"智谷趋势"入选十大"最具影响力财经微信公众号"。

纸媒大势已去，不少媒体精英纷纷离去。在这些离场者中，还有人坚持自己的老本行——生产优质内容。

《南方周末》原编委邓科就是其中一个代表。

2013 年，他从《南方周末》出走，创办了中国第一个对影响经济的高层决策行为进行观测和预测的财经类微信公众号——"智谷趋势"，并荣获"胡润最具影响力财经自媒体 50 强"、金 V 榜"2016 年最具传播力财经自媒体奖"。

邓科说，他的新闻理想——"用文字去影响社会"一直没有改变，只是理想实现的难度、空间、土壤和跟现实的关系在改变，现在传统媒体的"黄金时代"也过去了，原来传统意义上的新闻业会"瓦解"。最重要的还是要找到受众，"受众在哪儿我们就在哪儿"。

"创业能自由地掌握自己的命运"

问：可以简单介绍一下"智谷趋势"这个公众号吗？

邓科：我们"智谷趋势"主要是关注宏观政经趋势的一个公众号，我们早期的内容更偏重时政方面，最近一年来更关注经济方面的分析。跟一般的媒体不同，我们更多的是偏向于信息的深度分析。我们觉得，现在这个时代，信息是不稀缺的，稀缺的是对信息的再加工和深度挖掘。

问：作为"智谷趋势"的CEO，你每天工作的内容是什么？

邓科："智谷趋势"是内容驱动的，所以怎么生产出高品质的文章是我最关注的一个内容。同时，"智谷趋势"是一个创业项目，所以也会有它本身的运营与经营，最后的归结点在于我们生产的内容能不能有效地传播出去。第三个方面，就是对幕后的关注。

问：你公司现在有几名员工，分几个部门？

邓科：十几个员工，主要分为内容生产和运营两个部门。运营部门主要是和市场、商业打交道。

问：你创办"智谷"已经有一段时间了，在这段时间你有什么难忘的事情吗？

邓科：创业给人的满足感是最难忘的，尤其是能自由地掌握自己命运的满足感。我原来在《南方周末》工作，其实《南方周末》在整个中国来说已经是自由度和职业满足感很高的一个单位了，但它毕竟还是属于体制内的；而出来创业之后，虽然很累，有压力，但它给我的满足感是超越之前的。

我跟很多朋友说，你们出来折腾一下，不会后悔的。有些人可能不太敢、不太有信心迈出那一步，有些人会觉得在外面的形势很飘摇，没有在体制内这么安全，但其实你一旦出来创业，再让你回去给别人打工，大多数人都不太愿意了，这是最深的感受了。

其次就是内容生产的成就感，这主要来源于我们的内容对受众、对现实产生的影响。现在的受众都转移到新媒体上了，内容必须顺应新媒体时代改变。当我们的内容能传播、能到达更广泛的受众、能影响现实，这就会给内容生产者带来巨大的满足感。比如我们对香港的分析——我们在两年前就开始分析香港的衰落了，这在国内应该算是最早的。我们指出了香港现在的政经位置在不断下滑，那篇稿子后来被《华尔街日报》和美国顶级刊物《外交政策》引用。又比如，我们做杭州 G20 的那篇稿子，光是我们自己后台的阅读量就有两三百万，并且被其他公众号广泛转载，包括《人民日报》的公众号，全网算下来大概有近亿次的阅读量。

还有，就是自媒体人的感受。一是来源于"自"，自由；二是来源于"媒体"，传播带来的职业感。这些可能就是我印象最深的吧。

问：之前在《南方周末》的工作和现在在"智谷趋势"的工作有什么不同吗？

邓科：刚才也讲了，就是更自由了，这是从心态方面来说。如果要说工作内容方面的不同，《南方周末》的工作更多的是做内容、做采编，而现在总体来说更关注商业，包括商业文明，还有它内在的规律，这个是之前没有涉及的，它本身也是一个很好玩儿、很有价值的事情。

"我想用文字去影响社会"

问：当初是因为有自己的新闻理想才进入这一行的吗？还是因为误打误撞走上了传媒这条路？

邓科：90 年代读大学的时候，我选择了新闻系，当时人大在我们省只招一个人，我成绩还是蛮不错的，就被录取了。选择读新闻是因为当高中生的时候就有种自然而然的冲动，想用文字影响这个社会。当时也看了原新华社记者王志纲的两本书，写的是记者生涯，很向往这个既有责任感又受人尊重的行当，能够用自己的技能来改变社会。年轻人嘛，觉得记者挺好玩儿的、挺自由的，能到处跑，所以就选择了这个行业。

问：可以理解为你的新闻理想是用文字去影响社会吗？那在这十几

年的岁月里，它有没有发生改变？

邓科：对。新闻理想肯定是没有改变的，只是理想实现的难度、空间、土壤和跟现实的关系在改变。我们做新闻的，不会说要发财。其实做新闻就是希望与他人和现实产生联系，并对其产生影响。只是现在，我们在实现理想过程中土壤变了，现实环境变了，这是一个大的客观现实。

"不用看领导脸色就能活得很好"

问：你觉得南周最吸引你的地方是什么呢？

邓科：我是2000年到南周的，当时觉得学新闻的人就应该到南周，满足自己的一个心愿，能够实现自己的抱负。当时觉得，在那儿能写出自己想要的东西。当时南周的影响力也非常大，它的一个头条就能成为社会谈论的焦点。

问：你觉得《南方周末》在同类纸媒中最突出的优势是什么？

邓科：可以归为两个方面，第一个方面是内部的传统，即"可以有不说的真话，但绝不说假话"。这是我们职业上的戒律和追求。还有就是内部的平等和宽容。南周是极少数的"不用看领导脸色就能活得很好"的单位。你们工作之后就会发现，上司对你的影响是很大的。但是在南周，你只要一门心思把文章写好，其他的你都不用管，别人还会尊重你，这是非常重要的一个内部氛围。甚至当时你还可以对着领导拍桌子。

第二个方面是对职业的追求。当时南周谈论的都是普利策奖，《纽约时报》《时代周刊》的事，就是按照最高水准去要求自己。它确实吸引了人才，每一个人都是非常优秀的。这些人才聚集在一起，除了是因为南周当时的传统，还有就是南周的商业模式是非常成熟的。它给了这些人才非常高的工资。当时在全国平均工资只有一两千的时候，我们就能拿到一两万，一个月的工资可以买三平方米的房子。但是现在，在广州买三平方米的房子就差不多要八万、十万的月薪。

问：南方报业传媒集团出现采编人员"离职潮"，你觉得是什么原因导致的？

邓科：就是理想跟现实土壤发生了变化。第一个可能是受大趋势的影响，毕竟整个传统媒体行业正处于夕阳状态；第二个就是新闻环境变了。

问：在南周的这十几年里，你印象最深的一次任务或者工作是什么？

邓科：汶川地震，当时我在前线做总指挥。南周派了十几个人到前线，这在历史上是从来没有的。因为南周的每一个人相当于其他媒体的一个班、一个排，战斗力非常强，所以这么多人同时聚焦一个现场，是从来没有过的。当时呈现出来稿件的价值和职业的高度，应该达到南周的一个高峰。我们当时的价值就在于坚持用新闻专业的标准去做报道。地震刚发生的时候，汶川成了一个悲悯的场所，每个人都不自觉地从善、从美化的角度去想象现场。但是我们坚持更客观的立场去还原——地震是极端环境，有爱和善良，也有人性的复杂、冲突、害怕、自私、欺骗，我们就把人真实的复杂性显示出来。在这种非常重大的新闻现场，能保持专业不变形，是对新闻人的一个考验。

"转型是希望实现自我价值"

问：你刚刚也说到，转型主要是因为土壤和现实的变化，我可以理解为你之前在一次采访中说到过的"受众在哪儿，你就在哪儿"吗？你还有其他个人原因吗？

邓科：受众在哪儿我就在哪儿，这是转型最重要的原因。新闻不是一个闭门造车的行当。不像搞科研，新闻是要写出来，并且要传播出去的，传播不出去就不是一个新闻产品了。受众现今在微信这类网络媒体，那我们就应该到微信平台上去。

其次，对于我个人来说，转型是希望实现自我价值。我原来在南周做过一些尝试，比如做一些新的项目，但限于体制，这些尝试还是存在各方面的一些掣肘。虽然这可以理解，但对于我来说，我可能还是更想走出来，实现这些尝试。

我前段时间还碰到了连岳，他是专栏作家，也是从南周文化部出来的，他也创办了自己的公众号。我们还说，这个时代的伟大性在于，给真正"写字"的人提供很多机会，让他们靠"写字"可以过上很好的生活。当你在微信上有固定受众的话，像连岳，每写一篇文章都有足够多的"打赏"，可以过上体面的生活，这是一种很良性的方式，让"写字"的人有信心坚持下去。

问：从《南方周末》这样精英化的报纸转型去创业，是一个非常大的转变。这个过程中你有遇到困难吗？遇到的最大困难是什么？

邓科：最大的困难主要还是商业上的。"智谷"本质上还是一个企业嘛，核心还是怎么去运营，企业怎么去建立一套商业模式，怎么让产品产生价值，说白了就是怎么让人愿意埋单。"怎么样用一种比较正确的方式让人愿意埋单"是我当时从传统媒体出来后要思考的一个问题。确实，我头一年在这方面的探索有很大压力，但到现在，这条路还是被我们探索出来了，这对自己也是一种鼓励吧，让我对运营"智谷"有信心了，这意味着我们不光能够做内容，还能够把产品市场化。

问：你提到你在转型过程中最大困难就是创办商业这方面，那你有没有遇到和你价值观不符合的商业力量？

邓科：整体还可以，但或多或少还是有的。遇到这种情况得从中衡量，该忍的还是得忍，该拒绝的也要拒绝，这主要依靠自己的判断吧。整体来说我们最重视的是做品牌，因此还是要看重长远利益，不能因为眼前的利益而损害自己的品牌。

问：所以当时刚刚创业时内心也是有特别大压力的对吗？当时身边的朋友家人有给予你支持鼓励吗？

邓科：压力很大，但也有朋友和家人的支持。这也是自己很幸运的一个方面吧。就是觉得我出来创业，身边的朋友家人还是能够理解我，从他们不同的角度方面来支持我，这也是很重要的一个方面。

问：我们之前也看到过一个评价，前《南方周末》记者张华认为，媒体人转型创业情怀太重，过程很痛苦。你怎么看呢？

邓科：对，我理解的意思就是，不能光打"情怀牌"。我挺认同她这句话的。传统情怀的意思就是说，我对这个东西还是有感情的，我愿意去做它，但核心是以"我"为中心，但其实媒体人应该以"受众和市场"为中心。很多传统媒体人确实有这样的情怀，就是我想要把我认可的价值传递给你，但这种思想还是需要去转变的。

问：创业之后工作和家庭之间的关系你又如何去平衡呢？

邓科：这个确实很难平衡。像我现在基本上是早上六点起床，吃个早饭，就到公司来了，晚上一般八九点才回去。确实这是一个非常大的问题，尤其是现在孩子还很小，需要陪伴。

问：现在很忙，基本上没有什么假期可言吗？

邓科：对。周末我也必须有一天要到公司来，但是我尽量去做一些规定性的"铁律"。比如说每周必须有一天去陪家里人，每周要有一天和他们一起吃晚饭，尽力争取去做到这种平衡。有时候确实很矛盾，毕竟创业确实需要人全身心投入，但是对于家庭来说，时光是不可逆的。小孩子在这两年的成长，如果你缺席了，在情感上是不可能回过头去弥补他的。

问：到现在都还没找到一种很好的平衡，对吗？

邓科：虽然我有这些雷打不动的"铁律"，但还是希望自己尽快在工作管理上能找到更多的伙伴，可以一起分担工作。哈哈，这是我的一个心愿吧。

"不担心竞争力，因为我们很专业"

问：你是怎么想到自媒体创业的？

邓科：这个确实有点误打误撞。从传统媒体出来后，我还是希望创作一些东西出来的，但是创作其他东西的过程比较烦琐，所以就想着，先开个公众号再说。结果公众号一开，效果挺好，反响也很好。开公众号的时候正好是 2013 年，赶上了中共十八届三中全会，当时一下子就来了几万粉丝，我们也比较幸运，正好赶上了微信的红利期。公众号的成功有历史的偶然性，也有运气。如果我当时再去搞一个 APP，办份报纸，估计应该不行了。

问："智谷趋势"推送的选题、内容是如何定下来的？像最近美国大选,"智谷趋势"也推送了好几篇。你们是如何通过像这样一个大事件来定选题和内容的?

邓科:这就是新闻实际操作的一个层面了。某种程度上找好选题就是一半的成功。像是美国大选这个题材,第一,这毋庸置疑是不可回避的选题;第二,我们要思考怎么做出价值,做得和别人不一样。为了阅读效果,我们看了几十万字的东西,观察别人怎么做的,我们还可以从什么角度出发,还有就是受众最关心的是什么问题。我们当时选用了书信形式,角度挺好的。选题时要有语不惊人死不休的追求,不要随声附和,人云亦云,一定要写出不一样的东西。

问:从开始运营到现在,"智谷趋势"也做了许多完善,但是现在可以看到,市场上有许多同类型的公众号,比如说"吴晓波频道""财经早餐"之类的,你会为"智谷"的竞争力担心吗?

邓科:这点倒不会,我很看好我们正在做的一些探索。我们现在在做别人还没做过的事情——以海外市场配置为切入口,做中产的财富决策首席顾问。

现在是普通人资本觉醒的时代,随着民众手上越来越多钱,人民币贬值,中国中产阶级兴起,越来越多中国人选择出国,这是一个大趋势。海外投资原来是富豪阶层的事,但现在已经下沉到中产。中国人出国之后肯定是要了解那个地方的政治、经济走向,可是这些领域存在大量的信息不对称,而了解和传递这些信息恰恰是"智谷"的长处。

这样的专业能力,就是为什么我们不担心的原因。中国还处在一个转型时期,对信息的需求量是很大的,但同时,格局的变化让它的很多领域存在大量的信息不对称。所以说"智谷"找到了一个突破点,也能找到了自己的价值点。

问:现在很多公众号有刷阅读量的行为,你怎么看?

邓科:这肯定是一个不诚信、应受谴责的行为,但这种行为不能简单地否定"微信公众号"本身。就像传统媒体,基本上都在夸大自身的发行量,你说这是不是在"刷阅读量"?

"原来传统意义上的新闻业会'瓦解'"

问：除了做公众号，你今后还打算做其他的创业吗？

邓科：我们的公众号实际上是一个载体，只是一座冰山浮在海面上的一角，我们更多的业务是在海面下的，比如说我们现在在做的海外资产配置，拥有十万人的社群。今天晚上就有一个相关讲座，还有线下的活动，比如海外的考察和交易。我们也会为大公司做定制，比如定制化的咨询服务。也就是说，我们可能和单纯地做公众号不太一样，因为我们很多业务实际上是依托公众号往外延伸。

问：你有没有想过，以后不再走传媒这条路？

邓科：我现在做的有可能也不算严格意义上的传媒。我对新闻这个行业的看法，从整体来说，就是原来传统意义上的新闻业会"瓦解"。未来的新闻可能不再需要一帮专门的人去采集、传播信息了，因为每个人都可以承担这种工作。所以说，传统性的肯定都在瓦解，但是我以后肯定还在信息服务这个领域，就是围绕着怎么生产信息、怎么把信息传给更多人服务、怎么把信息卖出钱来展开工作。

问：那你认为传统媒体会被取代吗？

邓科：肯定，必需的。你们现在还会看传统媒体吗？再过几年，老人家被淘汰、年轻人起来之后，他们都不会再去看这些传统媒体了。

问：那你认为传统媒体是注定衰亡了吗？

邓科：对，但是党报还可以存活，因为党报有宣传的需要和经费的支撑。而其他的传统媒体，就像蜡烛，虽然现在也有，但它不会作为一个主要的照明工具了；就像马车，虽然现在也有，但大家也只在旅游的时候玩儿一下，它不会作为主要的交通工具了。以后也许还有报纸，但也许只会变成一种小众的、用来"玩儿"的东西了，不会成为一个大众传播媒介。

问：都说现在纸媒的工作非常不好做，你觉得在今后，像记者、编辑这些工作会不会就消失了呢？还有存在的必要吗？

邓科：我觉得作为一个整体肯定是消失了。但是也有可能说，这些工作以后可能不再作为一个行业来做,而是成为像基金会这样的公益事业,或是企业的一些赞助性的工作,就像智库一样。美国智库本身就是非营利性机构,靠捐助来维系运营的。

作为记者来说,从需求方面来讲,我们还是需要这么一个角色的,至少在中国,我们是需要的。昨天刚看到在三联生活周刊,一个女记者,1989年出生的,她写了一个关于内蒙古某厅长杀了自己情人的采访手记。虽然我好几年没有做新闻了,但当我看到这篇手记的时候,做新闻的日子还历历在目,好像重新代入了做记者的感觉。一个新闻事件,记者怎么去突破,怎么给公众提供这种信息等,都挺让人心动的。

其实做新闻还是会让人肃然起敬的。学新闻的,有时候没有什么技巧可言,最主要就是塑造我们对真相的敬畏,其次就是要让"专业感"的基因注入我们体内。学其他专业可能就没有这样的气质。

问:在传统媒体工作那么长时间,很多经验还是对现在有用的?

邓科:是的。包括学新闻,学的是传播规律和传播技巧。不管是做新媒体还是以后去企业做公共传播,很多东西都是相通的。我们想要表达什么,我们的目标群众在哪里,怎么去找到他们,再对他们去产生影响,这些规律都是相通的。

"你们可以自己先开个公众号"

问:在移动互联网时代,我们学新闻专业的学生要怎么去适应呢?

邓科:肯定还是我所说的,受众在哪里你们就要到哪里去。我跟很多同学都说过,你们可以自己先开个公众号,哪怕只是先让周围的人订阅你们的号,像女孩子喜欢化妆,就可以做一个化妆的心得。如果擅长摄影,就可以每天拍上几张写上心得。

微信的出现极大地降低了发表信息的门槛。以前让你办份报来发表信息,这是不太可能的事儿。虽然我们读书的时候也办过学生报纸、黑板报,但这毕竟成本很大。然而,在这个时代,发表信息是一件很简单的事情。所以,我建议你们一定要融入主流平台中去尝试,永远要有用户意识。要做自己能做的事情,愿意花时间去做它。先自己开个号,去尝试，去和用户建立起联系。

我觉得新闻永远是一门"实学"，是一门实操的学科，不是靠想象的一门学科。而实学在于真的要去做、去实习、去操作，这是一个非常实用的建议。在移动互联网时代，讲一些大道理，说要掌握什么技能啊，要同时具备摄影、剪辑的能力啊，还不如从最简单的开一个公众号开始。写自己感兴趣的东西，从标题开始琢磨，把学的知识从头到尾运用其中，像编辑的功夫啊、摄影的功夫啊、排版方面等。

问：新媒体系的学生毕业后是否会比新闻系的学生更有优势呢？

邓科：这个倒不会。并不是说在新媒体时代，学新媒体就有优势。出来社会工作，最重要的还是看一个人的基本功，基本素质还是很重要的。实践也很重要，比如说你有曾经写出过一两篇能够打动我的东西，那这才是硬功夫。

问：那你还建议我们去传统媒体工作吗？

邓科：这个不用我来建议。你们先去实习一下。学新闻的不去纸媒看一下，还是有点难说得过去。但是去一般的传统媒体还是算了，中国最好的几家传统媒体毕业了去待几年是可以的，像财新、南周啊。虽然现在传统媒体不如以前了，但整个行业的规范还在，好的传统媒体还是可以去的。

问：经营自己的公众号就是要出一些自己的文字和图片吗？

邓科：对，就是产品化，就是持之以恒地去运营一个公众号。坚持做一个东西是有力量的，哪怕不是一开始就光芒四射，但只要坚持做下去，一年两年后，它就可能成为一个有价值的东西。

采访札记

选择新闻不要后悔

亲切，干练，幽默。

这是邓科给我们的第一印象。

2016 年 11 月 15 日晚 7 点，我们按约定的时间，准时来到中山大学海珠区分校旁边的写字楼。接到员工通报后，邓科从办公室里走了出来。他戴金丝方边框的眼镜，着淡蓝色衬衣和卡其色休闲西装裤，脚上一双黄色布面休闲鞋，步履从容，脸带笑容迎向我们。

他的办公室摆设风格属于简单主义，一张办公桌、会客用长椅、茶几和一个书柜便是全部。书柜上摆放着广东外语外贸大学新闻与传播学院硕士点院外导师的聘书，让我们倍感亲切。

谈起自媒体的发展，邓科侃侃而谈。他认为，现在公众号的生命力可以用"两段论"来概括。第一个阶段是传统媒体的类型迁移，把传统媒体的类型搬到微信上，成功地复制，成功地建立品牌，那么就会获得相应的成功。"咪蒙"被称为传统媒体时代的《知音》，"十点读书"这种读书类、文摘类的公众号，实际上就是传统媒体时代的《读者》。"智谷趋势"的目标是打造微信上的《经济学人》。第二个阶段是因为新的信息传播方式引起了信息需求满足的变革，它要跟垂直的产业链结合，才会长久地发展下去。

虽然脱离了传统媒体，但他还是对传媒充满感情。2008 年汶川地震，南周的记者表现十分专业，报道理性，展现了这样极端环境下人的复杂性。"汶川九歌"特刊第 3 版"孤岛汶川的人性百态"，写到"地震当天，两个商店被抢，其中几个工厂食堂的东西也被抢劫一空。第二天传出消息，有一伙人准备抢村里的食堂"。随后讲述了武警制伏了抢粮食的领头分子。"抢粮食"的新闻让读者深刻体会到当时灾区生存的残酷性，也使我们明白地震中传递的正能量是多么的珍贵。

在采访的过程中，我们始终能感受邓科对后辈的关心和爱护。他告诉我们，选择新闻不要后悔，还建议我们新闻专业学生把所学的知识做成产品，多锻炼，多实践。例如可以自己创办一个公众号，根据自己的特长选择传递的内容，文笔特别好的就可能走比较"华丽"的路线，喜欢思考的就走"深度"的路线，再者就是走自己感兴趣的那个领域，形成自己的信息作品，让周围的人订阅，与受众建立联系。去做几次尝试，哪怕只是在校园，阅读量几千也挺好，越做会越有信心。这对于以后找工作是非常有益的。

方夷敏　我在寻找一个兴奋点

蚁珂婕　刘春萍　杨卓莹

人物档案

方夷敏，人称"卡卡"或"黎贝卡"。2002 年，毕业于暨南大学新闻学专业，先是到《新快报》做时政记者，两年后进入《南方都市报》，继续从事时政报道，做到了报社的首席记者。2008 年，转到娱乐部做电影记者。2015 年 5 月离职，专心经营微信公众号"黎贝卡的异想世界"。据报载，她的公众号 2016 年底拥有粉丝 100 多万，是国内"最具商业号召力时尚自媒体"之一。

传统媒体人转型，如何延伸原有价值？

方夷敏的故事或许能给我们一点启示。微信流行时，她尝试着做了个时尚类的公众号，没想到越做越大，最后连本职工作——南方都市报首席记者也辞了，专职打理她的"黎贝卡的异想世界"。暨南大学新闻与传播学院院长范以锦称赞她是"优秀的报人向自媒体转型的成功者"。

接受媒体采访时，她说："从传统媒体转型做新媒体后，最大的收获就是我的危机感没有了。因为无论传播的方式怎么变，优质的内容都是有市场的。因此，无论怎么变，关键还是在于你是否能够把自己变成一个优质的内容提供者。"

方夷敏的成功，既让人看到了曙光，也让人自察自省：我是一个优质内容的提供者吗？如何才能成为一个优质内容的提供者？

2016 年 12 月 9 日，方夷敏与我们面对面，分享了她的转型心得体会。

"我希望孩子去当一下记者"

问：在学生时代、在报社当记者以及转型之后这三个时间段，你对记者的理解有何不同？

方夷敏：那肯定都是不一样的。我经常会说，如果我有小孩，他们也愿意，我希望他们去当一下记者。因为这是一个可以很快接触到很多人、看到很多事的平台。很多父母觉得记者很辛苦，他们的小孩很辛苦，但我觉得这是一个可以了解很多领域、快速看世界的窗口。我到现在都这么觉得。

我一直相信能把记者做好的人做什么都可以。因为记者教给你的是很多综合能力：跟人打交道的能力，思考和学习的能力。采写能力就不用说了。无论你跑哪一条线，它都是一个不同的领域，你需要快速地去学习。你要去采访别人，自己就先要搞懂。记者是一个需要综合能力的职业。媒体人转型在别的领域做得很好是有原因的，因为他们在传统媒体中受过记者的采编训练，他们会很容易适应各个行业。

在学生时代，我并没有明确要做记者，不过我很明确我一定要做与文字相关的工作。因为我一直很喜欢写。但是真正让我决心做记者是我实习的时候。大四实习的时候，我已经找到一份工作，不是当记者而且很高薪。后来，还是选了报社。因为我是这样想的：如果做了记者，我还想去公司随时可以去。但是，如果我去了公司就可能很难回来再当记者了。开始当了记者以后就觉得，很适合我，所以就一直都没有换过。

问：你现在会怀念以前的记者生涯吗？会的话，怀念的是什么呢？

方夷敏：相比之下，我更喜欢现在的自己。当然，也不是说我不怀念以前当记者的时光了。在很多人看来，做到南都首席记者对我的记者生涯也算是有所交代了。我很感谢以前的记者生涯，是这些年经历过的事情让我成为了现在的我。如果非要说怀念的话，我以前做记者的时候要少操心一些，虽然也很忙，但偶尔还能有一份闲情，现在简直没有了。

"内容创作对我来说是最兴奋的"

问：2008 年你从时政新闻转入娱乐新闻，这一转变是否也影响了你当时选择做时尚类公众号呢？

方夷敏：其实，每一个阶段的选择都对下一个阶段有所影响，但它不是一个必然的关系。它会帮助我在尝试一个新的领域时不会那么慌张。我试过从零开始，也知道这样的挑战是适合我的。有些人很适合在一个领域中耕耘一辈子，而我转型是因为我觉得我在那个领域很疲态了，我需要一个新的兴奋点。所以，这次我便不会那么慌张了。

问：如果我说，这些转变都是为了寻找新的兴奋点，你同意吗？

方夷敏：对的。我进入疲态期的时候，会觉得比较难熬。我会觉得，当我对它没有那么强的学习欲望和动力时，我会慌，会思考怎么度过。从时政转到做娱乐、从娱乐转到做自媒体，这些都是。我是通过新的领域重新开始学习，激发自己的学习欲望。而有的人冲破瓶颈，境界更高，我则是选择另一个领域来度过。

问：你现在还像当初开始做推送的时候一样热情吗？

方夷敏：当然，内容的创作对我而言是最兴奋的。前段时间和助理小姐们开会，就有人担心自己一直写写写会失去动力。我说当然不会啊，像我从当记者到现在一直都在写写写。每一个选题、写作的角度，都会有不同。现在我拿到一个题目，也还是很兴奋的，包括我们经常也会讨论什么的。发完推送后看大家的评论和留言，都是一件很有成就感的事情。

问：在"一不小心当了那么多年记者"一文中，你提到做每一件事情都有一个兴奋点，那么对于做推送，你的兴奋点是什么？

方夷敏：我指的兴奋点不是指某一个，而是说可能现在这件事是我特别想做的，那我就会很"打鸡血"。以前做记者时，看到一个很想采访的人，或者是看到一部很好的电影，我会很兴奋，想要了解它，包括采访我很喜欢的导演或者演员，是这一种兴奋。比如写推送的兴奋点可能来自我今天的选题，可能很兴奋。因为今天我要写我今年买的包，然后我就一直跟她们说，唉，我觉得这个也很好。分享也是我兴奋的一个点。以前没有做博主、写公众号的时候，我们有一个群，会交流买了什么，用了什么。我本身就很喜欢分享。写推送是和更多人分享，这个过程让我蛮兴奋的。

我不是为了转型而去做时尚号，当时只是为了试水。我不相信纸媒会被淘汰。我觉得无论何种平台，都需要做内容的人。当大家都说传统媒体要灭亡的时候，我开了一个号。

"永远不会放手让别人掌控内容"

问：你的公众号粉丝如此之多，我觉得其中一个原因是里面有很多精美的图片。除了这个，你认为公众号的成功还有其他什么因素吗？

方夷敏：我觉得和找到一个合适的平台有关。现在自媒体环境很好，关注度高，因此机会较多。另外，也涉及大家的阅读习惯。以前大家会习惯看纸质的东西，后来又习惯在电脑上看，互联网门户网站发展得很好，而现在都喜欢看 PC 端、手机，这与媒介有关。我们这一批自媒体，刚好找到了这样一个平台，天时、地利、人和。

我觉得做自媒体是一件很残酷的事情。特别是有 KPI（Key Performance Indicator，关键绩效指标）考核的话，频率是每日一次。

你的读者每天看到这些文章，他都可以决定取关或者关注。那你就要保证每一天或每一期都持续输入优质内容。对于做媒体的人来说，这很不容易。人总会有状态不佳的时候，但每天在任何状态下保证输出质量优的内容，拼的是意志力和体力。我有许多朋友都是做了公众号之后，才和我说真的很佩服我长期保持优质内容的输出。所以，我觉得保证每天都输出一篇优质的内容是前提。不一定是态度，之前有另一个号和我讨论过长期做公众号的问题。虽然有编辑助理帮忙，但每一篇稿子都经过我的手。我十分了解自己，只要我给自己一个借口，一天不做事，我便会隔三岔五给自己找一个借口。只要放松自己一点点，我便会越放越松，而我不想给自己这样的机会。

问：后台如果有读者与你产生共鸣的话，那么……

方夷敏：那当然就是更大的兴奋点了。公众号带给我很大的满足感和成就感。因为双鱼座不太能逼自己去做自己不喜欢的事，我是这样的。比如说，有一件事情我不想做，但一定要做的话，我会很懒。但是，如果是那个事本身你就很喜欢做，就不存在你需要逼自己去做。

问：对于"买买买教主"和"写写写博主"，你更喜欢哪一个称号？

方夷敏：很难说更喜欢哪个吧，无论是以前在报社工作还是现在当时尚博主，我都很喜欢买买买，也一直都热爱当小白鼠。写写写也是我一直在做的事情，这两个都算是我的兴趣所在吧，不过非要选的话，那还是"买买买教主"好了，"写写写博主"听上去太心酸了。

问：是否想过组一个写作团队，比如像"化妆师 MK—雷韵祺"，或者"深夜发嬷"一样，来减少写写写的负担？

方夷敏：我现在也有一个小小的团队。工作室的助理小姐们会在图片处理和资料搜集上协助我。我的角色相当于一个主笔吧，最后写写写的任务还是在我头上，毕竟这也是我最有热情的地方。对我来说，内容是永远不会放手让别人来掌控的。所以我每次出差的时候，都一直在抓紧写推送，有同行看了后说："啊，你居然还要自己写推送啊？"我说："对啊，不然呢？"

"全力做好想做的事，机会自然来"

问：你之前说过，"不会刻意照顾读者的口味"，但在推送中你又提及，会做评论中点赞数最多的内容推送。关于读者口味上的想法，是不是有了改变？

方夷敏：其实两者没有冲突。"不会刻意照顾读者的口味"主要是指写作的风格和审美趣味，我不会因为有很多人买厚底鞋，突然说厚底鞋好看。把点赞数最多的那条评论做成推送话题，则是从选题的角度出发。比如，我本身是苹果形身材，照理来说，我是没有梨形身材的困扰的，但如果很多读者都有这个困惑，她们也很想看，那我觉得可以为她们做一期，这是对选题的扩展，但写作的风格和审美趣味是不太会改变的。

问：会不会感觉工作日的时候，每天出一篇推送很累，有时候会很赶，感觉一个星期就这么没了？特别是读者还在说"卡卡，以后争取推送几点几点之前出好不好，一起早睡"什么的。

方夷敏：尤其是在做产品后，感觉到时间和精力都是一个巨大的挑战。

其实，每次推送前就会有很多读者来后台说："说好的早更少女，怎么还不推送？""卡卡，今天会更新吗？"现在除了写写写，我还会去一些品牌活动，赶飞机都在见缝插针写推送，有时参加完活动就立刻回酒店继续写。我倒没有说觉得出一篇推送很累，因为我自己的兴趣在里面。不过，有时遇上配色类的选题，要一个网站一个网站一张一张找图片，弄完真的觉得自己快要眼花了。

问：做微信工作，你会遇到疲态期吗？

方夷敏：我很难这么想，目前还是恋爱期。对于以后的事情，我会觉得先做着，出现了问题再想吧。就像他们老问我以后的规划，但我很少做规划。一般是全力做目前最想做的事，选择就会摆在我面前了。

问：你会不会具体做一些事情来让自己放松？

方夷敏：我会休息。从时政转娱乐，再从娱乐转自媒体，我的写稿量会变少，让自己想想要做什么。相对于埋头忘记疲态，我会选择放慢速度。

"做新闻还是传统媒体好"

问：纸媒遭遇断崖式下滑，《京华时报》等报纸停刊，你是怎么看待纸媒的前景？会衰退？灭亡？

方夷敏：每次看到有报纸关张时，会觉得很可惜。但我不觉得纸媒会消亡。看报人数不断下降，我也只订南都，但这是正常的。然而，同书一样，还是有人会想看纸的东西，也许纸媒数量会减少，但纸媒还是会存在的。

问：这是通过竞争的方式使更好的传统媒体留下吗？

方夷敏：不是的。时代变了，纸媒已经不是主流，但它一定不会消亡，总会有人有看纸质的需要，但我觉得它只是媒介。官方媒体的属性还在，就不能说它消亡。可能是纸张消亡，大家无法看纸，但媒体的属性不会改变。比如自媒体，分享自己的经验。而像重大事故，如地震，这一定需要一个综合媒体来做。媒体的属性不会因时代的改变而消亡，消亡的是介质。报纸与报纸从业人员是不同的概念。

问：你觉不觉得记者转型是大势所趋呢？

方夷敏：现在大家都在转型，但转型只是从纸媒调到网站、自媒体。其实我觉得，这还是属于媒体人，只是平台的转变。当然也有创业或者做别的。喜欢做内容的人还是在做内容，只是平台变了。

问：许多人说，从事媒体工作应先在传统媒体中学习。你怎么看呢？

方夷敏：现在好的自媒体人都出于传统媒体。传统媒体经过系统训练，输出的内容具有天然优势。受过传统媒体训练的人更知道传播的边界和规律。但也有没去过传统媒体训练的人也做得很好，也许和领域有关系。但新闻的话，还是传统媒体好。

"做品牌是我的梦想"

问：你做过开箱记、倪妮、井宝。同样是接触明星，这与做记者时，有什么不同呢？

方夷敏：比做记者轻松。在做传统媒体时，你代表着报纸的利益、立场。而现在做自媒体之后，写得可以个人化。

问：你会不会为了留住粉丝，而改变自己原本在公众号上分享的内容呢？

方夷敏：不会的。之前其他的媒体也问过，但问的角度不同。他们是说：你是怎么做到去平衡不同粉丝的喜好，照顾他们的口味？我说：我不照顾他们的口味，我只照顾我想分享的。

这是自媒体与报业不一样的地方。报业可能需要照顾不同的年龄层、不同的受众、迎合不同的口味，但是自媒体更为细分。我分享我喜欢的，我吸引和我一样喜欢这样东西的志趣相投的人就够了。我没有想把我的公众号做得多大，一定要几千万人关注我。我觉得，只要喜欢我的人或者喜欢我推荐的东西的人关注我就行。每天都会有人取关，也会有新的人关注你。自媒体如同一个小圈子，这些人都是经过他们自己筛选，还有我筛选之后的结果。有人问：看到你们评论互动的感觉，你和你的读者很熟吗？其实，有一些熟悉面孔，还是会有一些很亲近的感觉。他们叫我"卡卡"的时候，我觉得很亲切。

问：你的每一次转变，包括转型，都是为了学习新的东西。你会不会担心有一天这种学习的欲望消失？

方夷敏：我不担心它会消失。没有学习的渴望，我不会这么折腾。我本身有许多的兴趣，很多事情都想试一下。因此，我一直希望有新的挑战和尝试。

问：我们注意到你推出了一款联名包包，Miss Fantasy，以后打算做自己的品牌吗？

方夷敏：当然希望，这是我的梦想。我会朝着这个方向努力，但目前还是想先把团队搭建起来。让我做主笔和主脑，有人辅助我的情况下，我会有更多的时间去做别的事情。目前处于这个阶段。

采访札记

选择新闻专业没有错

作为大二的学生，我们采访方夷敏这样的"买买买教主"，难免会有点小粉丝情绪。那天约在广州太古汇文华东方大堂碰面。整个访谈很顺利，就好像是和一个过来人、一个师姐那样子聊天。

有几个点印象特别深刻：

首先是兴趣的重要性。方夷敏曾经谈到，做推送是一件很费体力和脑力的工作，是一件考验意志力的活儿。我们那天原本打算下午6时过去采访，结果前一天她的助手崔斯坦说提前一下时间吧，怕黎贝卡那晚来不及写推送。由此可知，卡卡平时写推送花不少时间，因为她的推文差不多都是晚10时多发出来的。就像她说的，"如果是那个事本身你就很喜欢做，就不存在你需要逼自己去做。"

其次是如何度过职业倦怠期的问题。方夷敏说，有的人选择继续埋头苦干，而她选择找另一个刺激点。比如，跑了八年的时政，发现自己跑不动了，就转去当娱乐记者，让自己不断学习新东西。她的经历告诉我们，要战胜职业倦怠期，除了坚持，你还可以选择灵活变通，说不定柳暗花明又一村。

最后是如何抓住机会。谈到以后的规划时，方夷敏也表现出不普通的一面。她说："现在做自己很想做的事，然后全力以赴，我觉得做着做着它其实会有一些别的选择摆在你面前。"由她及己，我们是不是也不要把自己规划得太紧？太紧了可能反倒束缚自己，看不到别的、可能更适合你的机会。

方夷敏对记者职业的理解，也给我们不少启发。她很欣赏记者的工作，将来也愿意鼓励自己的孩子去当记者。她认为，记者是摸爬滚打出来的人，综合能力是不会差到哪里去的，他们甚至会成为一个领域的专家。

采访完方夷敏，我们更有理由相信，当初选择读新闻专业的决定没有错。做记者虽然会很累，但是可以学到东西。有些东西的获取只能靠日积月累。

苟 骅 创业乐趣在于挑战不确定性

李雪怡 关嘉敏 张松雪

人物档案

苟骅，四川人，"南友圈""自媒社"的创始人。

1997 年，大学本科毕业于华中科技大学新闻与信息传播学院，长期在南方报业传媒集团旗下《南方都市报》担任记者、新闻部主任、编委、总编辑助理等职务。

他戏称自己是中国"70 后"报人中较早向全媒体转型的"找死者"，全方位参与了《南方都市报》向南都全媒体集群转型的战略规划和运营执行。自 2007 年开始跨界互联网行业，任南都报系副总裁，兼南都全媒体首席运营官、总干事，南都全媒体网络科技公司董事、总经理，奥一网总编辑、CEO，参与组建南都与腾讯公司合资成立的大粤网，入围 2012 广东互联网风云人物。先后受聘为广西大学、国家新闻出版广电总局西南人才培训基地兼职教授，中国人民大学新闻学院跨媒体教学改革委员会委员，中山大学传播与设计学院专业硕导。

2015 年 11 月 8 日（第十六个中国记者节），苟骅宣布辞去南都报系副总裁，与数十位前南方系知名媒体人（俗称"前南友"）一起发起创办中国第一个专注媒体人创业的互助社群——"南友圈"。

南都报系原副总裁苟骅，不仅见证了纸媒最后黄金十年，而且经历了市场化媒体转型多年的试错。现在，他相信"只有媒体人个体转型才有未来"，并付诸行动。

2015 年，他与数十位前南方系知名媒体人发起创立"南友圈"，希望帮助更多媒体人转型。第二年，他又推出依托"南友圈" 30000＋专业媒体人资源的内容服务优选平台——自媒社（zimeishe.net），新一轮融资即将完成。

苟骅为什么放弃了媒体转型，转身自媒体创业？从"南友圈"到"自媒社"，他是如何完成从 0 到 1 的突破的？他们的试错给媒体人创业提供怎样的启示和帮助？

2016 年 11 月 24 日下午，我们在微信总部所在地——广州 TIT 创意园对苟骅进行了一次深度访谈。他向我们细述了自己离职创业三百多个日夜的煎熬、惶恐、坚持、思考和向往……

"自媒体进化到内容取胜的 2.0 阶段"

问：（2016 年）11 月 9 日——也就是记者节的第二天，"南友圈"联合国内多家互联网平台和自媒体联盟共同发起"中国自媒体节"，这个节日有什么样的意义呢？

苟骅：我们发起举办首届中国自媒体节，其实是"南友圈"在自媒体 2.0 时代联合所有专注内容创业自媒体人的一次集体发声，也可以看作是"南友圈"这个媒体人创业互助社群运营一年后第二次吹响集结号。

正如 2015 年，我们选择在 11 月 8 日——中国记者节亮相，主要考虑"南友圈"是一个媒体人社群，在这样一个媒体人的职业纪念日，媒体圈非常关注，也容易成为引爆点，从时间节点选择和品牌传播角度的确引发了广泛的社会关注。

今年（2016 年，下同——编者注）发起中国自媒体节，选择在 11 月 8 日第二天主要是希望有别于中国记者节。大家都知道中国记者节是官方法定节日，在媒体圈又戏称为"中国记者证节"，也就是只有持有国家新闻出版广电总局颁发的记者证的体制内媒体人才有"资格"过这个节日（笑）。那些为数更多并在体制外从事自媒体内容创业的媒体人，应该也有一个属于他们自己的职业纪念日，所以我们联合国内百家自媒体平台或联盟发起"11·9 中国自媒体节""过了 11·8，就是我的节"的主题口号，目的是唤醒转型创业媒体人已植根内心的职业荣耀感——我们转场没有转行。事实上，互联网去中心化传播，传统媒体加速衰落，自媒体雨后春笋般崛起，已经并将继续把越来越多的媒体人推进到"后记者节"时代。

问：记者节是法定节日，你觉得自媒体节会有生命力吗？

苟骅：记者节可以理解成一个传统媒体人的节日，我接触的很多离开传统媒体机构的媒体人，特别是仍继续从事内容创业的自媒体从业人员还是有很深的媒体情结，"南友圈"作为发起方只是顺势而为。至于这个节日有没有生命力，还要通过市场来检验，就像"双十一"购物节，是民间发行的，现在已经成为一年一度的盛大节日。可以说，一个节日的生命力并不在于是否官方认定，而在于它本身是否有市场存在价值。

"南友圈"作为一个专注媒体人创业的互助社群，一开始更多关注的是媒体人独立创业项目，这还是个比较小众的媒体人群体。经过我们做了大量摸底调查，有能力创立独立项目的媒体人大概不到20%，更大部分离职转型媒体人在做微信公众号等自媒体。中国的自媒体经历了野蛮生长的1.0阶段后，依靠营销吸粉创造的渠道红利已经到了天花板，随着专业媒体人大规模离职转场加入自媒体创业，开启了以内容原创为核心竞争力的自媒体2.0时代。"南友圈"推出的自媒体内容服务优选平台——"自媒社"，就是基于专业自媒体人在内容原创和商业变现方面的痛点而打造的创业服务平台，所以我们选择在11月9日中国自媒体节正式上线发布了"自媒社"产品。

我们提前半个月联系了全国上百家自媒体平台、联盟和一些比较知名的自媒体公众号，可以说是一呼百应，大家都非常认同这个有情怀的节日。就这样，11月9日"中国自媒体节"诞生了。如果说"中国记者节"属于传统媒体的，代表的是过去式；"中国自媒体节"则是互联网的，代表的是媒体人的未来。

问：你们第一届自媒体节有什么活动？

苟骅：今年是第一次，明年会准备更充分，更加成熟。这次主要举办了全球线上发布会，把全国上百家自媒体平台和联盟集结起来，建了几百个微信群，同时发布了自媒体内容创业公约，这相当于一个宣言，强调自媒体还是在做媒体，只是从传统媒体转移到了互联网开放平台。虽然转场了，但我们对新闻出品的价值追求、原则底线是不能变的。我们希望通过不断强化这些常识，使自媒体可以进化到真正以原创优质内容取胜的 2.0 阶段。

问：自媒体节的前一天是记者节，很多人会感慨传统媒体的衰落，你当时有什么感受？

苟骅：今年记者节也是"南友圈"亮相一周年的日子，我们当天在北京腾讯众创空间举办了中国媒体人创业北京峰会，感受到整个氛围和去年（2015 年——编者注）记者节有很大的不同。我记得去年"南友圈"亮相的时候，大家都在感叹传统媒体的衰落，认为像我这样的传统媒体人离职出来创业需要很大的勇气，尤其是在传统媒体已经做到高管职位，工作收入比较稳定，大家会问你为什么要冒这个风险出来创业。但今年你会发现，仅仅一年过后，整个风向完全变了，大家不会觉得媒体人离职创业风险有多大——事实上媒体人已无退路（笑），反倒认为坚守在传统媒体需要勇气。

这种观念转变可能与传统媒体行业在最近一年断崖式下滑得太厉害有关。互联网去中心化传播已经渗透覆盖到各个年龄阶段人群，以前被纸媒认为是最忠诚受众群的中老年人，很多都不看报纸了。如果我们还像鸵鸟一样，把头埋进沙子里，这是非常可怕的。作为媒体人，我们一定要像做新闻报道那样勇于面对现实、面对真相，这是最重要的。毕竟传统媒体的时代已经过去了，我这一年的创业经历给我最大的感触是，从传统媒体出来以后，你才惊讶地发现个人发展的空间扩大了好多。

"遭遇'职业天花板'，顺势而为就出来了"

问：你曾经在南都做过许多有标志性意义的报道和事情，可以和我们概括一下你在南都的从业经历吗？

苟骅：我是南都比较幸运的一批新闻人。

第一，我在南都赶上了纸媒最后的黄金十年，参与了南都最艰辛、最激动人心的创业过程。当时南都因为打法比较新锐另类，被很多主流媒体看不起，甚至被某些人骂作"地摊小报"，正是在这种环境中南都创造了一个又一个奇迹。

第二，比较幸运的是，我被南都派到深圳驻站，在中国最大移民城市也可以算是国内少有的新闻富矿城市开疆拓土。所以，我经常跟很多人讲一个观点，南都为什么能够在深圳收获巨大成功，得益于南都新锐创新的办报风格跟深圳这座市场化程度最高的城市气质相投。

第三，我是南都最早一批转型互联网的媒体人。这也是一种机缘巧合。大概在2005年前后，纸媒仍然如日中天的时候，南都决策层就已开始布局互联网，收购了深圳电信旗下一家商业门户网站。因为是深圳的网站，近水楼台，后来派我兼管互联网和新媒体业务，当时我们还开玩笑说报社是为了省钱，让我们深圳团队一个人领一份工资干两份活儿（笑）。

在一个比较幸运的年代，在一家比较新锐的报纸，在一座比较先锋的城市，又比较早接触到了互联网和新媒体，这是我个人的幸运，也是我们这一代南都人的幸运。可以说我在南都工作了差不多20年，一直都在奔跑状态中，不断挑战未知领域，跑着跑着，忽然发现整个媒体行业不行了，包括我在内的传统报人都遭遇"职业天花板"，自然而然就出来了。

问：南都当年为什么这么早就看到互联网发展的趋势？

苟骅：我觉得，这和南方报业也就是媒体人熟知的289大院特别敢于起用新人的制度设计有关，整个南方报业旗下的市场化媒体很早就是全员聘用制，不管有没有体制内编制，基本上三年就有一次全员竞争上岗，不断优胜劣汰，起用新人。所以，在289大院很多媒体高管非常年轻，基本上做到四十来岁就到头了，没有时间和空间让你有一丝懈怠，这为年轻有为的媒体人提供了巨大的职业成长平台。因为南都高管比较年轻，对新鲜事物特别敏感，在纸媒鼎盛期就意识到互联网对资讯传播的颠覆性，所以比较早介入新媒体，甚至后来南都的全媒体转型，在全国来说也是最早比较系统规划的，包括后来做内部创业孵化，虽然没有像我现在这样创业那么市场化，但已经在体制内给了我们很好的创业历练，可以不断接触新项目、新事物。

问：你在南都比较早就接触互联网和分管新媒体业务，会不会觉得这些经历让你对现在的创业更加有信心？

荀骅：这个是一定的。跟很多传统媒体高管离职后先去互联网公司过渡不同，我在南都分管新媒体七八年，对于互联网和投资圈已经非常熟悉，无论是创业还是融资都相对容易些。很多纯粹做传统媒体的同行，对互联网比较陌生，先跳槽去互联网公司算是渐进式转型，职业风险小一些。但我也觉得不要把转型创业想得太可怕，媒体人有先天的敏感和学习能力，而中国传统媒体转型至今没有商业上的成功先例，不是因为没有人才，而是体制机制不行。如果我不能改变体制机制，就一定是媒体人自己转换平台，而创业本质是解决个人自由发展最根本、最长远的难题，就是产权问题。如果产权是我的，我是可以做主的。像我们出来创业做"南友圈"，实际上就可以按照我们自己的想法和目标，来做自己感兴趣的事情。但在互联网公司做职业经理人，很多事还是自己做不了主。

问：你是从什么时候开始产生想法，要离开南都创立"南友圈"的？

荀骅：创立"南友圈"是一个很偶然的机缘。虽然我知道传统媒体衰退已经非常快速，这艘船不断下沉，所有人迟早要有跳海逃生的这一天。对我来说，这一天来得这么突然，我自己也没预料到。

大概在去年下半年，我们289大院很多前同事聊天说，可不可以做一个社群，类似于BAT，包括华为，他们都有非常有影响力的员工创业互助社群。一开始也只是说说而已，后来大概是去年9月份的时候，我跟南方报业很多创业媒体人沟通，提议要不要做个众筹，借鉴合伙人模式，用互联网的方式来发起媒体人创业互助社群。在微信群里讨论，大家说先众筹一百万元作为种子基金，响应非常积极，很快就完成了众筹目标金额。

后来很多市场化资本对我们这个媒体人社群特别感兴趣。他们说投资了很多项目，那些技术男都不知道怎么把项目包装推广传播出去，怎样做品牌市值管理，这一块恰恰是媒体人的长处，这对于整个互联网创业生态圈是非常大的完善。这些资本跟我们洽谈如何投资把这个社群项目做大，但是市场化资本要求必须有专职的创业团队。我们前期发起众筹的三四十个合伙人里面，其他人都在创业，只有我还在体制内打工，所以非常突然，我就出来创业了。

问：在做这个决定时，你犹豫吗？

荀骅：基本上没有怎么考虑。大概在去年 10 月，天使投资定了下来，接着是腾讯在北京的众创空间亮相，希望"南友圈"入驻，我们就建议他们选择 11 月 8 日中国记者节这个时间节点发布媒体人社群。我的离职报告是在 10 月底提交的，也等不及审批流程了。对我来说，基本上没有什么时间去考虑权衡离职创业的风险得失，很快就以另一种身份亮相。

其实，很多时候做一个决策，可能只需要 0.01 秒，与其让迷茫和焦虑充斥你的内心，不如果断地做出选择，坚持下去，未来就在不远的前方！

"同事说我像堂吉诃德"

问：你在传统媒体人中比较早接触互联网并参与全媒体转型，现在很多传统媒体都在尝试变革，与新媒体融合，你认为还有变革甚至成功的空间吗？

荀骅：我对现行体制下媒体融合、转型前景还是比较悲观的，很难，基本上看不到希望。现在国内很多纸媒转型变革的打法，几乎都是之前南都走过的老路。

问：为什么你认为传统媒体转型很难呢？难在哪里？

荀骅：主要是互联网信息传播的去中心化，换言之就是新媒体赋权，信息获取和传播的主动权越来越去机构化、去话语权、去精英化，这也是技术赋权带来的颠覆性变化。

从某种意义上讲，在前互联网时代，传统媒体主要依靠信息不对称甚至对知识传播的垄断获得比较优势地位，少数人或者说精英阶层掌握话语霸权，有选择性传播和左右舆论的能力。但进入互联网时代，你很难通过信息单向传播和渠道垄断去左右受众，并形成商业模式了。现在社交网络这么发达，每个人都可以接触多元资讯，传播成本或门槛急剧降低，根本不需要传统媒体再去做传播中介。所谓去中心化，一个非常重要的特点就是去中间介质，传播链条扁平化。以前很多理论讲媒介，为什么叫媒介，强调的是信息传播介质作用。在互联网时代，传统媒体的长周期、高成本信息生产和分发模式，使其越来越失去存在的意义和价值，这就是为什么传统媒体机构很难完成转型的原因。

前不久，原来《南都周刊》的同事拍了一个关于我的微视频，用了一个标题叫"289大院走出的堂吉诃德"，有朋友说这个视频到底是在褒我还是在贬我呢？我说在体制内转型的媒体人，事实上很像堂吉诃德大战风车那样，表面看起来很悲壮，但最终的结局其实早已经注定了的。

问：所以说，你觉得在体制内的转型是没有出路的？

苟骅：我的经验直觉是，只要体制不改，传统媒体转型都殊途同归，死路一条！

复旦大学李良荣教授讲2018年是纸媒的大限，意思是绝大多数报纸杂志可能都不得不停刊了。上海《东方早报》原来是非常有影响力的一份报纸，已经宣布2017年正式停刊。不过跟此前宣布停刊的另一份市场化报纸——《京华时报》不一样，他们在政府资源的强力推动下打造了澎湃新闻新媒体，可以吸纳现有的纸媒团队。但这并不意味着澎湃新闻是体制内转型成功的新媒体项目，至少商业模式还不能实现自负盈亏。

我们也探索过，当纸质传播已经失去社会意义和商业价值后，一些品牌媒体像《南方都市报》，它的品牌价值是存在的。基于南都的品牌价值，我们曾经做了非常系统的全媒体转型布局规划，希望在报纸之外的电视、网络媒体去做品牌嫁接和运营，应该说观念还是很超前的，但因为这些品牌资源不是个人的也不是团队的，如果说核心领导一轮换，所有的东西又推倒重来，没有可持续性。一度被媒体圈视为转型标杆的澎湃新闻，现在连创始人和核心团队都离职自主创业了。

刚好昨天我在深圳参加了一个中央统战部关于自媒体联盟和民营企业发展的调研座谈，看得出来最高决策层也在从执政党的高度重新评估传统媒体的作用和价值，听得出他们已经意识到用户和专业人才开始大规模转移到新兴媒体。有专业人士判断，BAT已经成为执政的主要赋能力量，而不只是中国互联网商业化的领头羊。

"从未改变职业理想和坚持"

问：你从一个体制内的媒体高管变成体制外创业者，对于这种身份的转换，你觉得有什么特别的或者不同的地方吗？

苟骅：对于我个人来讲，现在的创业方向其实是原来体制内事业的延续，至少到目前我并没有离开媒体这个行业，特别是跟那些跨界创业包括做生鲜配送、移动办公平台的前南友们相比，我跟他们的感触可能会不太一样。

比如，原来在体制内讲全媒体转型，基本上停留在用中心化模式搭个"中央厨房"，然后做报纸的去搞个电视节目，再搞互联网客户端，那个时候搞的全媒体就是大而全，好像什么传播形态都想做。现在对全媒体的理解完全不一样，全媒体应该定义成"全民自媒体"。在人人都拥有麦克风的时代，自媒体化已是发展潮流，必须顺势而为，加快从OGC（组织化生产内容）到UGC（用户生产内容）再到PGC（专业生产内容）转型，重构媒体价值、影响力及专业能力。

以前在南都，我们很早就规划研发全媒体信息集成平台，也就是现在提到的"中央厨房"，从这个意义上讲眼光很超前。很可惜只是为内部采编人员服务，如果当时把这个平台定义在全民自媒体意义上，而不只局限在我们自己那几百个号媒体人，就可能做成一个开放的互联网平台，还可以反哺并服务于当时还未到拐点的传统媒体。

现在，我出来创业一年多，其实还在延续原来的一些理想、坚持和方法，比如"南友圈"上线推出的"自媒社"。为什么要做这个平台呢？其实就是给媒体人自媒体化提供去中心化专业内容生产服务，包括帮助他们提供内容创业孵化解决方案，尤其是商业模式方面的创新支持。人无信，则不立；创业没有商业模式，也不可持续。

问：能具体讲一下"自媒社"是怎样为媒体人提供服务和支持的吗？

荀骅："自媒社"依托"南友圈"30000＋专业自媒体人打造内容服务优选平台，核心是为这些有丰富从业经验和专业背景的自媒体人的内容原创提供服务，拥有可持续的稳定的原创能力。

我们的判断是，自媒体经过初期野蛮增长会很快消耗完渠道红利，大概从2014年开始以"罗辑思维"为代表的一些专业媒体人走出体制创业做自媒体，迅速开启了自媒体内容创业的2.0阶段。如果说1.0阶段的自媒体更多是营销和传播渠道拓展，现阶段自媒体才开始真正媒体化，或者说刚刚在内容层面与传统媒体机构拉开正面竞争的架势，更高维度的公众影响力开始凸显。

"自媒社"推出了一个自媒体排行榜服务。很多排行榜是抓取微信公众号的阅读量、点赞数和留言多少作为评价标准，事实上还是一种营销导向，结果各种刷榜和流量数据造假防不胜防。而我们按自媒体原创/首发文章数量和质量建立评价模型，就是看自媒体内容，完全从媒体属性去定义它，根据这个来排序，来筛选有原创能力的自媒体。

通过这个排行榜，你会发现相当一部分粉丝量非常大但内容原创质量很低，也就是媒体圈经常讲的"内容太 low"；很多原创能力很强、内容质量较高的自媒体虽然粉丝量不多，但排名很高。

"自媒社"就是要围绕这些拥有原创能力的"头部"自媒体人的痛点来提供服务。第一个痛点就是怎么去变现，让原创内容获得溢价收益；第二个痛点是如何确保内容原创的可持续性。很多媒体人转型自媒体人后，基本上是依靠个人搜寻素材来源，除了一些大号可以获得广告收益，绝大部分只有可以忽略不计的平台流量分成，光靠自媒体人自己单打独斗去运营内容，事实上还是很难，成本很高，也不一定能够找得到跟你匹配的客户。"自媒社"首先从原生广告也就是内容原创服务变现去帮助自媒体人找到他们的目标客户和企业，从"南友圈"一年多的市场验证也明显感受到，中小企业特别是创业公司对专业原创内容的这种需求越来越急切，越来越刚需。

"媒体人创业不存在'中间层现象'"

问：媒体人创业是否要具备什么能力或者做哪些前期准备？

苟骅：没有谁天生就会创业。

以前听人说谁适合创业，谁不适合创业，基本上都是事后诸葛亮。我比较坚持一个观点，很多事情都要尝试后才知道可不可行。就像马云，在十多年前刚开始创业时可能比99%的人都落魄，很多人都不看好他。创业有大成，也可以小成，所有成功都有概率问题，尝试多，成功的概率就大。你决定要创业了就不要想太多，尤其不要给自己留后路，当你无可退路的时候，必须倒逼着自己往前走。不要把创业神秘化，也不必把它想得太艰难，最重要还是要保持一种乐观向前的心态。

如果说要具备什么能力，我经常给很多媒体同行的建议是，既然出来创业就要做自己感兴趣的事情或者是自己擅长的事情。创业是把你的兴趣爱好变成自己事业的一种方法，只要自己感兴趣，我们就会全身心投入，无论遭遇什么挫折也不会感觉到很累、很焦虑；当你选择做一件自己喜欢的事情的时候，再大的困难都可以挺过去。就像我这样，喜欢做媒体，所以从体制内跳出来以后，也没有大家想象的那样压力山大。很多担忧都是旁观者想象出来的，其实是想多了。

问：有人说，媒体人创业有一种"中间层现象"，就是做到中层管理职位经验有了，但再晋升的通道有限就辞职出来创业，是这样子吗？

苟骅：也不一定啊。现在出来创业的媒体人很多都不是中层干部，而是普通编辑、记者，还有高管离职创业也越来越普遍。

问：是不是现在已经扩展到每一个阶层都有可能出来创业，不局限于中间层了？！

苟骅：肯定不局限于中层，反倒是那些做到高管层的媒体人有点尴尬。如果出去创业，要从零开始，可能心理会有失落和落差。那些在一线的采编人员，反正也没什么可留恋的职位，跳出体制来创业的顾虑更少。当然这和个人心态也有关，尤其是在体制内，要非常清醒"铁打的营盘流水的官"。以前在南都做高管给我配了司机，但我还是经常自己开车，能自己做的事情就自己做，不想等到有一天失去这些体制内的福利待遇后形成太大的心理落差。

问： 你出来创业和以前在纸媒工作相比，工作强度上有什么变化吗？

苟骅： 感觉还是一样的，或者说各有各的压力。以前在体制内的那种压力，很多都是无厘头的，因为内耗让人心累。现在出来创业以后，你会感觉很多东西都很纯粹。比如以前在体制里面，一篇报道出了问题，没有明确的评判标准，因人而异，有很强的不确定性。现在有非常清晰的做事边界，出了问题，你就知道原因在哪里，以及如何避免重蹈覆辙，有明确的解决问题的方向。很多规则都会变得更加透明、更加可预测，这跟以前大不一样。

让我特别有感触的是，以前分管南都新媒体公司，很难建立市场化的激励机制，如何更加互联网地去做事情，这些都是不确定的、很模糊的。现在出来创业很多都要白纸黑字，记得第一次看完"南友圈"三百多页投资协议书后，感觉自己差不多白工作了 20 年。为什么呢？因为原来在国企体制里面基本没有这么细化的规则意识，也没有看到过这么国际化的契约。这三百多页投资协议书明确了，哪些可以做，哪些不可以做，各方真正按照商业规则来办事。

"创业的不确定性让人觉得很刺激"

问： "南友圈"从去年成立到现在有一年了，你觉得有取得哪些阶段性成果了吗？

苟骅： 对于创业项目，最终衡量标准就是融资能力。我们已经完成了天使的融资，即将完成第二轮的融资！因为创业公司的融资能力，直接反映了市场或者资本对你公司团队、产品的认可。天使轮融资比较看重团队背景，天使投资人也鼓励创业团队通过不断地试错，打造一个能够经历各种大战、挫折的核心团队，并在打造团队过程中验证自己的产品价值。"南友圈"第一年取得的阶段性成果，一是团队成型了，二是

"自媒社"产品也上线了。通过下一轮融资，用资本去驱动产品。

问：你对"南友圈"的未来发展有什么计划吗？

荀骅：做互联网创业和在体制内不太一样。比如国有企业都喜欢做五年规划或三年计划，还要做年度计划。互联网创业基本是三个月当一年，所以一般不会做未来多少年规划。因为随时面临着生死，以及各种变化，一般只做季度规划，小步快跑，明确未来三个月要做什么，要完成什么关键指标，完成以后就马上开始做下一个季度规划，就像滚雪球一样不停地往前，有时会越滚越大，抗风险能力就越来越强，但也可能滚到悬崖下面去了。

问：你创立"南友圈"以来有什么让你特别有感触的经历吗？

荀骅：一下子还想不起什么特别有感触的经历（笑）。作为"南友圈"创始人，核心要做三件事：第一是找人；第二是找钱（即融资）；第三就是找方向，整个公司、整个团队甚至产品方向，不要让团队跑偏了。在市场验证过程中不断去尝试、摸索和试错，等待产品引爆那一天。

问：你还是比较享受现在的创业生活，是吧？

荀骅：是啊！我非常享受现在的创业生活，很多不确定性让你觉得很刺激。我经常讲创业就是"向死而生"，每个人每天都在消耗自己的意志力，从早上一开始信心满满，经历一天劳作后身心疲惫，人的情绪进入低潮，特别到晚上睡觉的时候，有时候会想第二天能不能撑过去啊，感觉天要塌下来了。等到第二天一觉睡醒，马上又打了"鸡血"，似乎突然发现整个世界又是我的了，很多创业者都会在这种轮回中潮起潮落。我的心态比较好，很多同事都说每天见到我都是笑脸相迎，这也是一种态度，不必大喜，也不大悲。生命的意义在于追求未知，创业的价值在于挑战不确定性，享受刺激，自有乐趣。

"要对新技术保持敏锐"

问：媒体行业的变化非常快，你对读新闻专业的学生有什么建议呢？

荀骅：我感觉如果把新闻专业继续当成谋生的工具去学习的话，竞争力可能会越来越弱。毕竟不是 20 年前我们刚毕业出来的时候，机构媒体如日中天，能毕业分配进去，身边的同学也会很羡慕，大家都有非常强的职业尊严感，觉得自己就是"无冕之王"。现在，互联网赋权、新媒体赋权之后，不太可能像过去美国"水门事件"那样让专业记者一夜成名，但一个网红可能在一夜之间就出名了，像王思聪影响力就很大。

记得去年我在武汉参加华科一个学术研讨会的时候，提过一个建议，希望大家意识到媒介素养应该就像学语言、学英语一样成为通识课程，类似西方教育体系培养出来的每个人，都应该自带传播能力，能说会道。尤其是我们生活在一个信息化社会里面，你自己要知道怎么去传播自己、包装自己，这应该是每个人的基本功。

在通识教育基础上，新闻专业学生更应该学深、学透，运用社会调查的方法。过去我们学过社会学概论，学得太浅了。当时的教育只是告诉你这个方法是什么，然后考试填个空，没有实践应用能力。记得以前南都很多优秀记者，他们都不是学新闻专业出身的，而是学社会学、数学、法律等专业，因为他们的专业积累和方法论，比我们学新闻专业的同学要强很多，他们转行新闻媒体行业无非就是要熟悉并适应一些新闻的基本写法。而现在互联网文本写作早就碎片化了，基本不会研究消息怎么写，什么倒金字塔结构基本没有了。所以调查方法，包括大数据的分析工具，这些都是非常需要我们掌握的。

还有就是对新技术、新产品的敏锐。技术给人类带来的改变太大了，以前能用计算机打字就很厉害了，现在都是基本功。学新闻专业尤其需要主动融入互联网，接触新技术，这是每个人的必修课！

采访札记

自媒体时代的摆渡人

在我们的心目中，苟骅就像一位摆渡人。

"南友圈"和"自媒社"是他的渡船，乘客是转型的传统媒体人。

他用他的理念和力量，帮助乘客从传统媒体的此岸渡到自媒体的彼岸。尽管征途充满风浪，只要有人愿意登船，在创业的码头上终会遇见。

做摆渡人之前，有人又把苟骅比喻为 289 大院大战风车的堂吉诃德。他对传统媒体拥抱互联网的方式有过千百种假设，也做出了难以计数的尝试，最后仍无法突破那道若隐若现的弹簧门。

苟骅各种试错之后的出走，给传统媒体行业留下了悬念：体制内媒体机构的转型真的看不到希望？也许他的直觉是错误的，但是，他目前所从事的工作——帮助传统媒体人转型，无疑是极具意义的。

作为前辈，苟骅很照顾后辈。由于办公室人多，我们选择了在办公室外的露台休息区进行采访，还没坐下，他就很体贴地递给我们每人一瓶水，非常客气地给了我们每个人一张名片。天气有点冷，树叶在风中颤抖，而他就像朋友一般温暖，解答着我们的疑问，向我们讲述着他故事。

那天的采访更像是聊天，苟骅始终保持着微笑，嘴角上扬，带着一种"泰山崩于前而不瞬、卒然临之而不惊"的自信。剪得很短的头发，戴着无框眼镜，身穿浅色休闲服，昂首挺胸，精神奕奕。作为"70 后"媒体人，岁月似乎并没有在他身上留下太多痕迹，苟骅还是如此的年轻与充满活力。

交谈中，我们有意无意地问他在工作上是否遇到过什么困难或者烦心事，他思考了很久，还是没想出来，即使真的遇到过困难，他也记不住，他说，他不是那种大喜大悲的人。

讲到传统媒体人的"离职潮"，他说勇气真的很重要！而讲到离职南都时，他笑着表示，真的没有太多的犹豫，再纠结最终还要作同样的决定。不到两个月时间就完成了从产生离职念头到成为创业者身份的转变，他的果断与行动之决绝也实在让我们惊讶与敬佩。

在与他交流当中，学到的可不仅是转型的故事，更看到一个媒体人的涵养与人格魅力。人生还是需要经历更多，不断地尝试，不断地挑战，渐渐沉淀，那些曾经的故事终会转化为自己内心的力量，体现在谈吐中，体现在一个人的气质里。

胡 屏 跳出舒适区才能成长

王逸冰　曹珊珊　孔维君

人物档案

胡屏，2002 年从中山大学中文系毕业，进入广州日报报业集团工作。九年半后，进入某门户网站担任女性时尚频道总监。2013 年辞职，开始专门经营自己的公众号。除了理财类的主打公众号"孙明展，真理财"外，她还经营着亲子类公众号"广州亲子乐"，现有粉丝两万多。

如果说，广州日报是中国报业的翘楚，相信没人反对。1996 年，它组建了中国第一个报业集团，掀开中国新闻发展史上新的一页。

20 年后，广州日报又以一个"第一"引人注目：2016 年 12 月 14 日，广州日报传媒股份有限公司的全资子公司广州日报报业经营有限公司，收到市财政局补贴 3.5 亿元的通知。这可能是迄今为止地方媒体收到的最大一笔财政补贴。有人说，这是一个时代的终结。

从广州日报社出走的胡屏，如今日子却过得红红火火——她与先生一起经营的理财公众号已成为同类中的意见领袖，自己经营的亲子教育类公众号"广州亲子乐"也有了两万粉丝。

报业在下滑，报人价值却在提升。胡屏是如何实现逆袭的？

"传统媒体是被迫转型"

问：你在广州日报工作了近十年，可谓是对传统媒体非常熟悉了。

是什么促使你离开这个熟悉的环境呢？

胡屏：回答你这个问题之前，其实我想问你：怎么定义传统媒体？新媒体又是什么？网络媒体就是新媒体吗？

我只是想告诉你一个思路，所谓新媒体与传统媒体之争，最大的改变是在移动互联网。十年之前，所谓的新媒体是网络，是门户网站，但门户并没有颠覆传统媒体，因为门户只是把所有传统媒体的东西，汇集到网络而已。它变化的只是中间的一个传播渠道，把新闻变到了网络上而已，并没有质的改变。它还是单向度的，只是接受。

新媒体是什么？它是移动互联网和智能手机出现之后，所产生的那个变革才是新媒体。譬如说，当微博只有电脑端的时候，它并不是颠覆性的。当它和智能手机结合在一起的时候，它才是颠覆性的。每个人都是新闻的传播者，每个人都可以产生新闻了，每个人都是记者了，这个时候才是颠覆的。这是新媒体最重要的特征，每个人都是媒体的发布平台了。我连发布的平台、发布的渠道，都不需要纸媒了，那这就颠覆了。传统媒体可以说连生存都被垄断了，它垄断了信息发布的渠道，现在传播的渠道谁都可以建，你都能随便建一个公众号。所以说，大的背景就是因为这个行业（注：指传统媒体）已经不复存在，需求量已经在锐减。它是被迫转型，不是主动转型。

我离开传统媒体，是因为做不出深度来。我做编辑时，只要敏感的东西都必须删掉，最后呈现出来的就是一些四平八稳的、很浅的、没什么意思的、不会出错的那种平平淡淡的谁都不想看的东西。

问：在传统媒体工作的这段经历，有令你印象深刻的东西吧？

胡屏：每一次采访的稿子，就算最后不能登，我也了解一个人，或了解了一个行业、一个社会现象，我挺开心的。这可能就是我的初衷。

比如，我在东莞记者站工作时，采访过一位母亲，她说孩子没有办法在本地高考。像她这样遭遇的外来工，东莞有很多。她们把孩子带在身边，但户籍不在东莞，没法就地高考。孩子读完初中必须回去，回去之后他接受的是不同的教育，高考就可能考不上。这种事说白了，就是教育平权的问题。你再追问，那就是教育制度的问题。说到制度，那就是红线啦。当时这篇文章没有发，浪费了时间，但它毕竟让我了解了一个社会现象。

"不懂深度思考的人转不了型"

问：你从《广州日报》转行到门户网站，有没有遇到什么困难呢？

胡屏：我到门户网站的时候，确实已经感受转行的困难了。因为报社是用一种媒体思维来做平台、做媒体，汇集的是大众化信息。而移动互联网更多的是做一种产品，做一个垂直领域。去到网站之后，发现要去理解用户需求，这是非常大的挑战！我在报社工作十年，从来都没有思考过用户需求这件事情。

如果你去揣度用户喜欢什么，你就知道什么叫"标题党"。为什么会有那么多的"标题党"？网站是实时监控的，流量低于平均值，说明你的标题不好，你要赶快换掉。如果还是不行，可能整条稿都要换掉。你要迎合你的目标用户。

我相信，现在很多转型的人也会遇到这种问题，纸媒的记者很多，为什么做不好公众号？因为纸媒大量的人在做"爆料记者"、跑线记者。深度记者很少，在一个部门大概就是十个八个左右。但是，自媒体需要提供原创的、深度的东西才会有人看，否则的话我不需要你呀。现在这些人十年如一日地做浅的事情，已经没有能力去思考了，这就是他们无法转型的原因。不知道什么叫深度思考，什么叫用户需求，那是转不了型的。

问：你是怎么确定要做公众号的呢？

胡屏：我是比较喜欢深入思考的那种人。

在门户网站的时候，我就会去关注一些新技术。当时，公众号刚出来的时候，科技自媒体做得特别好。很多创始人本身就在科技最前沿，很了解这个趋势。像腾讯科技主编程苓峰就出来做了一个公众号，还有阿里巴巴搜索的负责人鬼脚七（真名文德），开了个公众号叫"鬼脚七"……我发现公众号很不一样，它们的观点非常鲜明，传播力度也很大，很快就有了十几万粉丝。

我自己随便注册了三个公众号。

我先生是做家庭财务规划的，当时陷入了客户量不够的困境，但他的观念在金融界其实是很新的。于是，我就建议他创办个公众号。当时，是他说我写，每月出一篇。这种自媒体有点像意见领袖的样子，慢慢地你会关注，一开始也就几百、几千，是通过文章的转发才有关注。大部分人了解理财知识可能都来源于代理人或一些基金经理，而我先生是从第三方和一个理财师的角度去分析一些产品的利弊。大家觉得耳目一新，于是就有很多人过来，问能不能帮我做一下财务规划。另外，有两个是亲子号，"亲子乐"是其中一个。我们做的是本地的亲子活动，就是本地的一些创新教育的推广。这个可能就跟我是妈妈有关。"亲子乐"当时是一个试验品，因为推广渠道很少，做得还不是特别好。

"转型其实就是跳出了舒适区"

问：转型的过程中挑战肯定也不少。你是怎么看待这些挑战的呢？

胡屏：可以了解新技术，可以去了解一个行业，这是一个学习的过程。虽然说，我是面临着很多转型的困难，但这些困难其实是因为跳出了舒适区。

问：会开心一些？或者是自由一些？

胡屏：不能用这种开不开心来形容吧？只是有所得而已。

你的人生总要成长，不能总是在原地踏步。可能过了两三年、三四年以后再跟原来的同事交流，他们还是在怨声载道，而我了解的东西已经完全不一样了。我已经不是在纸媒的这个范畴一直晃了。井底之蛙不就是这样子吗？你一直坐在井里，是永远看不到天的，你跳出来了可能就不一样。基本上就没有哪一个人跳出来了会后悔的，无论再难，你只是跳出了舒适圈啊。这个难，其实代表了你在成长。

问：你正式转行也有三年多了，在经营自己公众号的这三年，经历过什么困境呢？

胡屏：现在的困难可能是小作坊。

新媒体的问题分多个层次讲，从我们自媒体的角度说，它的平台是很多记者在贡献自己的思考。但是，可能就是一两个人，那总有枯竭的那一天吧。一个自媒体怎么建立自己的团队，怎么让自己的内容不枯竭，这个应该是一个比较困难的事情。

要把公众号做成意见领袖

问：你之前提到，"孙明展，真理财"是你们做得比较好的一个公众号。能介绍一下它的运营理念吗？

胡屏：我们把它做成一个意见领袖。

我们做的是理财自媒体，就会思考一下：理财纸媒在做什么？任何一个纸媒都会有一个理财板块，但是它们是没有观点的。记者跑不同的机构，跑不同的产品。它们的板块是拼凑出来的，没有理财观念的，没有自己的价值观。

但我们的公众号是有价值观的。我们会认为理财规划本身是生活的规划，是人生的规划，你必须想清楚你的人生目标，再做规划。比如说你是大学生，想想你未来多少岁退休，你想什么时候财务自由？你是不是想四十岁财务自由，就是可以去做那种不为生存而去做的事情？如果你想四十岁退休，倒推回来，你有多少年的时间可以赚钱？那你每年要存多少钱，你还要去思考未来你可能要结婚的，生孩子的，你的教育金需要多少钱？你父母养老要多少钱？如果你出了意外，你以后是不是还要留钱给你的父母？你要怎么办？所有这些都是你需要思考的问题。

我们所有文章都是按照这个理念去做的。所以，绝对不可能推荐你：今天银行推了一个什么理财产品，明天保险公司推了一个什么……我们只是告诉你，唯产品的思维方式是错的。你只有理解了你的人生，你确定了你需要多少钱，我们（帮你）寻找产品，而不是随便推荐给你哪个产品。就像买药一样，你没有病，你不知道自己生什么病你买什么药啊?! 你不可能没去看医生就跑到药店去扛一堆药放在家里。这是内容的价值。顾客接受你的观点，接受你的观念，顾客就接受你这个人，接受你这个人就接受你的产品和服务。

问：在你看来，培养一个公众号的核心竞争力主要是把它建设成意见领袖？

胡屏：对，你要帮助这个号成为意见领袖。它需要有深度。内容要有价值。你看，现在"石榴婆报告"这些公众号都挺有深度。你要了解这个品牌背后的东西，品牌的历史，时尚的感觉是什么。

一个好的企业公众号，它的运营理念分为三个阶段：说服读者接受观点，到说服读者接受人物，最后是读者接受产品。这些都是要经过仔细思考的。所以，你们千万不要认为纸媒死了之后你们很惨，其实大量的行业需要深度思考的人。这就可能是我们原本做媒体人的经验有用的地方，我们知道，什么东西是读者爱看的，我们知道怎么去抓新闻点。这是我们原来的媒体基因决定的。

"大学生也在面临转型"

问：给现在学新闻的大学生提提建议吧。

胡屏：其实，从 2006 年开始传统报业都在走下坡路。对不对？你们有没有想过，你们的出路在哪里？你们大学生其实也在面临转型，你们进去的时候是瞄着传统媒体进去的，结果发现等你们毕业的时候，这个已经不复存在了。

你们现在学这行根本就不懂这行，认为自己刷个微信就是在研究新媒体了。这是两码事！比如说，你关注新媒体的话，其实跟技术相关性很大，下个技术一来，它就可能颠覆了微信。这些东西都要很敏感的。新的产品在哪里？新的传播渠道在哪里？这些东西你都要去关注。比如IFUN，他可能就关注一些新的智能手机，因为新媒体它跟手机的关系很大。所以就是你要了解的事情是很多的。

你关注这个媒体做的好的时候，你从什么角度去思考？你觉得有的公众号做得好，你有没有研究它每一篇的论述是怎么样的？它的整个模式是怎么写出来的？每天的数据变化怎么样？你要搞到这个程度啊，否则的话，那你跟我看有什么区别？你是专业做新闻的，你跟我这个普通读者看有什么区别？从专业的角度去分析才有用。

还有，尽快找到方向最重要。找到方向，或者是，你不用找到方向，你就问自己你喜欢什么。要赶快想一下以后怎么转型。学好一技之长才是最重要的。你们应该去辅修一个技术类的东西，一定要钻研一门技术，别人不可替代的技术。其实说白了就是要找方向。你们需要提早去建立你们的方向。新闻不是方向，千万不要把新闻当作你的方向。可能未来你还是会做传播，但是你一定要找到一个点。

采访札记

做好眼前事，积极迎接挑战

原以为，勇于自主创业的胡屏会是个精明强干的女强人，没想到，她性格随和亲切，爽朗健谈。在跟我们聊了一会儿后，我们的紧张感很快便烟消云散了。

在广州 T.I.T 创意园里进行的这次访谈，与其说是一次正式的采访，其实更像是老师和学生之间的交流。胡屏几乎是把我们看作自己的学生，通过自己的故事，替我们分析媒体行业的现状，给我们提出切合实际的建议。

对于纸媒的兴衰和新媒体的蓬勃发展，胡屏有着许多感慨。她把十四年前自己刚刚大学毕业进入广州日报的那段日子，称为"纸媒的黄金时代"。她眼中隐隐闪烁的光芒和骄傲似乎映射出那段纸媒繁荣昌盛的岁月。后来，时代更替，移动互联网的出现彻底颠覆了这个行业。她向我们描述了报社里哀鸿遍野的惨状：公司裁员，记者大量离职转行，部分人渴望利用自媒体进行创新但频频失败……

当我们问到她离开报社的原因时，胡屏果断地说："出不了深度，没意思。"传统纸媒的桎梏太多，"红线"太多。想要做出有深度的东西，难免会"踩红线"。一旦踩了红线，稿子就会被"毙"。受她的愤怒和无奈感染，我们不禁在想："纸媒的出路在哪里？我们选择新闻专业真的是个正确的选择吗？"

但在之后谈及公众号的运营时，胡屏的一席话又给了我们希望。她说，一个好的企业公众号的运营理念分为三个阶段：说服读者接受观点，到说服读者接受人物，最后是读者接受产品。这些都是要经过仔细思考的。"所以你们千万不要认为纸媒死了之后你们很惨，其实大量的行业需要深度思考的人。这就可能是我们原本做媒体人的经验的有用的地方。我们知道，什么东西是读者爱看的，我们知道怎么去抓新闻点。这是我们原来的媒体基因决定的。"

让我们印象最深刻的，是胡屏建议我们要明确自己喜欢什么，并拥有别人无法代替的技能。她建议，我们可以现在就根据自己的兴趣，建一个公众号，从现在开始练笔，并为未来可能面临的转行做准备。说实话，这样早的未雨绸缪是让我们有些惊讶。但她继续说道："毕业后，没有一个公司会为你的学习埋单。"所以我们必须在读书期间就积累新媒体方面的经验，并有很突出的个人特色。胡屏的建议，对于目前处于迷茫期的新闻专业的我们，可谓是指路明灯。

这次针对传统媒体人前辈转行的访谈，对于新闻专业的我们来说，是一次很宝贵的经历。希望以后的我们，无论最终是否从事与媒体相关的行业，都能给自己的职业生涯交一份完美称心的答卷。

徐晨华　不要辜负时代对年轻人的期待

薛　娅　陈婉珠　黄键欣

人物档案

徐晨华，生于 1984 年，江西赣州大余县人，"有车以后"的创始人兼 CEO。

本科毕业于南昌大学新闻与传播学院，其后在中山大学岭南学院攻读硕士学位。2004—2006 年，在《第一财经日报》做记者。2006 年 11 月，进入羊城晚报报业集团旗下《新快报》，先后担任汽车周刊主编、周刊部主任、大经济新闻中心主任、报社党委委员、编委等职务。

2014 年 10 月离职，创办"有车以后"微信公众号。2016 年 5 月 14 日，"有车以后"拿下央视史上第一个微信公众号广告（投放延续到 6 月 30 日）而备受瞩目。据"新榜"分析，本次广告投放的刊例价超过千万元。

1984 年出生的徐晨华说自己是创业团队里的"老人家"。但是，在转型的众多传统媒体人里，他还只是个年轻人。

这个年轻人不简单！

他创办的"有车以后"，现有员工 80 多人，拥有用户过 1600 万，已经发展成为全国最活跃的汽车新媒体平台，也是全国影响力最大的汽车垂直类新媒体平台之一。他说，2017 年的目标是营收接近两亿元。

谈到"春雨医生"CEO 张锐猝死事件，他说不用担心资本的压力，因为"我们是一家能赚钱的公司，不是讲概念的公司，我们是一家非常典型的有广州风格的公司，比较务实"。

徐晨华是产经新闻记者转型的一个典型。

"做汽车记者很容易迷失自己"

问：创办"有车以后"之前，你作为汽车记者工作了一段时间。汽车记者的工作重点和难点是什么？

徐晨华：我是 2004 年在《第一财经日报》开始做汽车记者，2006 年到羊城晚报报业集团旗下《新快报》负责汽车周刊。在圈内我是"年轻的老同志"——我是年轻的，但是又是"老同志"，因为做了十几年了。我觉得做这个行业非常有意思，因为我自己比较喜欢玩车。

汽车行业是过去十多年中国发展最快的一个行业，而且是最有朝气的行业，日新月异。作为一个年轻人，我非常有幸能够参与和见证一个快速增长、有大量红利的行业。

这个行业机会很多，因为它是国民经济支柱行业，非常大，变化很多，一旦有变化就会有红利。最大的挑战是什么呢？这个行业在过去的很多年里非常暴利，因此在某种程度上它曾经是非常浮夸的一个行业。

刚做汽车记者的头一两年，会有一种眩晕感，很容易迷失自己。我们以前经常开玩笑说汽车记者天天穿得人模狗样，去坐飞机，去北上广，进出五星级酒店，甚至坐头等舱，偶尔出出国做个采访……因为很多汽车公司给媒体的出差标准很高，虚荣心会很强。但现实情况是什么呢？每次拖个旅行箱，回到城中村里面，还没有电梯呢，自己爬楼，回到你那个出租屋里，这个就是现实。

作为一个记者来说，或者说作为一个媒体从业人员来说，不要迷失自己。媒体这个行业是一个起步非常高的行业，比如说做产经新闻，做这块的话接触到的都是企业家，他们很高大上，非常有学识，非常有修养，你自然而然耳濡目染会学到很多东西。但是千万不要迷失自己，不要觉得自己很厉害，我们其实就是一个行业的观察者。

问：在做汽车记者的过程中，有没有什么印象非常深刻的事件？

徐晨华：作为一个记者来说，我的经历非常好玩。

2008 年 5 月 12 日的时候，我正好在成都出差。我亲历了汶川大地震，在灾区待了三个多星期，那之后胡子拉碴回家的时候，我太太还有我妈一家人来机场看到我，惊讶我看起来那么憔悴。

这的确是一个非常难得的经历，因为原来像我们做行业记者，碰到这种大的新闻事件的时候可能会不知道怎么办。因为当天有一批的汽车记者在，但是有的人跑了，回广州了。我当天晚上就赶到都江堰，赶到了第一灾区的现场，然后就变成了一个灾区报道的记者。

挺好玩的，其实就是从专业角度看，大的新闻事件对一个媒体人来说，是非常考验你的能力的。在那时候写了很多很好的报道，很多深度的报道。我到现在还记得，当时和我们报社的首席记者合写了一篇文章叫"大地震检阅中国 NGO"，这篇文章到现在转载率都非常高。

"我现在在学打'拖拉机'"

问：创办"有车以后"的初衷是什么？

徐晨华：创办"有车以后"的初衷其实很简单，最大的触动点其实就是不要辜负这个时代对年轻人的期待。

因为我们生活在一个非常好的时代，尤其是做内容创业。昨天我还在跟一个朋友交流说，做内容的话，十年前你可能还只能写写稿子赚赚稿费，可能相对来说机会少一些。现在，我们赶上了一个内容创业的风口，也赶上了一个非常大的时代，一个流量变迁的时代。在这样一个时代，我们正好就有机会，因为有变化才会有机会。

比如说，要是在传统媒体垄断媒体时代里，你是没机会翻身的，十多年前毕业的时候，报纸、电视还非常抢手；网站才刚刚崛起，如果那时候创业，可能做 PC 端互联网会有一些机会，因为那个时候有一些苗头，就是 PC 流量时代的需求；我们现在正好赶上了一波移动端流量时代的机会。之所以能够创办"有车以后"，首先应该感谢这个时代给了我这样的机会。

还有一个就是团队。这是一个比较靠谱的团队，比较年轻、比较有战斗力的团队。因为我是 1984 年出生的，我是整个公司年纪最大的人了，公司最小的是 1995 年出生，跟你们差不多吧。

问：创业之前有没有深入了解过这个行业？

徐晨华：很深入其实谈不上，因为媒体的本质是一样的，只是换了不同的载体。我们做新媒体最大的感触是什么呢？就是数据。传统媒体是没有数据的概念的，新媒体有，有用户的概念。你知道你的用户是什么，他们的特点是什么，都很清晰。

报纸其实不太清楚。一般人不太清楚报纸实际的发行量是多少，有哪些人对哪些话题感兴趣，实际到底有多少人看了都不知道；但是我们有一套非常详细的数据，这篇文章有多少人看了，什么时间点看的人是最多的，多少人转发，从哪些入口看的，这些都是数据。

这是我感受非常深刻的，因为有了很好的数据，我们可以对用户进行标签化，也可以反过来指导我们的内容创作。

问：当汽车记者的经历对创业有什么影响？

徐晨华：有非常大的影响。媒体本身是一个比较折腾的行业，是一个"万金油"的行业。

对用户的理解、对传播的理解、对产品的理解、对资源的积累等方面，我们可能比一般的创业者更有优势。这就是为什么媒体人创业比较容易成功的一个重要原因，至少我们见到投资人来了不会胆怯，因为我们原来采访到的大咖太多了，都是朋友，不会非常胆怯；而且我们对行业、对用户的理解程度不会比一般人差，所以做回自己擅长的东西。

问：创业初期的时候，公司是怎么样的一个规模？

徐晨华：最早的时候是 3 个人，后来慢慢地扩展，5 个人，6 个人……2016 年年初才 20 个人，现在有 80 多人了。

问："有车以后"是 2014 年 10 月创办的，11 月出现了 10 万 + 的文章。开始的那十几天有没有觉得很难熬？

徐晨华：没有很难熬，我们反而觉得很 happy。

因为每天都有新玩意儿，10 多天就能够做一篇 10 万 + 的文章了，的确很厉害。我们那时候才 1000 多个粉丝，能够达到那样一个水平让我们非常振奋。发现这个东西是有可能的，整个公司的用户在快速地增长，那时候觉得很喜悦。

如果像一潭死水，今天 1000 个粉丝，三个月后还是 1000 个粉丝，那可能会绝望，我们粉丝数天天在增长。我们那时候做到 10000 个粉丝，哇，很 happy 啊，现在一天增长几万个粉丝没感觉，没有当初那种乐趣。

因为当初太小了，现在一千多万的用户，增长几万也不觉得特别兴奋。

问：有没有遇到一些其他方面的困难啊，比如资金什么的？

徐晨华：其实也没有，我们创业相对还是比较顺利，某种程度上是水到渠成。因为公司成立五十多天就拿到了第一笔投资，给了我们很大的支持。

问：从辞职创业到现在达到一个比较成功的规模，一直是顺风顺水吗？

徐晨华：其实也有很多困难。我们觉得自己还是一个刚刚起步的创业公司，还谈不上成功。做这家公司最大的困难有两方面。

一方面是优秀人才一将难求，优秀人才真的很难找。我们整个公司非常年轻，这是最大的优势。

另一方面就是我们不断在发展壮大的过程中要控制公司发展的节奏。因为公司做大了以后，你就必须要去抵御一些诱惑，把自己的一些欲望要砍掉，我们现在非常明确，我们现在就是专注在新媒体这个领域，我们就是要成为全中国最好的汽车新媒体。

但是我们公司现在可做的事情非常多，比如说我可以成为一家非常好的汽车类的新媒体的广告代理公司、公关代理公司，我还可以开展很多其他的业务，我甚至可以做一些线下活动，你会发现我可做的东西非常多。但是这个时候就需要把姿态降下来，把嘴巴闭上，看清楚哪个东西是你最想吃的，你最有可能消化好的，必须要专注来做这个事情。

问：在创业初期的时候，有没有想过两年之后能够达到这么大的一个粉丝量？

徐晨华：说实话其实是没有的。

我们的想法是先活下来再说，很简单，没有那么高大上的想法。我们最早租的办公室是三室一厅的一个公寓，5600 元钱左右，那会儿都觉得挺贵的。我们的想法很简单，先稳步发展。先求生存，再来谈发展。

问：你以前是一个优秀的媒体人，现在是一个创业者。你认为这两者给你的感觉有什么不一样？

徐晨华：我觉得其实都是一样的，在某种程度上都是一样的。我要非常清晰我要去做什么事情，在公司里我是公司的创始人，我是 CEO，我要去做什么事情，我该做什么事情，而且我一定要把这件事情做好。

这个就跟我做记者是一样的，我要把每天的选题做好，我要把这个选题做得非常漂亮，我要把这稿子写好，新闻猛料也好，切入的角度也好，报道的时机也好，第三方的采访也好，包括文字上的修饰也好，包括一些细节的把控也好，方方面面。

对我来说，我现在作为一个 CEO，负责整个公司的战略，我要把整个公司的人才，大的项目执行，杂七杂八的一些琐事，比如说办公室的布置和装修，这些事情我都要干的，还有非常非常重要的企业文化的建设，这些是相通的。

唯一的不同是什么？记者更考验单兵作战的能力，就一个人打打杀杀惯了；但是做公司不一样的，你要学会分工协作，要跟他们打配合，就跟打"拖拉机"一样的，大家都要有默契，所以我现在在学打"拖拉机"。

对手追我们至少要投一亿元

问：前段时间"春雨医生"CEO 张锐猝死事件给媒体人一个很大的冲击，你认为你有一些资本上的压力吗？

徐晨华：我们没有资本上的压力，因为我们公司不差钱，我们公司早就盈利了。

"春雨医生"张锐的倒下其实挺可惜的，回到自己公司来看的话，我觉得最核心的，我们是一家能赚钱的公司，不是讲概念的公司，我们是一家非常典型的有广州风格的公司，比较务实，不会夸夸其谈，一步一个脚印把自己的事做好，非常重视目标管理，所以对我们来说这些都不是问题。

问："有车以后"今年完成了第三次融资，请问你是怎么赢得投资方的信任的呢？

徐晨华：赢得投资方的信任其实也非常简单。第一个，公司的价值。这是最核心的，股权的交易也是一种交易，交易的本质就是要有价值。我们公司的价值是毫无疑问的，在新媒体我们是全国跑得最快的，势头最好的，我们也是最用心的，目前成果也是最好的。我们现在有1600多万的用户。

第二个核心的点就是人。团队很重要，投资人选择我们这个公司，其实更多的是看中我们这个团队的战略，还有战术。

战略的话，我们目标很清晰，我们要成为东半球最好的汽车新媒体；战术的话，就是我们有一个非常年轻的、有创造力的、执行力非常强的队伍，非常年轻，有创造力，敢拼敢闯。

问：递交项目书、初审之类的程序，一切都是非常顺利的吗？

徐晨华：在意料之中吧。跟投资方谈投资其实也非常简单，第一是去找投资人，我们这家公司因为跑得比较快，大量的投资人来找我，多到可能你都没有时间去见，因为现在中国太多这种投资人。

第二就是比较坦诚地和投资人交流，通过我们公司的后台数据，包括公司发展的愿景，我们到底要成为一家怎样的公司，我们能够成为一家怎样的公司来说服投资人。投资人其实很聪明，他们会比我们准备和调查更多我们公司的资料。

问：当初投资方有没有什么反对的声音？

徐晨华：也有一些人可能会看不太懂。就像马云说的，但凡新的事物，都是从看不起，到看不懂，到来不及。都是有这么一个过程的，很多人还是看不懂，甚至看不起，还处在这个阶段。

我们相信，从公司的用户规模、营收等各方面，他们逐渐就会发现肯定来不及了。现在，如果对手抢微信这个入口，那和我们相比有

1000 多万用户的差距，要达到这样的规模的话，那他至少要投一个亿下去，而且他不一定能够经营好。

问："有车以后"有一个响亮的口号，就是要做"东半球第一汽车新媒体"。你认为你的竞争对手是谁？

徐晨华：我们一直以来都有这样的观点，就是一家公司的倒下，最大的对手其实不是对手，是自己。从来都是自己把自己给搞死，就是因为内部的创新机制没有了，腐朽的机制、腐朽的土壤开始滋生了，导致你这家公司不思进取，那你可能就慢慢地被时代抛弃，被竞争对手赶超。

对我们来说也是一样的，因为在汽车垂直类的新媒体里面，我觉得毫无疑问我们没有竞争对手，最大的竞争对手在我看来其实就是自己，因为我们没有可以模仿借鉴的人群，只能靠自己去摸索，就像小马过河一样要自己慢慢地蹚水，必须要不断地创新，才能够跑得更快，才能够赶超一些传统 PC 时代的互联网巨头。

问：现阶段的目标是什么？

徐晨华：现阶段的目标比较简单，对我们公司来说，我们的目标非常清晰，比如说，我们明年的目标是希望整个公司的用户数量能够达到 3500 万—4000 万；

第二个我们对活跃度也是有要求的；

第三个对公司的营收有要求，我们希望 2017 年公司的收入能够接近两个亿。

转型前干好自己的事最重要

问：很多汽车记者都在尝试转型。你认为，产经记者转型有什么优势呢？

徐晨华：产经记者转型有三个优势：第一个，他比较接地气，更加了解商业；第二个，他会相对专注在一个领域，比别人有更强的积累；第三个就是相对有一些资源上的积累。

问：你认为转型的产经记者要做什么样的准备？

徐晨华：作为一个媒体，首先必须要把自己手头上的事做好，而且要做一个非常成熟的产业新闻记者，这个非常重要，本身你要是一个非常优秀的记者。我觉得我原来在报社的时候，作为一个产经记者来说，我绝对是在全国年轻记者里面还算是比较优秀的，谈不上是最优秀的，但我一定是比较优秀的记者。

无论是你报道的独家新闻也好，还是你的影响力也好，你对这个行业的理解，你对一些公司的理解，都会超出同行很多。最重要的就是先把自己的事做好，不要想太多。

问：对媒体人转型这一现象有什么看法？

徐晨华：媒体人是整个中国社会资源中的一个环节，是整个中国人力资源里面一个不太成熟的部分，但是它又是整个社会的人力资源里面最活跃的其中之一。

因此，转型这个事情，我觉得是非常正常的。本来它就不太成熟，又遇到新旧势力交替存在的比较复杂的一个时代，所以我觉得这种变化很正常。

问：作为一个转型创业的先行者，对正在犹豫正在准备转型的媒体人有什么建议？

徐晨华：没有什么建议，我觉得想好了就去干就行了。

市场化媒体最能锻炼人

问：对现在传统媒体的发展态势有什么看法？

徐晨华：我觉得传统媒体做好自己擅长的东西是最重要的。传统媒体有很多很特殊的资源，他们必须专注于自己擅长的领域，把自己真正有优点的一些资源发挥出来。

问：记者这个职业，已经有挺多人不看好。你觉得记者到最后应该怎么发展？

徐晨华：我还是挺看好这个行业的，就看你做什么东西。我觉得媒体这个行业对自己的综合能力的提高会有非常大的帮助，要看你在什么样的媒体。

我个人会比较推荐去一些市场化的媒体。它对你专业素养的提高、职业水平的提高、社会化水平的提高都有非常大的帮助。有一些过于传统的，尤其是有一些官僚的媒体，其实是没有意义的，因为它一定会在市场化的大浪潮里面被淘汰掉。

所以我觉得作为一个年轻人来说，其实不太愿意去端茶倒水看报纸，干这样的一些事会觉得人生太无聊。但是在我们这样的市场化的新媒体里面，就会发现锻炼和提高非常大。

采访札记

一个活得明白的实干家

从徐晨华的身上，你几乎看不出老板的范儿，反而充溢着一种年轻人才有的活力与热情。

我们是在"有车以后"的公司办公室里见到他的。那个时候，办公室还没有坐满，但是他已经在那里待了一段时间。他异常兴奋，甚至是略带孩子气的骄傲地说，我们是9点半才上班。他坚持让我们选择一个最佳的采访拍摄场地，还帮我们调整机位。

他说，他每天都会第一个来上班，晚上10点多下班，公司里很多年轻人还会加班到更晚。他多次提到公司里的年轻人，提到"有车以后"是一个年轻的团队，他已经是个"老人家"了。但是，我们看到的不是老态龙钟的人，而是一个拼命想要跨过年龄差距，跟上时代脚步的人。这不就是时代的"弄潮儿"?!

提到做记者那段时光，他没有惋惜、纠结、难过之类的情绪，而是直言那是一段有趣又难忘的经历，目光里闪烁着的是荣耀与责任。他也很坦诚地说到，做记者前两年很容易产生很大眩晕感和迷失感，每当自己刚刚参加完某个活动，西装革履、人模狗样地回到城中村的家，那是一种从云端跌回现实的失落。他告诫我们，做记者千万不要迷失自我。

徐晨华很清楚自己想要什么，自己应该怎么做。他不会安于现状，他是一个爱折腾的实干家。他认为创业是一个很自然、很简单的事情，当初的自己作为一个相对来说比较年轻的编委，还可以折腾得动，而且也赶上了一个内容至上、内容创业的时代，我们应该主动拥抱这个时代，主动为自己创造生机。从想要创业到辞去报社的工作再到开始创业，徐晨华一鼓作气，水到渠成。他说，秀才造反，三年不成，读书读多了可能会成为书呆子，有时从实践中能学到更多。从一开始的 3 人公司到 5 人，6 人，再到年初的 20 多人，现在的"有车以后"已经有了 80 多名员工。

徐晨华的定位很清晰。当他是一名记者时，他会很好地完成选题、写稿等方面的工作，当他是一个创业公司的 CEO，他又会很努力地做好公司的方方面面。无论做什么，都要知道自己要干什么，要尽全力做到最好。这就是徐晨华，一个活得明明白白的实干家。

三

跨界创富

金 杜 创业不是媒体人转型的首选

冯震华 杨金凤 王 宛

人物档案

金杜，旅行民宿品牌"宛若故里"创始人，大陆民宿获得风投的第一人。

1998 年，暨南大学新闻系研究生毕业，进入南方报业传媒集团工作；2001 年到了《南方都市报》，2003 年担任产经新闻部主任，创办《谋财》《营销周刊》《创富志》等名牌栏目，任"中国年度十大营销事件"策划秘书长；2007 年，受委派赴云南担任《云南信息报》编委；2009 年，从采编调至广告部，历任南都旅游事业部总经理、全媒体营运中心总经理、AND 文化传播机构总经理。

2015 年 1 月底，从南方报业传媒集团辞职。2015 年 2 月 2 日，注册公司，创办"宛若故里"。

金杜是媒体圈中少有的采编与经营双栖人才。她聚焦营销、女性创业和生活美学，人称"商业模式 & 生活方式研究控""设计控""酒店控""美丽乡村控"。

狄更斯曾说："这是最好的时代，这是最坏的时代。"金杜，以采编和经营双栖的姿态，经历了中国报业意气风发的"黄金时代"，也见证了断崖式下滑的报业寒冬。两年前，她结束了十五年的媒体生涯，创办民宿品牌"宛若故里"，把自己的人生时钟拨到了创业时刻。

创业成了时下许多媒体精英的转型选项之一。媒体人到底适不适合创业呢？传统媒体人的出路究竟在哪里？现在新闻专业的大学生又该如何规划自己的职业人生？……

接受采访的时候，金杜告诉我们十句箴言：

1. 创业是一条九死一生的路，创业并不是媒体人转型的首选。

2. 我深深感恩这个时代，感恩遇到的人。

3. 负累太多，有时反而阻碍了进步。

4. 媒体人出身的创业者不要过于依赖和看高资源。实际，从 0 到 1 的阶段，行动力更重要。

5. 在媒体的话，也许你是一个专才，但你出来后就要做个全才。

6. 做事情是认认真真开始，即使失败也要轰轰烈烈失败。

7. 创业是一条少数人走的路，但人生的每一条路都是必由之路。

8. 回到用户的角度思考问题。

9. 个人只有不断自我否定、自我迭代、自我超越，有痛苦的蜕变，才有成长。

10. 人生最值得投资的两件事——教育和旅行。

"媒体人不一定适合创业"

问：你认为创业是媒体人转型比较好的选择吗？

金杜：我不觉得。人群中只有 1% 的人适合创业。只是在今天这个移动互联网时代，内容可能是入口之一。

每个人的个性不一样，我喜欢挑战，拥抱变化，有坚忍不拔的意志，也许我就适合去创业。但像我这样的媒体人并不多，即便像我这样的人去做创业，成功的也只有 1%。

还有创业有极大的不确定性，有很大的压力。创业本身就是一条九死一生的路，是所有的路里最难的一条，创业并不是媒体人转型的首选。

问：那你为什么选择做"美宿"呢？

金杜：今天时代发生了变化，是一个消费升级的大时代。在衣食住行的领域，我觉得都有很大的机会。

其次，要知道你自己擅长什么。这么多年从事采编和经营工作，我对消费者有很强的洞察能力。在产品方面，我可能比一些传统的媒体人有更高的眼光。我比其他行业的人更擅长与用户沟通。还有，我是一个女性，对吃喝玩乐比较擅长。现在互联网还不能颠覆的传统领域就是体验经济。出去玩、出去吃、出去住，最后还是要靠自己亲自去体验。

至于"美宿"这个领域，它的起点比较低，但是我们用高维的思维进入低维的行业。

"我不是一个'乖'孩子"

问：为什么你会由采编向经营转变？

金杜：我主动要求的。我对世界充满了好奇心，我喜欢挑战。我喜欢一切创新的事情，不喜欢一成不变的生活。我是一个自我驱动能力很强的人，因此每年都对自己有一点要求。

问：那你在传统媒体工作过程中，有没有一些事让你感受很深？

金杜：我对报社很感恩，我经历了中国报业的黄金十年，个人命运与集体命运在此交集。我在这个领域的价值观，对世界的看法都是这份工作给予的。我深深感恩这个时代，感恩遇到的人，包括以前的领导，他们都很开明。

问：那你觉得传统媒体的优势是什么？

金杜：传统媒体的强项是能持续不断地做好内容，但它在组织形式上没有创新，留不住人才。国有企业重视集体，对个人能力看得会比较弱。在今天这个时代，我们也需要更加灵活的机制和更快速的反应速度。

问：传统媒体行业对你的束缚是不是你离开传统媒体的原因之一？

金杜：首先，经验是好东西，但经验太多，就是负累。负累太多，有时反而阻碍了进步。其次，机制，最重要的是机制，这可能是阻碍人、留不住人才的根本问题。所以，明明大家都知道有问题，但你也改变不了组织的机制。而我一直就不是一个传统意义上的"乖"孩子，那就不如出来试一试。

问：那你对传统媒体是不是丧失信心了？

金杜：不能这样说。媒体的核心优势是你能持续不断地生产优秀的内容。但现在的问题是，媒体生产的反应速度慢了，优质内容不像以前那么多，这样核心竞争力就会逐渐丧失。有时，不是互联网杀死媒体，而是媒体自己杀死了自己。每个机构和媒体从业者在抱怨外界之前，都可以先问问自己：你的知识、技能、思维有没有迭代到跟上和领先这个时代，这才是关键。

"不要太把自己当回事"

问：在确定创业之后，有哪些资源给予你帮助？

金杜：没有，是一个人赤手空拳做出来的。媒体人出身的创业者不要过于依赖和看高资源。实际，从 0 到 1 的阶段，行动力更重要。

问：你在创业的时候有什么焦虑吗？

金杜：其实每天都生活在焦虑之中——极大的不确定性。你的任何一个决定都会决定公司的生死，并且缺乏人才。在媒体的话，也许你是一个专才，但你出来后就要做个全才——人事、组织模型、财务、招人、速度、营销、融资等，你都要学。刚开始不是很习惯这种焦虑，但慢慢就适应了。

问：你有没有一瞬间想要放弃？

金杜：没有。我要么不做，要么做得最好。很多人做一件事情都是随随便便开始，随随便便失败。我做事情是认认真真开始，即使失败也要轰轰烈烈失败。我是一个不服输的人，没有尽到120%的力量，不能说我努力过。

问：转型过程中心态最大的变化是什么？

金杜：最大的变化就是不要太把自己当回事。

我们不用自怨自艾，也不用觉得自己很高大上。创业是一条少数人走的路，但人生的每一条路都是必由之路。每一个错误、每一次失败都是有意义的。所以不要觉得这个世界不公平，所有的东西取决于你自己。

传统媒体好不好，我觉得都是伪命题，关键是脱离了组织，你是一个什么样的人，你有没有能力，而不是说你只是依附于组织。我创业的目的是成为更优秀的自己，创业就是不断地自我修行，不断地挑战自我，不断地否定过去的自己，浴火重生。

创新型公司的人都是疯子，是要去颠覆传统的人，要有强大的创新意识并且享受这个过程。大公司是开在高速公路上，遵守交通规则；而小公司是没有路，要自己去创造路。创新型公司没有资源、没有人脉，但它足够勤奋，凭借足够强的反应速度获得成功。

"最值得投资的两件事：教育和旅行"

问：你觉得媒体人转型需要什么条件呢？

金杜：更好的产品思维和用户思维，还有同理心。回到用户的角度思考问题，这是核心的，但也是很难做到的。

问：那你是怎么做到的？

金杜：首先，我是家里的老二，经常需要说服别人来做事情，所以协调能力比较强。其次，我会向采访对象学习，归纳总结他们身上的优点。我很感恩做经营的那 5 年，锻炼了我的心理承受能力、组织能力、同理心。然后，在报业我是一个能吃亏的人，独立思考能力很强，不是一个人云亦云的人。最后，我是一个对自己有要求的人，每年我要学到什么东西我是有规划的。

总之，创业是一个不断试错的过程，是一个不断跌倒的过程，要学会跟时间做朋友。

问：身边的人呢？会互相影响吗？

金杜：会呀。我喜欢的是海星模式——我们有共同的价值和理念，还有超强的组织能力。我对组员有三个要求：第一个是超强的学习能力，有奔跑的速度；第二个是复盘的能力；第三个是行动力，这个是最重要的，前思后想不如马上行动，想到就去做。70% 的经验来自实践，你去做，再去复述，再去思考，这件事情才能变成自己的。

问：你是一个不喜欢被条条框框束缚的人，那你为什么经历了 15

年的媒体生涯后，才选择创业？

金杜：我们这一代人没有很好的职业规划，但是对于你们这一代人，怎么活出自我，怎么做更优秀的自己才是你们的最终目标。这15年的时间我得出一个结论，任何组织都是有寿命的，但是个人只有不断地超越自己，不断地对自己进行叠加，才能有核心竞争力，成为最好的品牌。

问：那么你是一个什么样的品牌？

金杜：我是一个感性的、真诚的、表里如一的、持续地不断精进，不断迭代和成长的生活方式品牌。

我的朋友认为我能够影响一批高素质的人跟着我走，其实价值观才能影响别人。我觉得人生最值得投资的有两件事：教育和旅行。旅行扩大你的视野，教育让你的兴趣获得更多的自由。我们要弄清楚"我是谁"，"我擅长做什么"，对自己有一个清晰的了解。

问：你曾说"万物皆媒介"，你想为新闻系学生传达什么？

金杜：产品就是媒介，体验也是媒介，然后你的延伸品也是媒介。我认为，新闻系学生的就业空间比以前更广阔了。以前一个公司砸十亿广告，它就是一个品牌。但是今天是一个"去中心化"的时代，所有媒体的投放规则都发生变化了。你不知道你的用户在哪里，你的品牌、公司要有优秀的内容去吸引客户群。创造优秀的内容才是媒体人擅长的。新闻系学生有用户思维、产品思维和同理心就很厉害了。

采访札记

自我迭代是对变化时代的最好回应

"想到就去做，认认真真地开始，即使失败也要轰轰烈烈地失败。"这是金杜在2016年12月1日接受访谈过程中说得最多的一句话。

金杜多次批评我们询问她关于传统媒体的观点。她一直认为，现在我们的就业机会应该是更多了而不是变少了，因此没有必要始终在意于传统媒体的发展。只要能做好一个内容生产者的角色，媒体就不会消失。

金杜选择了自主创业作为她离开媒体后的方向。但是,她一直强调说,创业不是媒体人的最佳选择,她只是媒体人中一个特殊的个案。她也对现在的大学生创业潮提出了自己的批评意见。她提到,人群中适合创业的不到1%,能成功的更是极少数,因此不要把创业想得太简单。

她也指出,中国媒体作为一个大型社会运行机构很难进行转型,只有个人不断提升能力,在个人领域开拓自身,才是媒体转型的选择。

金杜给人的第一印象或许是"行动派""女强人"。但她也提到,自己的确有过软弱、受挫的时候。金杜表达了她对失败的想法:认认真真地开始,轰轰烈烈地结束。创业就是一场自身的修行。

她不喜欢传统意义上的"乖孩子"。她希望,麾下都是极具创造性思维的孩子,能够自己学习,不断自我迭代。她会在面试时询问面试者,做过的最疯狂的事是什么。

总而言之,金杜是一个拥抱变化的"行动达人"。她希望,媒体人要放弃传统的依赖资源的思维,努力把握内容和媒介的变迁。"你要相信,你走过的每一条路,都是你的必由之路。"

刘红鹰　传统媒体人要把自己归零

文绮琦　胡锦豪　胡尔西旦·阿拉吾丁

人物档案

刘红鹰，大众传播学硕士，先后任信息时报经济中心主任、《赢周刊》核心创业人员之一，曾供职 21 世纪经济报道，后任网易财富中心总监，负责商业、财经、科技等频道；2010 年 7 月加盟盛大游戏，任传播中心总经理（VP）。后创业，开发名为 "ollaQ" 的 APP。

曾著有《互联网有太多未知领域吸引着我》等文章，并与熊晓杰和柯惠新等人著有《对话》和《民意调查实务》等书籍。

刘红鹰是一个不甘寂寞的人。

很多传统媒体人近些年才开始转型，而她说 "我经历了四次转型"。

现在，她正忙着创业，开发一款多语言交流的 APP，梦想着过上走遍全球都是朋友的美丽人生。

这样的转型媒体人，内心想法一定与众不同。

"我经历了四次转型"

问：你是如何经历转型这条路的？

刘红鹰：严格来说，我经历了四次转型：第一次，是我所在的《信息时报》由经济类日报转变为市民报纸；第二次，是从传统媒体转向互联网媒体；第三次，是从互联网媒体转向游戏市场公关；第四次，是从游戏市场公关转向移动应用项目经理和创业者。

第一次转型，是报纸本身的一个转型。那个时候很多人转不过来了，但我们刚毕业的学生就因为知识更新比较快，习惯还没有形成，所以很快就转过来了。不过，那个时候很快就出现了互联网媒体，大家都看不上它，觉得这都是抄传统媒体的东西，然后整合到一起。大家都说，它们好像低一档，根本就不专业。

那个时候，网易给了我一个机会。网易当时是三大门户之一，它有野心，希望成为第一大门户。它想在新闻这个口子上有个突破，就招聘了一个新总编辑，叫李学凌，后来 YY 的创始人。我是他找的第一个员工。当时，我在传统媒体里面，觉得好像没有什么压力，特别舒服。他找我的时候，我还在想，我要不要这个机会呢？实际上，我还不懂，但我觉得不错。这个感觉就好像我在一个全新的领域，尽管现在很 LOW，我看不上，但是可能是有作为的地方。

我又跟网易的老板丁磊谈了一次。我觉得老板很重要，当时丁磊还没有那么出名，但我觉得这个老板相当有远见，很大气。我跟他谈，您觉得新闻该怎么做？他说我不懂，所以我才找你们，你们懂。我觉得这个老板非常不错，很开放。因此就决心到了互联网媒体，创办了网易商业报道，尝试了很多互联网门户的新闻创新。

问：转型时是否有满足感？

刘红鹰：有，非常有。

我们的团队大部分都是刚毕业的大学生，热爱网络媒体人的工作，简直是疯狂地工作，没有白天黑夜的感觉。作为网络媒体人，我们乐于探索各种极致的互联网新闻实现方式，大家觉得能直接从用户那里得到反馈很开心。

我们出去采访是很骄傲的，别人会说："噢，这是来自网易商业的记者。"它是很有地位的，你知道吗？他们有很光荣的感觉。这种荣誉感原来只有传统媒体人拥有，现在互联网媒体的记者也有，他的实现感就很强了。所以，我们那时候经常是通宵。如果有一个热点出来，他们马上就做专题，根本就不需要我说，他们就已经开始做了。

问：转型到互联网媒体有新的挑战吗？

刘红鹰：那肯定有。

互联网媒体用了一种新的采编模式，改写了大家的新闻习惯，就很有意思。

我一下子就进入互联网媒体时代，是非常大的一个变化，这个转型我觉得是非常成功的，我很自豪。但是，六七年过去之后，我遇到了瓶颈。

当时，互联网门户开始遇到了一些新挑战，有新的模式出来，如博客、微博。一开始只有微博，我们就觉得这个比我们门户的概念更潮了，用户更直接地可以生产，它根本就没有编辑的概念，用户变成了直接的内容生产者，它做得非常火。当时，我们就把博客引到频道里面来，每个频道都有自己的博客。不过，还是不够，还是隔了一层。我们一直在观察下一步媒体会怎么走。

后来，又出来了微信，出现了公众账号等。公众账号这个媒体一出现，其实是把微博在 PC 平台上的这种功能搬到了手机端，而且与通讯录是绑定的。因此，它就能更直接跟你是好友关系，再和朋友圈结合到一起，突然别有洞天。互联网媒体时代一下子变成了媒体人的个体户时代。

媒体原来都是官方的，有机构控制的，现在突然就过渡到小个体户时代。我们这些所谓的"权威"怎么办呢？未来在哪里？当时，很多媒体人去做公众号，去成为一个个体创业者。不少人获得了成功。

但是，这不是我想做的。我做媒体做了这么久，从一线采编变成团队的负责人，相当于教练，我一直在培养一些新的采编人员。在脱离一线后，让我再冲到一线去，恐怕找不到那种兴奋感了，心有余而力不足。

"我先生说我疯狂"

问：你理想中的媒体是怎样的？

刘红鹰：我理想中的媒体是一个交流平台，平台里面是一个很自由的状态，用户既是生产者又是消费者，他们的角色是不分的。这个内容和交流是没有分得那么清楚的。像公众号就是一个很好的东西。

我希望能找到一个互联网媒体人新的突破口。寻寻觅觅很久，我最后决定做一个跟语言交流相关的产品。因为，它跟我的生活更相关，我先生是老外，我本身就对跨语言交流有体会。跨文化交流，从语言入手，就是跨语言交流这样一个媒体，我想尝试做这么一个东西。但是，怎么做我不知道，我一点概念都没有，然后就去学习别人，到处去学习、观看和使用各种各样的 APP，体验各种各样的产品。我一边学一边做，一边用一边设计。我一开始并没有完整的想法。

问：完全没有想法？

刘红鹰：完全没有完整的想法，那么就先学人家的，一边做一边改。

我记得，刚开始做的时候，开发人员就说："你这是什么？你都讲不清楚。"他会经常问你，你这个关系到底是什么关系。因为，当你成为一个产品经理的时候，你其实不是一个媒体人了，你必须是一个懂技术的，知道如何跟技术人员交流。但是，我根本不懂技术，不知道他们在想什么，我说我要做这个东西，他说这个做不了，因为你这个逻辑不对。技术它本身是要讲逻辑的，不是说你给我一个东西都能做出来，你必须很清晰地去表达。例如后端的逻辑是什么，这一层跟那一层的关系是什么，等等。我那时就想：我的天哪！我尝试去搞清楚，然后就一边做一边跟他们交流，确定问题所在。

为了透彻了解用户，我是 olla 产品第一个深度用户，天天泡在里面练习外语。一开始，练习用英语和意大利语分享帖子，后来练习英语口语，后来再学习西班牙语和俄语。在这阶段，我就变成了一个全新的学习者。所以说，我现在的转型还没完成，还在进行当中，但是我觉得这个状态就很好，它让我感觉到我在跟用户学习，同时跟技术交流学习。我不断地在更新我自己，我觉得这个非常难得，我喜欢这种感觉。

问：在这次的转型过程中，你的家人有给你什么意见吗？

刘红鹰：我先生听了我的想法后说"crazy"（疯狂）。他说，你做媒体不是做得好好的嘛，为什么要转型？毕竟，我转了好几次型。我从媒体人变成 PR（公关）的时候，其实也是一次冒险。

问：为什么说做公关是一次冒险？

刘红鹰：我发现，我最喜欢的不是做公关。不过，我在那里学到很多东西。因为在一个游戏公司，我从对面更进一步了解了媒体，倒过来看媒体给我全新的感觉。

我还了解了游戏是该怎么生产出来的，我尝试确认自己能不能做一个游戏开发者，就是游戏的产品经理。我甚至去尝试做过一些探索。我很喜欢手机游戏，我去研究过一段时间，我发现手机游戏世界，主程序员、主策划人、主美工是主要关键职位。我在其中没有任何优势。所以想，算了，要做力所能及的事，这个转型我不行。

我后来选择做 olla，做这个语言交流是有可能的。因为，我首先是一个深度用户，而且我的媒体和市场职业经历也可以帮到我。技术是我的短板，但并不是不可能交流的，而其他东西我都可以想办法解决。

其实，这个转型我很困难。一个媒体人突然转成一个产品经理，而你对那个领域完全不熟，是不可能让你去做产品经理的。我自己创业的话，我做产品经理，我能不能成功，你是不知道的。因为你都没做过，你要去请一帮人去做，指挥不了别人，你这个事情就很难了。创业一般都是做自己熟悉的领域，我做的领域不算是自己熟悉的。好在，我热爱这个语言交流、跨文化交流，所以我就头伸进去了。

问：在这么一个不熟悉的领域创业，你有想过会失败吗？

刘红鹰：当时，我先生说万一失败了你怎么办？所以，我准备了一年。其实，在出来之前，我又准备了一年，做实践的准备，找一些人帮我开发。我给人家一些钱，让他根据我的 idea 去先开发，试一下，看看我能不能够进去。

在那个阶段，我觉得我有点把握了。因为，我觉得当你做了这个新的事情以后，你就对原来的事情没兴趣了，你会失去对原来那个东西探索的欲望。这样的状态不对，我更应该全身心出来，完全投入。要参与，才能成功，才可能真正地享受它创造的过程。

当我决定真的出来的时候，我先生，包括我父母都没说什么。我父母说，你要想好，因为你原来的工作那么好，状态特别好，很容易，很舒服，收入也很高。突然你要去到一个全新的环境，你什么都得自己扛，这个风险又那么大，要想清楚了。他们就只要我想清楚了，我觉得没什么。

我后来自己想清楚了，到了这个年龄，再不出来我就没机会创业了。我一直想创业，我这个人就是比较喜欢按自己的想法去做事情，总是喜欢创新，到最后肯定是不甘寂寞的。我们总要尝试，不管失败还是成功，我想闯一闯。即使失败了，我觉得我也没有什么损失，我收获了这个过程，我也不会没饭吃。说白了，有前面那么多年的积累，不会没饭吃。就这样，我就出来了，是疯狂没错，但我非常享受。

问：就是说，在转型之前就没有万一不成功的这种想法？

刘红鹰：我一定要成功！每个人都希望自己肯定要成功，但是也想到可能不成功。

问：有没有想过万一不成功的话该怎么解决？

刘红鹰：我想过了，我不成功最多就把这个作为退休项目，享受退休生活。我来上面交流，交朋友，不是挺好吗？我没有任何损失。说白了，我就损失了一点钱，这点钱我觉得没什么，我觉得我可以承受就行了。很值！

问：你是达到了一个阶段——就是不要这么快就满足，要不停去做一些自己想做的事情才行？

刘红鹰：对！不断给自己一些挑战，就是去发现新东西、新大陆，然后自己再去挑战。否则的话，人就容易懒下来，一懒下来你这个状态就不在了，这是最危险的一个状态。这对于传统媒体人，包括一些企业的职业都是一样的。

传统媒体人最难是时代更新

问：很多人说，"传统媒体就即将消亡"。你怎么看？

刘红鹰：传统媒体变了好多年了。最早的传统媒体是书籍，后来变成了报纸，变成了广播，之后又变成了电视。后来，又有了这些门户网站，然后又有了各种各样的移动互联网媒体。到现在为止，没有一个消亡的。

其实，主要看谁是主流，谁是最大的"大哥大"。这个是会变的，有一些就会被边缘化到某一个状态。但是，媒体的形式，我觉得不同的人有不同的需要。

问：你觉得传统媒体人最难的地方会是哪里？

刘红鹰：我觉得会是时代更新。

时代潮流的更新很快，感觉挺迷茫的。我的很多老同事，他们其实就很迷茫，他们就跟我说，现在觉得江河日下，原来的传统媒体快没市场，在那儿熬日子，不知道该怎么办。未来在哪里，对他们来说很迷茫。即使你让他做新媒体，他又没有那个经验，没有路子，没有路径进去，这个很困难。对传统媒体人来说，真的很困难。

问：你如何培养新一代媒体人？

刘红鹰：首先是教他们做新闻价值判断。我在后面盯着，帮助他们，他们是一边做一边学。

其次是教他们怎么快速用电脑处理新闻。没基础的，我会找个美工过来教他们，因为可能他不会加图片什么的，所以先给他们一些基础的东西。然后，我要求他们每天做一个专题，开始我要求一天做一个，后来说半天做一个，不断地压缩时间。最后说，15分钟做一个，他们说不可能，连想都想不过来。后来，每个人都能做到一个重大新闻在15分钟内出专题，非常快。

第三，提供专业财经新闻培训。很多新记者没有财经分析背景，不知道如何通过公开市场数据对企业和行业乃至宏观经济进行解读，对他们进行相关培训非常有必要。

我这个"老司机"，比较懂怎么去培训人。这是我的强项。我根据每个人的特点，然后用不同的方法给他培训，再达到同样的结果。

问：你是如何激励下属的？

刘红鹰：培养下属的时候，我很注重的一点，就是发现和培养他们的自我激励意识。我喜欢招那种自我驱动型的人，他自己对自己要有要求，希望自己是一个杰出的人，希望自己要比别人更优秀。然后，我告诉他们怎么去变得比别人更优秀。我不可能去逼着他比别人更优秀。

一个人，如果说他工作是为了一日三餐，这个人一定做不了这个事情。这个人一定完蛋了，他一早就进入老年状态。那种人没有戏了。

问：有一些建议给有转型想法的媒体人吗？

刘红鹰：我觉得传统媒体人转型并不是不可能，关键就是你要把自己归零，然后重新变成一个小学生来投入一个新的东西，这是最基本的。但一般人做不到，一般人都有惰性了。

"我自己做 ollaQ 用户"

问：ollaQ 试用了一段时间，你们发现什么问题吗？

刘红鹰：好多问题。

olla 是我们第一个产品，是老外交流平台，鼓励外语爱好者相互交换学习语言。一开始其实是没有语音直播房间的，我们试过私聊、群组信息分享、发帖分享，但都不够直接，后来发现直播间能更好解决开口难的问题，于是采用直播间群聊模式，经过反复修改探索，它现在成了产品最主要的功能。

一年后，我们在这个产品经验的基础上做了第二个产品：口语陪练师 ollaQ。这个产品定位为全天候真人口语陪练，突出有海外留学和生活经历的老师辅导口语和海外学习生活，不仅保证随时上来都有经验丰富的老师陪练，而且还可有一对一专人辅导。尽管这个产品是在前一个产品经验上升级改造出来的，产品理念和用户体验有不少改进，但还是会不断发现新问题。

我的用户发现的问题更多。有一个资深的欧洲大学生用户，一直给我们反馈意见，有时候遇到一些低级 bug，甚至发帖要删除应用以示抗议。用户对我们的这份爱，我们很珍惜，我和不少这样的用户因此成了无话不谈的朋友。后来这个用户听说我们要做第二个产品 ollaQ，二话不说就飞到中国加盟我们创业了，如今成了我负责运营的小伙伴。

问：用户能反馈意见给你吗？

刘红鹰：有。首先，我们自己也是用户，我们一边用一边学语言，像我就在学两个语言，除了练英语口语，我还在学西班牙语和俄语。我在里面教别人意大利语，我觉得很好玩，现在，我基本上把英语和西班牙语开口难的问题解决了。我在钻研怎么通过交流真正突破外语学习的难题，非常有意思。

在用这个 APP 的时候，我会思考自己是不是真的能学到东西、解决问题，如果我自己都解决不了，那怎么指望它能帮助用户解决好呢？

问：所以，自己做用户是必需的？

刘红鹰：对，自己一定要做用户。

在用的过程中，我就知道痛点在哪里，困惑在哪里。用户有些什么不喜欢的东西，他们抱怨的地方，我都可以搜集到，再用到我下一个版本。我们永远在学习，跟用户学习，一直是这样一个过程，直到最好。

问：做 olla 系列的时候，会觉得和之前的工作有很大区别吗？

刘红鹰：我原来是做新闻的，后来到公司里面负责公关业务，到现在的做产品经理和企业创始人，这是完全不一样的工作和技能。很多东西是相通的，可以借过来用，当初我做媒体的一些经验可以用过来，但有些东西我又比原来的更进了一步。

"新闻系学生要找到自己的优势"

问：你对我们这些新闻系学生有什么建议吗？在大学中必须把握的一些东西是什么？

刘红鹰：我也曾经是新闻系的学生，我觉得新闻系的学生既幸运，又不幸运。这个专业其实没专业，没有什么门槛，基本上什么行业的人都可以做新闻。我们的优势到底在哪里？

我们自己得去找自己的优势。写作是你的优势？跟人交流是你的优势？还是说对新东西的探索比别人更强是你的优势？你的优势到底是什么，你必须要去找到它。作为新闻系的学生，真的需要找到自己的爱好是什么，自己擅长的东西是什么，然后勇于实践，勇于去做。

即使说，你未来想做一个媒体人，也要思考什么样的东西是你最擅长的。我们这个专业的人要广泛吸收各个学科的一些知识，学会融会贯通。不要老师教什么，你做什么，这是没用的。你必须要学会自己探索。你要把你的作品做出来。当你去面对一个工作岗位的时候，你的作品很重要。你的作品可以是一个新闻，也可以是一段视频。

采访札记

一个追梦者的故事

第一次见到刘红鹰，是在一间小办公室，里面的设备十分简单。她轻松愉快地讲述，就像和朋友聊天一般。

她从 ollaQ 这个 APP 的用法开始讲起，因为那时她正在一个聊天房间里交流，听到一个外国人很开心地讲话，虽然听不懂他们在说什么，但听得出他们交流很愉快，很享受这种语言环境。

当我们问到开发这款软件的缘由时，她说自己很喜欢学语言，学了意大利语后，找到了外语交流的乐趣，然后开发了 olla 和 ollaQ。她希望在自己学语言的同时，能够帮助和她一样的语言爱好者。软件从去年3月开始试用，边发现问题边改进，用户也慢慢敢练口语，而且愿意留在这个平台交流。在此基础上，又开发了口语陪练师 ollaQ 版。言谈间看得出，她很享受这个创业过程。

采访过程中，刘红鹰有一个建议给我们留下了深刻印象。她说，传统媒体人转型要把自己归零，重新变成小学生投入新领域。这也许是她转型人生的经验浓缩吧。从传统媒体人到互联网媒体人，到企业公关，到社交软件的产品经理，她的人生不可谓不丰富，但她一次次将自己归零，然后重新出发，显示了过人的勇气。在她身上，我看到了什么叫活到老，学到老。这也许是新闻专业学生的宿命吧，正如她所说，"这个专业其实没专业"，要形成自己的竞争优势，就必然不断地自我学习。

前四年的探索，ollaQ 的商业模式和赚钱前景最终依稀可见，我们看到了一个追梦者，一个不为金钱名利所牵绊、只为提升自己而不断奔跑的追梦者。在追梦路上，她还不忘扶持行人。我们应该向她致敬。

蒲荔子　直接从采编出来创业基本失败

佘映薇　林文琪　刘一璇

人物档案

蒲荔子，笔名李傻傻，现为中国社交民宿平台"朋友家"APP 的创始人。

2004 年从西北大学毕业后，蒲荔子进入南方日报，成为一名文化记者。2011 年又转向互联网和艺术园区项目的设计和运营。其间，蒲荔子曾任南方报业 289 艺术园区运营总经理、南方日报文化副刊工作室主任。

2015 年，蒲荔子从报社辞职，与朋友们创办了精选美宿平台"朋友家"APP，并获得 7 天连锁酒店母公司铂涛集团天使投资。

除了媒体人和创业者，蒲荔子更为人所知的身份是中国新锐代表作家。他是中国作家协会会员，代表著作有《红 X》《被当作鬼的人》等。24 岁时，他曾被美国《时代》周刊全球版专题报道，被称为"中国最年轻的畅销书作家""幽灵作家"。

2016 年 11 月，蒲荔子带着新书《你是我的虚荣》，再次回到大众视野。

蒲荔子有着多重身份，作家、媒体人、创业者，每一次的转变似乎都"不按套路出牌"。

年少成名，一鸣惊人，名声大噪之际忽然停笔，销声匿迹；从事媒体工作 11 年后毅然出走，创立"朋友家"；时隔十年，蒲荔子再次提笔，新书《你是我的虚荣》大受欢迎。

在旁人看来，蒲荔子的人生仿佛是"开了挂"，又带着许多谜团。我们尝试着走近蒲荔子，走近李傻傻，听他讲讲媒体人转型的故事和人生感悟。

"年少成名对我来说是一种幸运"

问：你在大学时期就因写作成名，后来登上了美国《时代》周刊。一开始写作的时候你有没有预料到自己会达到这样的高度？

蒲荔子：如果一个人说一开始就知道未来会发生什么，那他不是神仙就是骗子。刚开始写是乱写的，一个穷大学生，又没什么事，就写。没有预料到有人会看，就随着自己的喜好写，有时候甚至写了很多可能不适合发表的东西。写出来之后有人说要出版啊，这时候其实是有点不知所措的。

问：最近你的新书《你是我的虚荣》反响不错，时隔十年再次以作家身份出现在公众视野，你是什么感受？

蒲荔子：从一个外人的角度看，好像我中间十年一直在睡觉，然后突然又醒了一样。但实际上这就像一个人天天照镜子，不会觉得自己发胖了，因为每天都在循序渐进地胖。所以，对我自己来说，这个转变并不是那么突然的，这十年中偶尔也会写，或者不停地想着要写。

问：你在写作方面早有成就，后来为什么又不写了呢？

蒲荔子：事后回想，我觉得可能有几个原因吧。那时我刚进一个新的领域，我不是学新闻的，在一段时间能把一件事干好就不错了。第二个是大学刚毕业，不太成熟，很多时候会很注重别人的评价，总想着写完别人觉得不好怎么办。所以这么多年，其实都在解决这个问题：因为觉得喜欢或者有价值而去干一件事，而不是因为别人的评价而决定是否去做。

问：所以，年少成名对你来说更多是一种压力。是吗？

蒲荔子：压力会有吧，但对我来说更多的是种幸运。压力迟早会有的，最好就是要来就来得猛一点。就像看书，你不要先去看那些轻松的、好玩的，要看就看最难最好的。工作也是这样，刚毕业，最好直接接触最难的工作，压力一次来个最大的，这样的话对成长是有利的。所以，那时候那些压力现在看来都是幸运。

"进入媒体行业是机缘巧合"

问：一开始你为什么会想当一个记者呢？

蒲荔子：那时候，还真是没想过自己要干什么。大学快毕业的时候，朋友介绍我来南方日报实习，所以我才进入媒体。一个人的路看似必然，或者总被总结为早有计划，实际上大部分是由各种偶然促成。一个人的兴趣、选择，会让他碰见各种偶然。

所以从我的自身的经历来说，我建议学生时代多去主动认识你身边朋友之外的。只靠招聘会、只靠那一页纸的简历，选择是比较少的。一个有广泛兴趣、可以主动去寻找机会的人，他的选择也会比较多，最后找到自己真正感兴趣的事的可能性也就比较大。

问：做记者多少是会有些新闻理想的。当记者时你的理想是什么？后来实现了吗？

蒲荔子：我觉得跟别人谈理想是比较无聊的一件事情。因为理想是跟自己谈的，是对自己的期望和要求，而不是相反。做新闻跟其他职业一样，首先它是一个工作，要有工作的基本规范、专业主义以及基本的成果产出，最后获得合理的报酬。很多人把新闻当成一个超乎我们日常生活之上的一个东西，把它神圣化，却连基本的职业属性和专业技能都没有。我觉得任何一个职业或者行业，只有把该做的做到位了，才能去谈所谓的意义，或者说，把事做好，其义自见。

问：在当记者的这段时间里，可以说你远离了文坛，对比你在大学时代的辉煌，你的心理会有落差吗？

蒲荔子：没什么落差，因为大学也算不上辉煌啊。或者说，这不能用落差这种说法，因为一个人每个阶段需要的不一样，不存在可比性。一个人不停经历事物，不停成长，他追求的、觉得重要的东西，永远在改变。这段时间，我焦虑或者说努力寻找的，是一个志趣，就是可以长时间做的事情，能够清楚它的好，清楚它的坏，清楚它的压力，清楚它的可能性，让你可以抛开外部评价、基本收益这些东西，持续地做。中间会做很多加法，做很多其他事情，有时前路迷蒙不清。

问：你在媒体从业将近 11 年，从这段工作经历中你收获了什么？对你现在的创业有什么帮助？

蒲荔子：虽然我在媒体工作的时间长了一点，但这段经历对我的帮助确实很大。主要是三个东西：第一是好的工作氛围；第二是开阔的视野；第三是好的职业习惯。

第一份工作能遇到一个好领导和好的伙伴很重要，否则你会带着一种戒备的心理去对待后面的工作、同事。其次因为做媒体，我认识比较多的人，对各个行业的了解相对会丰富一点，没有那么狭隘。最关键是养成了一个好习惯——做案头工作的习惯。因为我们采访业务必须要做很多准备工作，要看书，要去收集资料。所以，当我转型进入一个新行业的时候，我首先会把这个行业相对来说比较经典的书全买过来。

"先做加法，再做减法"

问：很多媒体人转型是因为遭遇了"职业天花板"，你从 2011 年开始转型做经营，是什么促使这种转变？

蒲荔子：最主要的原因，肯定是因为有不满足感，包括"职业天花板"、收入、未来的空间，也包括你个人的兴趣。其实到 30 岁以后，选择会相对慎重、理性一点。主要是要能带给我持续的新鲜感或者是成就感，我想这是每个人的需求。所有的工作最后都会变成重复性劳动，然后你就会开始想什么事情可以长时间去做。所以后来我是做加法，做了很多事，我们做了一个儿童互联网、做杂志、做园区、做艺术、做公关，但是在做的过程中我的成就感不能抵消疲惫感，可能也是我们这种人太矫情了。

问：你具体是在什么时候决定要创业的呢？你是怎么作出这个决定？

蒲荔子：事后描述的时候，它看起来是一个新鲜的时间点，但是真实生活中，这种决定的过程是模糊的。比如说，你喜欢一个人，不是说突然在这一刻喜欢，然后时间就定格了。创业也是，刚开始可能慢慢在想这件事，也许过段时间有了新的工作就忘了，等闲下来的时候才想起这件事情。

我是 2015 年 7 月提出辞职，9 月份正式离开，然后开始做"朋友家"。其实我算是比较晚的，到了快 30 岁才开始去尝试各种可能性。我觉得你们可以在年轻的时候多尝试。你可以在所有的工作里面列出五到八个，尝试一遍过后也许你就会发现你真正想做的事情。

问：做媒体人和创业有什么不同？你如何适应这种变化？

蒲荔子：媒体有三个特性：第一它属于单打独斗型，我们一般就是自己写自己采访，再带个实习生，很少有团队合作，而创业是必须团队合作的。第二是我们原来的工作方式、作息方式是混乱的，但现在我们必须每天定时定点工作，同一时间内协作大家效率才是最高的。第三是思考问题的方式。原来做媒体你只要把稿子弄好，自己满意就好，更多的是享受那个过程。但现在的话我们是以结果为导向。比如说我要这个月的目标用户要有多少，数据考核目标是多少，都是非常清晰的。

其实刚开始创业的时候，团队管理、工作方式等都有问题。比较幸运的是，我在报社做经营的时候，把原来媒体采编的这些毛病改掉了一些，有个过渡期。如果说我是直接从采编出来做这个事儿，我觉得我会死得很惨。

问：这次转型你的目标是什么？

蒲荔子：你会有一个长远的大目标，但是你所有的规划、工作要领其实都只要做到未来 3 个月。因为计划永远在调整，永远在变，你那个目标终点就在那里，但是中间那条路是一直在变的。我们是一个十几个人的小团队，相对来说改起来也比较快。现在其实是一个做加法的结果。所有的事情都会有一个先做加法、再做减法的过程，我们自己也在摸索方向，看看哪个路径更清晰。

问：创业有风险，你有时候会担心自己失败吗？

蒲荔子：我会做好失败的准备，没什么好担心的。我们有很多可能性，我们现在也做线下空间，也做景区的运营。当你真正去做的时候，你就有可能性，你不去做，你永远就只能停留在那个想法里。我们现在做了一年了，也许有一天我们现在这个模式失败了，或者另外一个失败了，但是我们有了其他的可能性，所以说失败反而给了我们更多成功的机会。

"媒体业处于触底反弹的阶段"

问：现在有很多唱衰纸媒的声音，你怎么看待传统媒体的发展现状？

蒲荔子：现在媒体业我觉得它是处于一个触底反弹的阶段。因为原来太好赚钱了，所以大家都没有改革动力，当然也有体制机制的原因。但现在整个行业已经有很多新方式出现了。我想过几年之后，媒体会用它的资源、品牌、用户延伸其他的业务，不再以媒体为营收的主业。比如说浙报集团，可能游戏公司这一块是它们最主要的收入。所以说，被逼得没办法了，就会有办法。

问：越来越多的媒体人出走，你怎么看待这种现象？

蒲荔子：我觉得每个人有每个人的选择和乐趣，所有的选择只要自己想清楚就好。比如说出版业，大家都觉得它不是一个朝阳行业，但还是有很多人觉得做书是一件很幸福的事情，所以他就坚持做书。想清楚了那无论是留下还是出去，还是换个方式继续做新闻，我觉得都没有什么问题，因为每个行业都有做得好的机会。

另外，不要觉得所有进入媒体的人都有新闻理想，也不要把离开媒体看成背离了自己的理想和价值。其实绝大部分的人都是打工挣工资，小部分是属于有新闻理想的，如果他想追求新闻的价值，其实也有很多平台去做。还有一部分人，可能是想每个阶段都去做自己觉得有价值的事情，当然还有一些混日子的，这种人在内地的一些媒体可能还真不少。

问：越来越多的媒体人尝试转型，你认为媒体人转型要做好哪些准备？怎么兼顾媒体思维和产品思维？

蒲荔子：刚刚我也说了，媒体采编跟真正市场化操作有三个矛盾，包括工作方式、作息方式和思维方式。我觉得如果直接从采编出来创业，第一次基本会失败。如果想相对稳一点，就去一个市场化的企业磨炼一下，了解一下市场企业的运作规律。所谓产品思维，不是说我一天念个十遍八遍就会有，它是建立在失败的基础上的，要你踩过坑经过失败才会出现。

"我们想制定民宿的标准"

问：建立"朋友家"这个平台的时候，你有没有给自己设立一个小目标？

蒲荔子：我们对团队是这样说的，首先我们要做一个自己喜欢的产品，一个推荐给朋友不丢脸的产品；其次就是要建立我们的核心资产——品牌和用户。所谓品牌，其实是用户口碑吧，我们在"朋友家"APP首页会把用户的评论都放出来，评论有好有坏，其实就是让我们自己作为鞭策，也让用户有个强烈感知。注重每个用户的反馈评价，品牌最后才能做得好。

问：最近争议比较大的"借贷宝"事件，一开始也是主打"熟人借贷"模式，后来用户多了熟人借贷模式也就名存实亡，还滋生了一些不良影响。你觉得"朋友家"会受到同样影响吗？

蒲荔子：我觉得"借贷宝"属于一个创始团队没有底线的产品，因为它利用人性的恶，并且去助长这种恶。互联网是一个工具，你用这个工具可以做很坏的事情，也可以用来激发人性中好的部分。分享房子本身就是信任的开始，住的人也要对得起这种信任。你看"朋友家"APP的评价，基本上房东、房客互相评价都是很好的。

"三度好友模式"现在也放开了。一开始是为了控制用户质量，到后面我们觉得总的来说没什么问题，就是没有那种很严重的信任问题出现，我们就放开了。

问：数量和质量之间怎么平衡呢？

蒲荔子：我们心里其实有一个预计的数量。比如说我要做全国前20%—30%的房子，中国这样的房子可能有十几二十万，用户可能有几千万，对于一个产品来说已经够了。虽然"朋友家"是一个垂直小众的 APP，但用户绝对数量也很高，它的消费额也是很高的。所以，做产品前你要先想清楚的你的目标用户是多少，不要觉得全世界都是你的用户，这样就没有人是你的用户了。

问：今后"朋友家"的发展方向是什么？

蒲荔子：用一句话来说，我们想做一个好的民宿的孵化和预订平台。现在，我们是在探索建立一个民宿的标准，把这个标准不断完善，然后再去寻找、孵化好的民宿，让用户有一个认知——在"朋友家"都能找到不错的有意思的房子。

"当你对写作有点要求的时候，就得慎重一点"

问：你在新书里说到"像我们这种人，最后总觉得要写点什么"。这是不是意味着今后你还会继续坚持写作？你觉得写作对你来说意味着什么？

蒲荔子：对，这是我说我去年决定做的事情。既然决定要做了，失败了也无所谓，就是"视死如归"了，想清楚了就没那么可怕。写作其实有内在的作用，也有外在的作用。内在的就是创作一个新的东西会有成就感、满足感、兴奋感。外在的对于我来说其实是比较实际的。现在做"朋友家"也需要推广，用写作的方式相对来说更容易一点，这是我实际的打算吧。

问：你目前在写的新书《虚荣广场》什么时候能和大家见面？作家和创业者这两个身份，在你心里各占多少比重？

蒲荔子：估计明年吧，现在的话我就在收集一些素材。日常的话肯定是以工作为主，写东西每天早上或者晚上抽点时间弄一弄就好了。写东西是一个工程，尤其长篇的。就像你们做采访，前期要找资料，做提纲，然后再写稿，还要再修改补充，是一个小系统。写长篇你要先拉一个大概的方向架构，然后收集素材，整理素材，尤其是整理细节。等到你大概有 10 万字素材的时候，你才能开始动笔，但还得等你有感觉的时候才能动笔。原来我是属于那种想到哪儿写到哪儿的，但是当你对写作有点要求的时候，就得慎重一点。

问：你每次转变都会给自己做加减法，可不可以说你的人生就是不断在做加减法的过程？

蒲荔子：人都是这样吧，只不过有的用加减法表述。反正到最后都是去找一个自己真正感兴趣的东西。一个喜欢的人，一件喜欢的事，再吃点喜欢的东西，其实也就这点要求。

问：在访谈过程中你经常拿谈恋爱打比方，这是你的习惯吗？

蒲荔子：因为我觉得人最重要的事情之一就是谈恋爱嘛，谈恋爱会给每个人带来最强的冲击，最深的记忆，还有最痛的回忆。曾经在一次分享中我说过，很多时候我们其实是跟工作谈恋爱。初恋的时候我们都觉得要白头偕老，过段时间分手了就会痛不欲生，感觉再也不会爱了，但是过几个月你还是会开始一段新的恋情。我想工作和生活都会有这样的过程。

"新闻就是真实自由地表达自己"

问：我了解到，其实我们专业有些人可能学着学着就慢慢对新闻失去兴趣，觉得自己学的专业没有太大的用处。对于这种现象你是怎么看待的呢？

蒲荔子：这是一个普遍的问题，或者说是中国大学面临的共同问题。第一个是有一个前提，你不是一个人在战斗，这样想心里就没有那么难受。大学的现状就是这样。大学最好的就是两个东西，一个图书馆，第二个就是你有一群好的同学，一个智力对等的交流平台。所以我觉得读大学说白了，就是一个让你和一群智力相当的人去讨论你喜欢的话题，去了解你自己真正兴趣的一个过程。

问：如果让你对打算从事媒体行业的学子说一句话，你想说什么？

蒲荔子：我觉得新闻就是真实自由地表达自己，无论是做新闻还是做自己，都坚持这个真实自由的准则。

"我建议大学生不要创业"

问：你对打算创业的大学生有什么建议呢？

蒲荔子：绝大多数情况，我建议大学生不要创业。因为创业它不仅仅需要想法，最重要的是对行业的了解和对团队的管理经验。现在你看所有的创业，都是跟强运营相关的，所以对团队经验和资源要求比较高。还有另一个是团队管理。有些大学生可能自己管自己都没法管好，更别说管团队了。除非你爸爸很有钱吧，花一花也无所谓，就当花钱买个教训。

如果的确有创业的想法，我建议可以去找一个 A 轮之后的创业公司，在这种创业公司里你能参与运营的全流程，进去之后能快速学到很多东西。或者选择去阿里、腾讯这样的大公司。在大公司，你不仅能学到相对比较专业的流程化的经验，还能积累一定的人脉。但就是不要去那种既没有什么活力又不属于新兴领域的创业公司。

中国现在想当老板或想做 CEO 的太多了。一个人在一个适合自己的行业、岗位、领域，他就会比较舒服，能得到相对稳定的成长。如果因为创业热潮或者一时冲动去创业，其实会很痛苦。无论我们做什么职业，除了赚钱，我觉得最重要的就是要快乐。

采访札记

现实的大脑　浪漫的内心

我们和蒲荔子的采访约在一个晴朗的上午，没有风，绿树掩映下的 T.I.T 创意园里一个个年轻矫健身影大步行走。10 时左右我们见到了蒲先生，他坐在凉亭里，穿着随性的衬衫大衣，理了理头发，点上一支烟，轻声说："我们开始吧。"一切都是那么随意自然，我们不禁放松下来，开始这次期待已久的采访。

他轻描淡写地诉说着他年少成名的经历，面对人生选择时的迷思，还有创业、写作的历程。其间的艰难总是一语带过，似乎他的成功并没有多少刻意，只是一个水到渠成的过程。和他对话更像是和一个智慧的长辈交流人生体会。当他谈及自身的经历时总忍不住给我们分享"干货"。他的"加减法论"让我们受益匪浅。纵观他的人生经历、重大选择，每次都是先给自己做加法，尝试各种可能，再做减法，找真正感兴趣的东西。同时，他的思维的条理性和逻辑性也令我们印象深刻，在聊了很久之后他甚至还记得自己之前讲了哪些内容。

蒲荔子并不是一个典型的媒体人，他进入媒体行业实属巧合，传统媒体亦不是他最后的归宿。但是，他对媒体行业的现状和未来发展有着冷静独到的看法，他不用"新闻理想"给媒体人戴上镣铐，他告诉我们"新闻就是真实自由地表达自己"。

他身上有两种看似矛盾的气质——既有文人的浪漫奔放，也有历经世事后的现实理智。采访中最有趣的一点是他喜欢用恋爱作比喻，他说"人最重要的事情之一就是谈恋爱"，工作就像谈恋爱，关键是要找到让你长期保持兴趣的东西。说到写作对他的意义时，他直言原因之一是为事业做推广，说起生意经来也头头是道。深入交谈后我们发现，这两种截然不同的气质说来也不矛盾，在历经人生波折之后拥有理智现实的大脑，但同时保留着青年浪漫活力的心灵，不也是一种完美？

蒲荔子正感冒，哑着嗓子和我们聊了两个多小时，这让我们十分感动。正如他所说："年轻人就要多尝试，去寻找自己真正感兴趣的东西。"对新闻学子来说，今后无论是职业选择还是其他重大决定，多尝试，不怕错，心中便能少一分迷茫，多一分坚定。

阮 宁 做记者的日子挺快乐但回不去

张珮珮 汤 晨 王 璐

人物档案

阮宁，环智传媒集团创始合伙人，南方报人自媒体联盟"289Media"创始人。

2004年，毕业于华中科技大学新闻与信息传播学院。先是在《IT时代周刊》做记者，2005年先后进入《南方周末》采编中心经济部、经营中心市场部、新媒体中心工作，并组建了南方周末中国企业社会责任研究中心和南方周末数字与互动营销部。

2012年7月辞职，与媒体朋友合伙创业。

东汉《说文解字》里这样解释"宁"字："宁，安也。"当我们第一次见到阮宁——他穿着干练的皮夹克风风火火地从电梯间走来的时候，我们知道，他并不是一个会安于现状的人。

采访地点定在广州珠江新城某甲级写字楼的办公室。这是他创业四年多来第三度搬迁的办公室，从当初七八十平方米的办公场地，到现在近千平方米的甲级写字楼，成为他成功转型创业的注脚。

他的办公室布置颇有文人风范，墙上挂着由报社前领导提笔的字画"王者伐道"，还有写毛笔字的书写台，在沉稳又古典的茶台上，阮宁一边娴熟地泡茶，一边娓娓道来，从大学时代一直到创业的心路历程。

他的话语很真实，好像相识多年的老友，又很像经验丰富的睿智前辈。尽管他多次地提到"机缘巧合"，但字里行间，你能感受到，他今天的成就，并不是靠幸运或谁的眷顾。背后，既有多年媒体从业经验的沉淀，也有转型之后迎难而上的奋进。

学新闻是机缘巧合

问：传统媒体工作和公关工作，你比较喜欢哪一种？

阮宁：都是一样的。在现在这个岗位上做好自己的事情，自然就会有相应的回报。

你看，我那个时候专业也是被调剂的，跟我一起的高中同学现在在各个领域，计算机或研究院，都是搞技术的。那时候数理化成绩那么好的一个人来写新闻写稿子，有人就会说你这个人怎么这么怪啊？可是，我现在做得也还可以啊，就不存在觉得好不好的问题。人生有时候就是跟你开个玩笑，哦，也不是玩笑吧，其实人生就是有很多莫名其妙的东西，机缘巧合。

问：专业被调剂之后，你有没有负面的情绪呢？

阮宁：没有啊，因为我们那个班比较特殊，叫"网络新闻"，第一届直接从理科生招。

问：学理科去搞新闻？

阮宁：对啊，所以说这个可能冥冥中自有安排吧。（笑）

问：当初，你对这个专业有没有一些抗拒？或者转专业的想法？

阮宁：没有。我们那个班很奇怪的，因为是从理科生招进来。不过，毕竟新闻是一个很好的专业，可以说是文科里面最好的一个专业了，所以无论文、理科都会有很多人想学新闻。我们班也有很多同学是一开始就报了这个专业的。因为华中理工大学（就是现在的华中科技大学）的理工科是比较强势的，当时很多人冲着这个考。高考那年，我的语文成绩考好了，结果就被调到这里来了。（笑）

问：在你十二年的新闻从业中，这个职业给你带来了什么？

阮宁：新闻是一个令人富有激情的职业，它需要你不断地接受新事物，并有认清本质的能力，还有和不同的人打交道，也许来自市井，也可能是某上市公司老总，在交往过程中打开视野，这不仅是一种锻炼，还是一种人生的修炼。

现在回头再看，我很感激那段岁月。毕业之初，我在《IT 时代周刊》做 IT 记者，我本身很喜欢 IT 行业，而初始进入媒体，看到自己的文章变成铅字，很有成就感。后来，机缘巧合，来到了平台更大的《南方周末》，工作了八九年。当时的工作内容，让我有机会接触到全国许多优秀的大企业及企业家，这也为我后来的创业积累了很好的资源。

尽管新媒体时代来临，传统新闻受到了一定的冲击，新闻专业变得不再像以往那样受到年轻人的欢迎。但作为一个过来人，我认为，新闻绝对是一个好的专业，也算是人生对你的一个眷顾。

问：你做公关也有一段时间了。现在你还会怀念以前当记者那些日子吗？

阮宁：怀念是怀念，那是一段荣光，但回不去了。记得当初，年轻、劲头足，经常背着包到处跑，到各个现场去采访，那时候其实也挺辛苦的，但也真的挺快乐、挺充实的。

采访完写文章是一个痛苦的过程。你会发现大部分媒体人都有严重的拖延症。有可能接收到的信息是丰富的，也可能是单一的，而一篇符合要求的新闻稿，需要事实清楚、逻辑缜密，信息源又要互相佐证。

我当时在周刊，一周要两三天出篇稿，有些调查文章要一两个月，要不停地取证佐证，去现场深入调查，像是《南方周末》的稿件成本非常高，一篇稿子平均下来成本几万块钱。我们经常看到一些记者在外面一两个月，突然回来放一个大料出来。

媒体就是这样子的，将来你们做媒体，一定要有这个触觉。有很多信息来了，怎么去分析、去过滤，把自己有用的一些东西留下来，不用的筛掉，形成自己的判断。

公关是让理想落地

问：怎么想到要转型到公关行业的呢？

阮宁：其实，这个也是一个"无心插柳"。

当时我在《IT 时代周刊》做 IT 记者，我喜欢 IT，做了有一年吧，然后就认识了《南方周末》的一个领导,后来就去《南方周末》工作了八九年。岗位也比较特殊,是做企业社会责任的,我跑全国各地的一些大企业,接触了一些大型民营企业的中高层。这个对我创业的资源积累有很大帮助。

后来,很大一部分工作都在市场部。市场部对我创业有很大的帮助。我们经常跟采编部门和广告部沟通,做一些商业策划特刊,对商业感觉的锻炼很有帮助。另外,还要跟广告部沟通,因为市场部毕竟兼顾另外一个功能,就是报社的品牌形象传播。我们可以去交换一些资源,可以对外整合很多资源。特别是,当时《南方周末》做的年度最大的活动——中国企业社会责任年会,整合了很多企业家的资源。

《南方周末》搞新媒体的时候,因为我以前做过 IT 记者,而且又懂经营,领导就把我拉去,管新媒体的经营。2012 年,我就出来创业,最开始是做公关公司。

问:你的公关公司一般做哪些工作?

阮宁:公关的核心是处理公共关系,内容很丰富,包括企业和员工、消费者、媒体、公众的关系等。因此,公关公司的工作内容之一,就是通过专业的策划和有效的资源,来实现、建立良好的公共关系。比如帮企业做一些咨询,解决一些品牌层面问题。

我举个例子,比如一家日化企业过去生产的产品,主要是用于出口,但未来企业希望再拓展国内市场,那么如何让国内消费者认识到它的品牌,并认同、愿意消费呢?这需要公关公司专业的介入,根据行业、企业、产品特点、舆论环境等多方的情况,制定适宜的公关策略,实现品牌企业和目标消费者的沟通,达成企业最终的商业目的。而这些又需要不同的渠道实现沟通,因此公关还是一个资源型的行业。同时,公关本身是一个智力行业,需要资源匹配外,这对人员的要求很高,需要有深入浅出的积累与提炼能力等。

问:第一次创业就能够如此顺利,没遇到困难吗?

阮宁:其实并不是像你想象中那么顺利,可以说每天都有困难。因为你创业了,唯有一路向前,别无他法。遇到难题,无法回避,作为公司的老板只有迎难而上，找办法解决。一路走来，就会发现，没有什么坎不能过。

公关公司是一个很专业的模块，记者出来做这个还需要一个学习阶段。我们也是从跟不同的客户沟通的过程中积累经验，我们也是在一个成长的路径上走。公司刚开始的时候就只有两个人，然后企业规模不断地往上走，现在很多同事已经在这个行业工作了十几年，经验非常丰富。

问：刚开始创业的时候，你们是怎么让客户找到你们，实现从0到1的转变？

阮宁：公司一开始成立，就两个人，首先面临的问题，就是找客户。我们只能从身边的朋友圈开始。当时有些朋友是在企业市场部或公关部的，在公司有公关需求的时候，能告知到我们，让我们可以与同行业的其他公司共同竞争。

当然，一开始都不是一帆风顺的，在这个过程中，一开始就是一些小的业务需求，慢慢地合作开了，客户认可了公司的专业度，就会给更多的机会，有了积累，公司规模逐渐也大了。而在这个过程中，我们自身也在不断成长，需要不断扩充队伍，增加公关行业的专业团队，适应企业发展的需要，包括后来成立自媒体289Media也是。

问：刚开始做公关的时候，怕吗？

阮宁：在作决定之前，肯定有忐忑：做得好吗？自己也会打一个问号。但真正出来了，就不会再这样去想，既然选择了远方，就要风雨兼程。反正出来搏一搏，创业嘛。

问：有没有想过失败了怎么办？

阮宁：失败不可怕，只是遗憾。对我来说，失败了没什么大不了，不行就回去再找个工作。身处这样一个瞬息万变的时代，唯变化不变，没有什么是百分之百的，所以失败了也不要怕。而且在刚刚创业时候，说实在的虽然忐忑，但是我对自己有信心，我觉得不会比别人差呀，事实证明，很多事下功夫去做了，没那么难。爱迪生说过："天才就是1%的灵感加上99%的汗水"，况且我还没那种天分。我更多的信条是

"一分付出、一分收获"！

问：你现在已经成为国内知名公关公司的合伙人，你是如何看待新闻和公关这两个行业的异同呢？

阮宁：这两个行业既有相似之处，又有截然不同的区别。

新闻和公关行业同样会接触到很多新事物，同样有需要解决的问题，当你面对一个新闻事实，你面临的问题是，如何有效地向有知情权的公众去传递。当一篇新闻稿出街，它的效果可能是长期的，同时也是比较难预估的。而在公关行业，你面对的是企业在发展过程中面临的切切实实的公关需求，需要创意，需要通过符合市场规律的、专业的、可行的公关手段，为企业提供服务，从而实现企业更好、更大化的发展。一个好的公关项目，可以帮企业避免上百万上千万元的损失，甚至生死存亡都交给你了。因此，它的实际意义与社会价值，是比较容易看到的。这也是我们为什么还坚持在一线公关行业的原因之一。

对我个人而言，新闻是一种理想，公关则是让理想落地。

创业本身是一种信仰

问：你创业的时候，南方报业传媒集团很多离职员工都在创业。假如没有这个大环境，你还会创业吗？

阮宁：这个假设很难回答。就像我当初走上创业的道路，就是一种机缘，甚至是巧合。在当时，我并没有想过要创业，当时在报社里的工作很稳定。但刚好各种因素交织在一起，促成了这个决定——领导的原因、同学的原因，像是有一种力量拉我，然后内部变迁，外部怂恿。自己也有一种冲动，那就出来了。

问：你们从南方出来转型的这批，有没有失败的呢？

阮宁：也有。有些出来创业的，日子过得其实不是特别好，因为他选择的方向和产业路径跟我们不一样，我们这个商业路径非常传统稳妥，相对好过渡。有些人他选择一些需要高投入的，如果没有足够的社会资源去盘活，就会很辛苦。有的人刚开始创业失败，赔了很多钱。不过，失败了他就换个思路再走，不断摸索，一直前行。对于创业者，创业本身就是一种信仰，不断经历磨炼，也在不断成长，这需要勇气与决心，但光有这些还远远不够。

问：据我们所知，289Media 是南方报业集团媒体人组建的一个自媒体联盟，里面的成员都有传媒工作经验，而你是这个自媒体联盟的创始人。当初是怎样想到要创办这个联盟的呢？

阮宁：这应当算是新媒体时代应运而生的一个联盟。随着新媒体的崛起，我们可以明确感受到，企业在投放渠道上发生了变化，越来越多的企业开始加大在新媒体上的投放。

我们前南方报业传媒集团的一拨人成立了一个群，叫"前南友"群。有天晚上，我们在群里讨论，有企业的朋友说他们有新媒体上的预算要做投放，但新媒体作为一个内容创业的新兴行业，也处在草莽时期，影响力与内容质量参差不齐。与此同时，很多媒体人也开了自己的微信公众号，他们不仅有扎实的内容创作能力，而且有着丰富的行业积累和认知，因此迅速走红了一批大号，你看现在很多很红的微信号都是媒体人出身，比如"咪蒙""黎贝卡的异想世界""深夜发媸""顾剑"等，都是南方系出身。但在当时，新媒体商业模式也还不完善，内容出身的很多媒体人，不知道如何快速实现商业价值。因此，289Media 作为一个平台，就这样诞生了。

问：从创业到现在，你觉得你算是成功了吗？

阮宁：《花开在眼前》这是由韩磊演唱的一首歌曲，由吴晓波、罗振宇填词，是第一财经于 2008 年推出的纪录片《激荡三十年》片尾曲。这首歌很好地注解了什么是创业——永远在路上。出来创业之后，思路给打开了，不会只集中于某一个层面。而且，公关是个黏性很强、跟客户关联度很高的一个行业。但是，如果有下一个机遇，或者下一个风口，我们也可以做其他的东西。

媒体人转型做商业大佬的也有很多，一样做得很成功。这是个商业头脑的问题，跟你的远见、做事毅力有关，要坚持。而且创业，这个东西不是说 BOOM 一声马上来个 90 度转弯，如果我们 BOOM 跳到另一个领域，那其实风险挺大的。因此，创业之前，需要审慎评估，决定之后，就要有义无反顾的决心。

采访札记

他抓住了转瞬即逝的机遇

有人说，近十几年，中国传统媒体人出现了三次离职潮：一是互联网出现时，一些采编骨干去了门户网站，那是 2000 年左右；二是媒体创办公关公司，那是 2007 年左右；三是 2014 年以后，一些精英出走，创业或创办自媒体等。

阮宁应该属于第二次离职潮中的出走者。当他说"那些出来创业的，日子过得其实不是特别好"的时候，我们相信，他一定庆幸自己抓住了一个转瞬即逝的好机遇。

他的转型故事不如我们想象的那么一波三折，好像是机缘巧合下自然而然发生的一件事情，这和我们原来的猜测和想抓的故事点产生了矛盾。但转念一想，顺利不也是一种启示吗？他选择成熟的商业模式，从"小单"做起，赢得客户信任，从而越做越大，不也是一种智慧吗？

面对我们这些初出茅庐的后辈，阮宁越聊越轻松，属于新闻人的真诚和属于公关人的健谈好像同一时间出现在了他身上。这也许是媒体人改行做公关的优势。阮宁的转型成功，给我们展示了媒体人职业发展的一种可能路径。

他对新闻职业的肯定，也给我们留下了深刻印象。他说，"新闻专业绝对是一个好的专业，是人生对你的一个眷顾"。他还说，"把个人价值搞好了，然后才有更好的商业价值"。

的确，无论媒体环境如何变化，个人能力始终是最重要的。

时 标 珍藏理想,脚踏实地创业去

袁 颖 莫彦琦

人物档案

时标,1971 年生,贵州人,现经营管理广州市察今广告有限公司。

1994 年毕业于贵州大学中文系,同年进入贵州人民广播电台担任记者。1997 年 3 月南下广州,任《新周刊》记者、编辑。1998 年 2 月,进入羊城晚报报业集团尚未创刊的《新快报》,先后任记者、采访部副主任等职,多次参加全国"两会"及重大新闻事件采访。

2004 年 1 月,调任新快报媒体广告有限公司市场总监。2007 年 4 月,加入北京国通联合传媒科技有限公司华南分公司任第一事业部总监、分公司副总经理,两年后担任公司副总经理及华南分公司总经理,主要从事通信运营商品牌和公关代理业务,属下团队高峰时达 188 人,年度业绩峰值 3300 万元。

2016 年 7 月,离职创业。

充满理想和激情的新闻人,有时不得不屈服于生存压力,告别曾经如痴如醉的新闻行业。时标就是其中一员,他的坦诚令人肃然起敬。

假如有朝一日我们碰到这种情况,应该如何应对?时标从新闻记者到报社市场总监,到职业经理人,到自主创业做老板,他的转型故事或许多少能给我们带来一点启示。

新闻理想让我如醉如痴

问：你是如何进入新闻界的？

时标：很简单，大学时代我就在不停地写，总觉得进入新闻单位做个记者是个不错的选择。毕业时，学校就把我分配到新闻单位了。天意吧。

问：你为什么从贵阳来到广州？

时标：偶然中带着必然。

毕业后进入贵州人民广播电台是件十分自豪的事，但很快发现，广播影响力远不及报纸与电视，我在电台做了三年记者，远在县里生活的我的父母居然没听见过我一次报道！然后，我想去报社或电视台，但20世纪90年代中的贵州，新闻单位用人机制仍然十分"计划"，没有自由招聘一说，从来都是正规调动，没点关系那是断不可能的。因此，在贵州要换新闻单位对当时的我来说路是堵死的。

与此同时，广东的新闻媒体用人机制、运行机制改革都已开全国先河，好多内地新闻人都到广州来做"流浪记者"。我有个同学在广州工作，他多次鼓励我，于是1997年的某天，我拎着行李就来了广州。

问：你觉得你是一个有新闻理想的人吗？

时标：肯定有，但理想的形成也有个过程。初入媒体，包括在电台以及后来的《新周刊》，这个阶段只能说自己是懵懂的。那时刚入行，只是觉得做个记者挺有面子，是个人都让你三分，每天混迹于城市与城市间，穿梭于城市街头巷尾，也是年轻的我比较喜欢的生活方式。真正让我觉得这是一份事业并上升到"理想与追求"的高度，那要从进入《新快报》算起。

问：那《新快报》在你的职业生涯中一定十分重要，能重点说说吗？

时标：从进入新快报社第一天起，我就觉得这将是一张伟大的报纸。当时报社给我的印象简直是太高大上了。首先是当时刚刚兴起的一人一个卡座的现代化办公环境，每人一台电脑！要知道，1998年那会儿，绝大多数新闻单位还是以手写稿为主，有电脑配备的也就一两台，主要由专门的打字员（那时这还能算个工作呢！）录入记者稿件。更重要的是，主编许挺斐说，《新快报》要学习当今世界最好的美国报纸《今日美国》，办中国第一张双面彩色印刷的报纸，办一张针对"三拥有"（青春、知识、财富）读者的都市白领报纸。而我和来自全国各地的同事们幸运地成为创始成员，十分令人激动。

接下来的几年，整个报社被创业激情所包围，大家谈的和关心的都是如何挖到猛料、做好新闻、扩大报社影响力。作为其中一员，我绝对算得上是全情投入、义无反顾，彻头彻尾体验着有目标、有梦想的激情工作那种快感。

问：快感？能描述得具体点吗？

时标：这样说吧，我给你描述一种状态。那些年，我每天除了睡觉就是工作。每天想的就是哪里有料就马上去采访。经常是这个样子：我上午去采访一件事，下午再采访一件事，五六点回到电脑前开始写稿，八九点交完稿件。然后我还会在报社赖着不走，干什么？还想着编辑把我的稿件改成啥样了，更重要的是篇幅是不是很大，能否上头条。晚上十一点左右，稿件终于上版了，一看都发了，不错。如果篇幅和版位都不错，那就更开心了。我这时才会心满意足地回去睡觉。如果当天出了个整版或者较大篇幅的头条，我可能干脆就陪着编辑排版熬到凌晨两三点钟，直到下楼去印刷厂，拿着当天印出的报纸美美地离开。

那个时候，我是新快报社采访部的主力记者，因为发稿量经常拿第一，许挺斐主编常称我为"稿王"，算是个表扬吧。

什么叫有目标、有理想的激情工作？我想就是这样的，没有人逼你这么干，你完全是自愿，而且不计回报。当然，也因为这种过于投入的状态，饮食睡眠完全无规律，我很快得了胃炎，后来治了几年才好。还有，就是当时我都快三十岁的人了，完全没有去想成个家买个房什么的，以至于我成家较晚，如今我的大学同学最早的小孩都上大学了，我家小孩今年才上四年级。

尽管有些遗憾，现在——我早已过了不惑之年——回想起来，一生中你能全情投入一件事的机会并不多。在新快报社那几年，就是我一生中最能全情投入的几年，是新闻理想让我如醉如痴，从未后悔！

问：如此投入，相信你一定取得了不少成绩吧？

时标：如果十年前你问我这个问题，我还真会好好数一数。现在已无必要。你说的成绩，是指获得什么新闻奖或升个职什么的吧？是的，我其实在广播电台时就获得过省新闻一等奖了，《新快报》创刊第一年唯一一个广东省新闻二等奖也是我拿的，后来获的奖就更多了。职位吧，后来就做个记者小头目。我想说的是，对于现在的我来说，其实，这些是浮云。重要的"成绩"是，《新快报》赐予了我一次为理想而工作的机会和经历，这个比什么都珍贵！也因此，尽管我离开报社多年，但现在与或离开或坚守的旧同事们仍然保持很好的联系，不定期会小聚一番，聊点报社人事，几杯小酒痛饮下媒体悲欢与沧桑。

选择了体制就得遵守规则

问：做了六年新闻工作后，为什么突然转到广告公司去做品牌呢？

时标：有两个原因：一是当时我在《新快报》激情燃烧几年后发现，创刊只早两年的《南方都市报》竟然走到了我们的前头，无论从影响力还是广告收入都远远将我们抛到后面了。我开始意识到，一张报纸不仅内容要做得好，经营也要好才行。我觉得自己要做一个经验较全面的媒体人，必须懂得如何经营一张报纸。二是当时明显感觉做经营收入要高很多。在现实面前，我的年龄也让我觉得有必要进行一次转型尝试。

问：其实，新闻理想并非想象的那样"自由"，很多时候很认真地挖出一些黑幕的批评报道会胎死腹中，因此你会觉得不爽，然后离开。是不是这样一种情况？

时标：我并不认为受到束缚，因为你选择了体制就得遵守规则。比如，从我进入媒体第一天开始，领导就告诉我，我们的电台、报纸、电视是中国共产党的喉舌，所谓新闻自由是必须在这个前提下的。我觉得这就是规则，你接受这个规则你就当你的记者，如果你不接受，你最好干别的去。

我当了十来年记者，正面报道做了一大堆，为民请命的批评报道也做了一大堆。都是在这个规则之下的，我不会因为一些批评报道被枪毙而抱怨。实际上，有些批评报道刊登出来，可能会发挥重要的监督作用，但更可能带来更大的负面影响，也可能不利于问题的解决。比如，一些群体事件，客观来讲不报道比报道更有利，就应该放弃。这是不是媒体就不能发挥作用了呢？当然不是，我们还有一种媒体叫"内参"，可以把报道以"内参"的形式送报政府，很多时候这个渠道效果更快、更好。这就是我对规则的理解与运用方法。

我这些年也看到，在这个原则问题上，我们的一些同行其实没想明白，做了几年记者之后天天牢骚满腹，看这个不顺眼，看那个不顺眼，搞得自己郁郁寡欢忧国忧民，其实是你自己跟自己过不去。西方那一套新闻自由的理念就真是那样自由吗？可以啊，你去美国当记者试试吧！西方的所谓新闻自由仍然是有底线的，你真要把真话说绝说透了，我估计哪天你摔在哪里都不知道。你用得着用生命去捍卫这些本来就不存在的绝对新闻自由吗？也许我这样说可能会遭到一些同行侧目，不过我无所谓了。

因此，我做记者十来年，从没有这方面的困惑，我开心得很。我转型绝不是这个原因。

问： 你如何看待体制内的束缚？你现在已经离开体制，是否觉得体制外更加自由呢？

时标： 如果一条鱼一直待在鱼缸里，它会觉得在鱼缸里也挺好，每天有人喂，每天有人换水，没有什么不妥的。说它不自由的，那是旁观者的看法，"子非鱼安知鱼之乐"。但是，有一天这个鱼缸破了，或者鱼自己跳了出来，游到了河沟，游到了大海，才会发现原来世界这么大。这是不是意味着外面就比里面好呢？其实无所谓好坏，只是选择的问题。

如果说束缚，出来之后我发现，是没有那么多束缚了，这个世界很大，机会也挺多。但是，我很快发现，自己并不是什么都可以干，因为没有多少青春岁月，也没有多少精力，还有自己也不是万能的吧，最后还是只能快速选定能干的那一两件事。

体制内和体制外，本质上都一样，束缚不束缚，一切在于你的内心。今天的社会给了人们最大的自由就是选择的自由，更重要的是，我们每个人必须确定，你选择了活法也是选择了规矩。你痛苦多半是没有认识到规矩或不遵守规矩所致，与别人无关。

品牌推广让我心力交瘁

问：你进入报社广告公司等于参与经营，这也就是你的转型开始了。这一时期你都做了些什么工作？

时标：那三年，我主要做《新快报》品牌推广。总体上围绕两个目标：一是让更多读者知道《新快报》和订阅《新快报》；二是让更多广告主知道《新快报》是一份受众有较高价值的报纸。

具体来说，包括五个方面的工作：

一是策划执行有影响力的实体活动，传播《新快报》品牌。实体活动又分两大类，第一类是以"外部合作方（官方、社团、企业）＋《新快报》＋读者"三结合的模式展开，突出展示《新快报》作为媒体的强烈社会责任形象；第二类是策划读者回馈活动，比如每年订报季，我们会制订订报营销方案。

二是策划与执行针对大客户和广告代理公司的推荐会活动，重点是每年在北京、上海、广州都召开大型客户推荐会。

三是开展与跨区域的同行媒体进行合作，通过互换版面的形式传播报社品牌。

四是从国内大型的数据监测公司购买相关数据，通过数据库挖掘，提取有利于报社的传播数据（如发行量、阅读率、到达率、视报率、读者特点等指标），向客户进行推荐。

五是根据重要节点（黄金周、世界杯、春节、奥运会等）策划特刊，制作招商方案，配合经营部门创造广告收入等。

问：从记者到市场总监，这个转变跨度很大，虽然过去这么多年，你对当时的工作仍然记得如此清晰，足见你工作是相当的投入。你觉得当时这个过程容易吗？

时标： 现在回想起来，2004—2006 三年，我干得确实比较辛苦。品牌推广对我来说是全新的工作。记得前面三个月，我买了一大堆关于广告、品牌的各类书籍，一阵恶补。同时，主动向我的前任及行业内相关人士请教。在报社和公司领导的信任和支持下，我步履蹒跚地开始了品牌推广工作。

比起采访报道，市场总监的工作要难得多。市场品牌推广工作的事情多和杂、涉及内外部资源的有效配置，更与个人能力、团队素质息息相关，其效果不会立马显现，一蹴而就。往往你自己觉得做了很多事，但在别人看来，你们折腾的东西没什么效果。这不像新闻报道，几篇有影响力的作品顷刻就会让你声名鹊起。市场部是个花钱的部门，通常也不受待见。我虽然忙得不亦乐乎，但也常为不太被人待见而纠结。不过，这些工作让我积累了很多经验，为日后职业经理人之路打下坚实基础。我对此心怀感激！

那三年，我带领七八个人的团队，做了几十个项目。为保障活动项目不出纰漏，我们经常通宵达旦地干，不到活动顺利结束，那颗心总是悬着，搞得人心力交瘁。现在，每当我开车经过报社门口、天河城广场、宏城广场（现在叫天环广场）、英雄广场、中华广场等地时，我会对身边的人说：瞧！这些都是我和我的《新快报》战斗过的地方！

报纸转型须从根上重构

问： 2007 年，你离开了曾经充满希望和梦想的《新快报》，能说说为什么吗？

时标： 也简单，我当时觉得报社已经错过发展机会，很难看到希望。也可以这样说，我对当时的《新快报》未来已经完全不看好了。

我离开时，一个创刊了九年的报纸，一直没有赚钱，是报纸内容做得不好？还是经营做得不好？两方面都有问题。要是放到现在，大家可以说是报业整体走下坡路的原因，但在当时，主要还是我们自己的问题。我虽然心有不服，但也只能选择离开了。

问：报业下滑是最近五年不争的事实，你作为参与者，有什么独立的看法吗？

时标：传统报业下滑的原因，这是有共识的，我不想多说。互联网特别是移动互联网高速发展，信息鸿沟被打破，"世界变成平的"。信息就像空气一样无处不在，现在报纸可看可不看了，包括我这种曾经的报人，几乎记不起上一次翻报纸是几时的事了，但我也没有觉得缺少什么。要知道，十几年前我做记者那会儿，每天要看十几份报纸啊！

围绕报纸转型自救的各种探讨，这几年一直没停过，但一直没有结论，更没有哪家传统报纸实现华丽转身。我不认为，简单地把报纸的内容做成"两微一端"，似乎就可以转身了，就像十多年前纷纷建立报纸内容网络版一样。有些媒体集团一下让所有子报子台建了十几个 APP，似乎就是"互联网＋"了。其实这个"＋"，绝不是简单地把平面内容数字化，它必须用互联的思维来理解信息传播的变革。想想看，你现在打开手机应用市场，全国几千家报纸都有一个 APP，你下载了谁？就算你下载了，你打开了谁真正地去看？我的手机里一家都没有，只有《今日头条》、《观察者》和新浪！我相信大多数人也是这样。

人们关心的信息没有本质变化，问题是当这些信息人人都可以制作传播的今天，传统媒体还能在这中间扮演什么角色？如果你还想说，自媒体都不专业、不权威，只有我们正规记者写的才是权威声音，那你真的 OUT 了。且不说记者在这个方面的专业到底有多少高不可攀，就光说速度上你再快，你总没有事发当时当事人发的信息来得快吧。再有，人家有画面、有声音、多角度展示事件本身，至少真实性你很难质疑了（当然，那些恶搞的除外，这当然也是极少数）。

媒体转型可能得从根子上去重构。报社是新闻产品生产机构，当我们的优势和特权不再存在，当我们的产品人人都能生产且不比你差时，你要考虑的是如何做出别人不能做的，而不是寄希望于拖着原来庞大的班底去做一个没人关注的 APP。

职业经理人的宿命

问：离开报社之后，你去了一家公关公司做职业经理人，一干就是九年。你觉得报社的经历与这个工作有多大的关联性？

时标：这个公司看了我的简历后，决定起用我的主要原因，还是看重我的媒体采编与经营经历。我去了之后，也是这些经历在实践工作中发挥了作用。可以这么说，如果没有这一点，我估计也去不了这家公司。

问：能否说具体些，你的采编和品牌管理经验是如何运用于这家公司业务的？

时标：我去的时候，这家公司在北京创立大约两年多，也是刚到广东发展业务，团队很年轻，我当时已经 36 岁，是团队中最大的，比当时的总经理都要大好几岁。公司主要业务是做运营商的公关代理，具体包括企业内部宣传，也包括对外部媒体推送新闻稿件的策划与撰写，包括媒体监测和危机公关处理。其次是协助企业做社会责任营销。

这样，我所能做的东西刚好用得上。初到公司时，团队很不成熟，大量的采编业务不堪重负，经常被客户投诉。我做的第一件事就是狠抓培训，每月一次组织团队点评稿件，我亲自批改相关稿件，现场给团队讲解如何写好各类新闻稿件。大约半年之后，效果明显，稿件质量上升，投诉下降。这个变化让公司很快看到我的作用，并提升我为广东公司副总经理。

由于做事比较干练，管理经验也尚可，公司很快安排我参与到品牌活动管理项目工作中。像公司承办的中国移动广东公司"红段子"大赛、中国移动动漫基地"动漫英雄"大赛这样的大型活动，我操控起来也是驾轻就熟。两年后，我就正式全面负责广东分公司的业务，担任公司副总经理及广东分公司总经理。我在这家公司一干就是九年，公司业绩最高峰时年营业额达到三千多万元，我属下管理团队最高峰时也有将近两百人。

这样说吧，采编业务经验帮我进入这家公司，但发挥重要作用的还是我有三年在新快报社从事的品牌推广工作，让我比较顺利地完成了由一个媒体人到职业经理人的转变。

问：干了九年的职业经理人，为什么会离开？

时标：好些事情，当你深处其中激情投入之时，你往往没有去关注未来会怎样。而当一曲终了，你才有些悔意——为什么我早些时候没有想到下一步呢？我当初加入那家公司时，几乎也没有想过我几时会离开。一番经历之后，现在想来，这其实是职业经理人的宿命，是个必然。

原因嘛，有些人从面上可能会这样说，就是在一个地方待久了，也许老板同你都会有审美疲劳吧。但实际上呢，还是个利益分配问题。跟私人企业打工，如果没有持续恒久的合理利益分配机制，其实无论你位子做到多高，你终会是要和老板分道扬镳的。

为什么呢？一开始，老板把你当人才引来，非常器重地用你，你也十分感激而拼尽全力工作，双方进入蜜月期。随后，你的职位越做越高，权力越来越大，你觉得你的贡献越来越多，有了分享企业发展成果的想法，而在老板那边，你的坐大也让他觉得要为你付出的成本可能会更高。这个时候，双方就有了博弈和猜忌，矛盾开始产生。再后来，你从公司发展的角度，你很自然会想到向老板提出管理层分配股权（或者采取诸如承包制等相对灵活的分配机制）的诉求，表示这样可以带着管理层将公司做得更好。如果老板认同你的观点，我想结果会令人满意，你从职业经理人变成了股东，这个升级通常都会让你及核心团队愿意继续把公司做好做强下去。但问题是，十之八九的公司老板会拒绝这个方案。

我说这个，真不是在这里说我的老板不好，他人很好，这些年一直放手让我干，对我相当包容，我对他可以说下半辈子都心存感恩。但是，在这个观点上我们不能达成共识。到后期，当管理团队只把公司当成一份工作而非事业时，加之公司业务模式并不能支撑高薪留人，公司高管流动性就非常高，公司的经营也开始走下坡路。当我做了多次尝试无果后，我自己也觉得再待下去明显多余了。

问：离开那家公司后，你没有去找工作而选择了创业。为何会做这样的选择？

时标：我都四十六岁了，谁要啊？哈哈哈！我又不是"打工皇帝"，拿着高薪今天到这家干一年，明天到那家干两年。我们这个圈子很小，知道你的人也不多，本人是没什么品牌价值的。

说实话，其实我现在算明白了，除了做公务员或在国有企业工作，其他的很多企业对大多数职业经理人来说都是不安全的（或者说是不可持久的职业）。少数的用现代企业制度创立起来的创新型企业除外。也许我说得比较武断，但不用股权激励留住职业经理人的企业，终将是留不住职业经理人的。当然，人家也会说，我办企业也不指望你给我干一辈子啊。不同的角度不同理解吧。

创业是背水一战

问：你创业半年了，顺利吗？

时标：还算顺利吧。经过半年的努力，现在公司基本上轨道了。

问：创业与做职业经理人挑战是不是更大？

时标：当然。以前是老板给我开工资，现在是我给别人开工资，啥也不想，首先得考虑按时发工资。1994 年出来工作到现在，二十多年来从来没像现在这样有压力。

前一阵子，见一个原来晚报的同事，他去年也和我一样出来创业了，提到我们这个年龄段出来的创业感受，他用了一个词让我感同身受——背水一战。试想下，你做职业经理人时，每月拿着是你手下员工好多倍的工资，小日子过得也还可以，但是有一天，这份收入没有了，不但如此，你还要拿出你多年来的积蓄去投入自己公司的运营。如果公司办成了，这事就过去了。如果没搞成，你咋整？你都这个岁数了，如何才能让你活过下半辈子？压力山大啊！

不过还好，我做事不会太激进，我目前创业的公司做的主体业务还是我在原来那家公司做的业务。我的老东家现在已基本上打算放弃这块业务了。要说明的是，我绝对不是挖老东家的墙脚，这个底线是绝对要守住的。这事我第一时间就同前老板通报过。我的创新业务与另一个伙伴合作，主要是做网咖电竞运营。我重点做运营商这一块，我服务运营商九年，熟悉他们的运作模式。公司第一阶段目标是先搭建平台稳定队伍，不求赚钱，只求收支持平，一年后再图进步。同时，运营商庞大的供应商体系也在发生变化，这个也需要我们进行创新服务。

我时常想起我母亲经常说的一句话，"人活着要乐观点，上苍是公平和仁慈的，哪怕是一株不起眼儿的毛草，总会有一滴露水去滋养。"尽管有背水一战的空前压力感，但感谢上苍，我已经迈出重要一步，无论前路有多艰难，但我相信我一样会挺过去，一如我这二十多年来战胜的职场任何困难。

去传统媒体不要超过两年

问：最后，我想请你给正在学习新闻专业的同学们一些建议。

时标：可以多访问一些我们这样的过来人，对你们自己有帮助。我的建议就是：

第一，如果你不喜欢这个行业，你趁早花时间去学点其他东西；

第二，如果你喜欢干这个，我建议你们到新媒体去，紧跟时代步伐。如果你们要去传统媒体，也不要超过两年。去传统媒体把官方新闻体系运作摸清楚，这对你们以后是有帮助的，但在那里得抓紧时间拼命干活，要像高考一样拼命！现在这个世界变化很快，你们不可能像我们这一代一样，一干干十年，可以慢慢去悟；

第三，如果传统媒体也不想去，你学的是新闻专业，那你可以到企业去，去做传播营销这一块，这也是你们未来一个不错的选择。

你们的路其实挺多，看你怎么选，你们这代人，社会变化快，机会也多，而且我们毕业的时候可没有人跟我们说过这些话，因为我们那个年代比较保守，体系也比较僵化，能干的就那些事，没有人会跟你说你可以干什么，你有多少选择。但是呢，干什么事我觉得一是激情投入，二是多和过来人交流，三是不要浪费时间。

采访札记

理想主义与现实主义的交响曲

时标先生是个干练、爽快之人。

　　在找到他之前，我们曾经被拒绝，以至于开始怀疑自己是否能够完成这项工作。拿到他的电话后，我们犹豫了好长一段时间，不想第二次拒绝来得太快，直到拨出电话前一刻，还在楼道里紧张得直跺脚。拨通了电话，我们内心的挣扎在他爽快地答应之后都化成了喜悦。

　　说来也惭愧，采访开始的时候，我们因太过慌张而忘记了自我介绍，时标就像老师一样一点一点地教我们怎么做。他不愧是个采访老手，一开始就把握了全部的节奏。

　　"做个记者挺有面子的，是个人都让你三分，每天混迹于城市与城市间，穿梭于城市街头巷尾，也是年轻的我比较喜欢的生活方式。"初入媒体行业的他，抱着一举两得的想法，在新快报社一干就是十年。谈起那些充满激情的日子，他脸上洋溢的都是愉悦与兴奋。这大概就是一个人追逐梦想时的样子吧，不知疲倦地走街串巷、采访，回到报社写稿直到深夜，对待每一篇稿都像对待孩子一样，焦急地等待直到凌晨3时第一份报纸出炉。他说这让他感觉很好。我也问他，这样身体受得了吗？他轻描淡写地说道对身体也有影响，但是当时单身汉一个，也就不在乎这些。

　　时标似乎是个理想主义和现实主义的矛盾体。他享受当一名记者的乐趣，也始终关注报业的发展，这是他这么多年都改变不了的。他也丝毫不掩饰地说转型其中一个原因是收入问题，朴素直白。人们常说要坚守自己的梦想，但作为记者坚守新闻理想就如逆水行舟，就算没有被现实的涌流吞没也总会被泼一身的水。

　　未来的我们，也许都或多或少受困于收入，不仅如此，现实对于记者来说，可能是资本控制媒体、暴力拒绝采访、社会恶势力报复，以及无数消磨意志的残酷事实堆砌而成的。每一个带着新闻理想进入媒体行业的人，或许都曾下定决心信誓旦旦地说不会离开，但终究还是逃不开现实的桎梏。更不用说，如今纸媒让位于互联网媒体状况下，报社的坚守更具悲情色彩。这个时代变化得太快，行业的兴替无人可预测，我们可以做的就是及早地准备自己，趋势既然不可挡那就顺应趋势。

　　在进行到最后阶段的时候，一个电话打断了我们的采访，我俩也趁机讨论休整。时标挂了电话以后说，是他的老婆打来的，他提起过他的老婆很久以前就没有再工作了，在家当全职太太。他要做什么家人也全力支持。

他说："未来怎么样我不知道，以前作什么决定时不会想那么多，而现在想的就多一点，因为你身后不是你一个人了，是一个家庭……"

向寒松 我一直在想十年后干什么

喻 悦 宋思颖 李泽成

人物档案

向寒松，旗智传播机构总经理。

1974 年生于洞庭湖畔一个小村庄，世代务农，为村里首位大学生，所学专业为思想政治教育。1993 年，大学毕业后进入江苏无锡一家国营企业，从科员干到总经理秘书。1997 年，考入南京师范大学攻读新闻学硕士学位。

2000 年 9 月进入羊城晚报社，先后任"汽车周刊"记者、主编，专刊部副主任，并出版《中国汽车营销风云录》一书。2006 年 8 月，从羊城晚报社辞职，加盟南菱汽车集团，任营销副总裁。2007 年 9 月，与人合伙在广州创立旗智传播机构，任总经理至今。

2011 年 6 月，省广股份（证券代码：002400）收购旗智传播机构。

向寒松是个有远见的人。当年在《羊城晚报》工作顺风顺水的时候，他毅然选择离开了纸媒行业，身后留下了一片惊愕声。如今纸媒哀鸿遍野的时候，他成功地经营着自己的公关公司——旗智传播机构，干着自己喜欢的事业。

向寒松又是个有追求的人。他希望"旗智"成为汽车营销领域一家有声誉、有口碑、还要有尊严的公司。

从国企员工到新闻记者，从新闻记者到国企高管，从国企高管到自主创业，向寒松的职业人生走得有板有眼。他的转型故事吸引着我们。

媒体办车展影响非常大

问：你以前在羊城晚报社从事哪方面的工作？

向寒松：2000 年到"羊晚"的时候，正好赶上了中国汽车行业起步，那个时候《羊城晚报》有一个汽车周刊，专门针对汽车消费市场，我从汽车周刊的记者干起，后来成为主编，再往后又被提拔为专刊部副主任，分管汽车周刊、楼市周刊、家居周刊等和大众消费相关的几个周刊。

问：那时候的汽车周刊主要报道哪些内容呢？

向寒松：主要报道汽车市场的动态和一些新车的介绍。2000 年的时候，对大部分中国人来说，汽车还是一个新鲜事物，刚刚进入家庭，读者对汽车的资讯是非常渴求的，所以当时汽车周刊主要帮助中国的消费者传递一些最新的汽车资讯、厂家动态。我们还会写一些新车试驾报告，以此来传递汽车文化。

问：现在回想起来，当时有没有什么印象特别深刻的事情？

向寒松：挺多的。时至今日，我仍很感激《羊城晚报》。2000 年前后，《羊城晚报》是一家很强势的媒体，在全国都非常有影响力。它给我提供了一个很高的工作平台，我们经常去国外参加一些大型车展，采访一些国际汽车巨头，让我具备了一定的国际化视野。

在羊城晚报社工作期间，印象最深刻的、影响最大的，是当时我们策划举办了"羊城汽车嘉年华"大型车展。媒体主办车展，《羊城晚报》应该说在全国同行里面领风气之先，影响非常大。每年"五一"黄金周在广州体育馆做，效果非常好。

四十岁再转型成本太高

问：纸媒衰落是你转型的原因吗？

向寒松：这只是一方面吧。坦率地说，转型是综合多方面因素的结果。

纸质媒体的衰落是一个很重要的因素，我是 2006 年离开羊城晚报社的，当时互联网没有现在那么发达，但是它对传统媒体的摧毁性作用，其实已经可以预见到了。

另一个更重要的方面，其实是个人理想。我觉得，在羊城晚报做的一件最重要的事是办了个车展，做了车展之后我发现，只有这样才能真正帮消费者选到好车和帮厂家卖车。单纯的媒体是很有局限性的。在羊城晚报社工作时，我的兴趣是探讨营销而不是新闻。新闻只是一种信息传播方式，而营销是直指人心的。

问：就是做了自己想做的、感兴趣的事情。是吗？

向寒松：对。可能还有些经济上的理由，因为当时南菱汽车集团给我开的薪酬还是比较有诱惑力的，但这肯定不是决定性因素。

当时为什么出来？其实想法很简单。一个核心的理由就是，我一直在想一个事情：十年之后我在干什么？当我想到十年之后我还在干同样的事情的时候，我突然就觉得人生很无趣。2006年的时候，我三十岁出头，那我四十多岁的时候还在干同样的事情吗？如果你四十岁还在干同样的事情，就意味着你五十岁还在干，因为四十岁的时候再转型成本太高了，我一想到这里就很恐慌，就觉得一定要改变。

雅阁营销策划成功打开局面

问：离开报社之后，你首先去了哪里呢？

向寒松：2006年离开羊城晚报社前，我出了一本书《中国汽车营销风云录》，希望在汽车营销领域做更多的尝试。我当时就想一定要搞清楚，这个车到底是怎么卖的，靠报纸"吹水"消费者是不是就真的会买呢？到底是谁起的作用？

当时我的那本《中国汽车营销风云录》出版后，业内反响非常大，因为在此之前还没有专门针对汽车营销、特别是针对中国汽车市场的营销类书籍，我的这一本可以说是开了先河，很多厂家都大批采购我的书，把它当作销售部门员工的培训教材。但毕竟那时我还只是一个记者，是从旁观者的角度来思考汽车营销，我想我应该把理论的东西应用到实践，所以离开羊城晚报社后，第一站就去了南菱汽车集团做营销副总裁。很感谢南菱集团，让我的一些想法更接地气，让我通过这扇窗户，了解了中国汽车市场、汽车营销的一些根本性环节，我觉得这个转型非常有意义。

问： 之后就创办了旗智是吗？

向寒松： 我在南菱做了一段时间，正好广汽本田的第八代雅阁轿车准备上市，他们找我参与市场策划。我在媒体做过，也在经销商行业做过，可能对市场的了解更为透彻一点。我和我现在的搭档，还有厂家的几个年轻人组成了一个专案小组，夜以继日地工作，我们提出来的很多核心概念，像"史上最强雅阁""越级而立""B^{++}级轿车"，在当时是非常震撼的，哪怕过了十年再看都引以为豪。

也正是这款新车策划的成功，激发了我的兴趣，觉得自己应该干这个。于是，就和我的搭档一拍即合，出来自己干了。顺便说一句，我的搭档和我一样，也是媒体记者出身，我们同一年进羊城晚报社工作，后来他去了南方周末，然后又自己创办了一份汽车杂志，再后来我们就走到了一起创业。

问： 怎么就想到做一家公关公司呢？

向寒松： 我们做"旗智"的时候，想法其实很简单，只做一些汽车营销方面的深度策划。

当时人很少，三两个人就开始干活了，公司运营成本很低，日子也过得十分快活。但后来过了两三年，发现光有营销策划还不行，厂家还需要你去执行，把方案落地呈现，于是就开始招兵买马建团队，然后才有了现在的规模。套用网上的一句鸡汤就是，"当你出发的时候你真的不知道终点在哪里，但是你必须往下走"。

第八代雅阁策划的成功，引起了很多汽车厂家的注意。他们也打听到我们正在做这个事情，于是陆陆续续有新厂家成为我们的客户，然后不停地增加客户，企业规模也快速扩大。我们现在已经在和十几个汽车客户合作了，而我们定位其实也不是一家公关公司，更多的是一家营销策划公司。

从个人英雄主义回归到集体英雄主义

问：在转型过程中，你遇到什么困难吗？

向寒松：我自己转型还是比较快的。读研究生之前，我在国企里工作过四年，从最底层的科员干起，后来做到总经理秘书，对企业的管理多少有些了解。读完研究生后才去的报社。国企工作的这一段经历对我非常重要，如果没有这样的经历，你就不知道什么是企业管理。所以，我再去转型到一个企业的时候，其实没有什么障碍。

很多媒体人转型时有障碍，是因为在媒体工作和在企业工作是两码事。做媒体是单兵作战，强调个人能力，你文章写得好就够了，很少说把团队带得好你就行，即使你做过主编、部门主任，它本质还是单兵作战。但是企业不一样，需要的是团队协作，是个系统工程。很多媒体人习惯了单兵作战，一旦进入企业这个系统，就不习惯了。

很多人问我："为什么你转型转得挺快的？"因为我经历过，对我来说这不叫转型，只是换了个地方工作，只是换了一个工作方式而已，原理是一样的。所以，真的就像李宗盛拍的 New Balance 广告中讲的，"每一步，都算数"。就是说，人生中每一段的经历都是给你后面的经历添砖的、作垫脚石的，它是不会浪费的。

问：其实这样的话，说是转型，更像是做回自己的老本行。是吗？

向寒松：可以这么说，我自己其实并没有转型的感觉，只是对一个事情的思考的角度改变了，但道理都是一样的。

为什么媒体人转型面临很大的问题呢？首先，单兵作战到一个系统作战，考验的是一个人的协作精神、整合能力。其次，媒体是"无冕之王"，媒体的工作是人家求你，有天然的优越感，但是你做企业的时候就低到尘埃里去了，很多事情需要你去协调复杂的关系和资源。以前在报社是一个很自由的人，到了企业就不是一个自由的人了，很多条条框框，很多人落差是很大的。所以，转型其实最根本就是一个心态的问题，你能不能放下身段，能不能从之前的单兵作战的个人英雄主义回归到集体英雄主义，这是很大的一个跨越。

问：你转型的时候，周围人说得最多的是什么呢？

向寒松：当着面都是鼓励我，但是我相信很多人都是怀疑，不看好，特别是十年前。因为，我当年离开羊城晚报社的时候，还是比较辉煌的，用了五年的时间就当上了部门副主任，当时整个集团选一个省级优秀共产党员就是我。所以，那个时候转身离去，很多人是一片哗然的，你怎么在前途很光明的情况下做这种事情，那么猝不及防、没有一点先兆，也不是说干得不好不开心。

其次，大家都不理解你一个报社的怎么去做了汽车经销商，他们觉得很 low。其实我对自己还是有很清醒的认知的，这些对我来说都不算个事儿，但是很多人就是不能理解。当时我的很多朋友都问"你为什么离开呢"，当然时至今日还有很多人会对我当时的选择感到困惑，但是潜台词不一样了。可能六七年前，大家都在想："为什么离开报社？干企业那么辛苦！"现在很多人的想法就是："纸媒不行了，你幸好离开了。"

我没有"幸好"的概念，对我来说就是人生的一段经历，不觉得现在我的状态就一定比待在报社的情况要好。很多人会说"你赚了钱"，但钱不是一个衡量的唯一标准，我自己对钱也没有什么太大的追求，就是觉得人的一生要多去尝试一些新鲜的东西，要给自己一些不同的感受。

"要顺着时代的潮流走"

问：你以前在《羊城晚报》从事汽车报道，跟你现在的工作有什么相通之处呢？

向寒松：一脉相承。现在旗智传播机构的主要客户其实都是汽车方面的，我现在从事的工作是汽车公关加广告传播，跟当年做汽车新闻是一个硬币的 A 面和 B 面，干的是一件事情，都是帮厂家、消费者建立一个信息传递的桥梁。

问：会有什么不一样的地方吗？

向寒松：做媒体的话，媒体是第三方，是嫁接媒体和消费者的桥梁。公关公司是帮厂家去整理收集信息后，再传递给媒体和消费者。

我们现在更靠近厂家一点，离厂家和消费者更近一点，因为我们要直接对传播效果负责，而做媒体是不需要直接对传播效果负责的。

做广告、做公关更多的是主观，因为它要去营销、去推销，推销肯定要带有主观色彩，要告诉你这个车是好的。媒体就不一样，要客观公正，它会说这个车可能有好有坏。但无论如何，两者都是一样的，就是不能睁眼说瞎话，欺骗或误导消费者，这是媒体的底线，也是广告公关公司的底线。

问： 你对现在想要从纸媒行业跨入到其他领域的人有什么建议？

向寒松： 我觉得媒体行业还是一个很好的行业，它让你的视野更加开阔，让你每天都接触新鲜事物，让你养成一个天天学习的心态。

媒体是"第四种权力"，相对来说是一个权势部门，在获取资讯方面是比较容易的，会让你去接触很多你接触不到的东西。但也有一种反作用，"第四种权力"会让大家有一种权力的虚幻感，觉得媒体掌控一切，这就是我说的个别媒体人转型心态转不过来的原因，因为他还认为他可以指点江山、掌控一切，这种心态的转变是大家要克服的。

问： 你对"旗智"未来的发展有什么目标或者定位？

向寒松： 像我们这个行当，它属于整合营销传播行业的一个分支，你只是整个行业滚滚洪流中的一个小支流，所以我们要顺着潮流走。

我对广告公关行业有一个清醒的认知，这个行当不可能产生像苹果、谷歌这样顶尖的公司，我们不可能成为一个这么伟大的公司，这是不切合实际的，但是我希望旗智传播机构成为汽车营销领域一家有声誉、有口碑、还要有尊严的公司，这个非常重要。声誉就是人家觉得这公司还有一定的行业地位，有口碑就是大家觉得这帮人还不错，做事很务实、很高效、有创意。当然我们自己还要有尊严，尊严是什么概念？就是你可以就事论事地骂我，但你不能侮辱我的人格。我一直强调工作要有尊严，如果你不尊重我，我这个生意可以不做。我们对自己未来的规划，前提就是要有声誉、有口碑、有尊严，在这个基础上我再去谈发展，做大公司规模。

问：现在"旗智"已经算是非常成功的公司，刚才你提到，旗智还有很多很新的尝试，那你接下来还会想继续转型？还是说尝试别的新东西？

向寒松：其实一直在尝试。我们一直在尝试创新、改变。除了做好原来的品牌策划、公关传播、广告创意等业务，旗智接下来的重点就是打造属于自己的 IP。IP 是眼下很热的一个词，是 Intellectual Property 的缩写，意思是指拥有自主知识产权的文化产品，比如影视节目、动漫形象、运动赛事、时尚秀等。

为什么要打造自有 IP 呢？因为我们要看到，公关、广告公司只是做中介的，在厂家、媒体和消费者中间做一个桥梁。但是互联网的本质是"去中间化"，如果你不改变，你就很容易被互联网扫入历史的垃圾堆。所以，我们现在必须要跟上时代的潮流打造自己的 IP，这样才能提高自己的定价能力、议价能力、整合资源能力，才能更好地为客户提供服务。

比如，我们还投资了一个叫南奥集团的文创公司，它们独家运营了乌镇世界互联网大会、绍兴黄酒节、南京全球未来网络发展峰会等大型活动，还在贵州黔南建设了国内首个足球小镇。这都是非常独特的营销资源，可以为我们的客户提供更好的选择。

问：你接下来要进行的尝试，更多的是与汽车已经无关了。我们可以这样理解吗？

向寒松：是的，汽车只是我们关注的一个领域，但是我们打造这些IP 之后，反过来又会给汽车行业提供更多的营销资源。

举个例子，我跟世界超级模特大赛合作，汽车品牌就可以冠名，作为指定用车，这样主动权就在我手上。在之前，如果你没有资源 IP 的话，客户要去赞助，那你要就到处找资源、谈价格，很辛苦，而且成本很高。但现在这个 IP 是我自己的，我就有定价权。

在万媒时代，媒体的形态都发生了巨大的变化，现在的媒体就是一个 IP，IP 实际上也是一个媒体，而且是一个超级媒体，它能够附加很多东西在里面。举个例子，乌镇世界互联网大会就是个超级媒体，全世界的互联网巨头、IT 巨头每年 11 月份在乌镇那个小地方开三天会，有各种论坛，在论坛上说出来的东西都是很好的新闻资讯，然后媒体都去报道。而且中国政府对这个论坛也十分重视，习近平总书记、李克强总理都先后参加并发表主旨演讲，举世瞩目，那么这个互联网大会就成了一个最强大的媒体。

我们所处的这个时代，就是万媒时代，是个互联网的海洋。中国这么大的市场，移动互联网这么大的一个时代洪流，我们在中间只要顺着潮流，很容易就找到自己的位置的。如果我们学新闻的、学资讯的、学传播的，在这个万媒时代里找不到自己的位置，那你只能怪自己了。

"始终保持一种向上的姿态"

问：你现在已经是一个大公司的总经理，你的新闻理想还在吗？

向寒松：我想，我的新闻理想依然还在，但和大家理解的新闻理想可能不同。我的新闻理想，是对互联网的理想，对信息传播的理想。人类社会最后一定是信息社会，我们要投入到这个信息传播的滚滚洪流中去，要与时俱进，把互联网的正向作用发挥出来，而不要发挥它的破坏作用。传播正能量，让人们之间的交流更顺畅，让不同文化、不同国家之间交流更顺畅，这就是我所谓的新闻理想。而我接触的一些媒体人，他们理解的新闻理想就是伸张正义、打抱不平，我认为这样的新闻理想是值得尊敬的，但如果所有的媒体都走这样的道路，就会对社会发展起到反向作用了。

问：对我们新闻系的学生有什么建议吗？

向寒松：首先要多接触社会。但我更想说的是要变得更理性一点，对社会、对时代要理性，要宽容。这个社会是多元的，是个万花筒，你了解的越多越发现自己的无知。

其次要保持持续学习的心态，互联网就是个最好的学习载体，每天有大量的新闻、资讯产生，要学会像海绵一样吸收知识。

最后就是要大胆实践，建议你们毕业后先去报社、正规的媒体或者好的自媒体工作，新闻学院的学生还是要接受点正规新闻流程的训练。不同的岗位多去尝试一下，年轻人输的只是时间，但经验是很重要的。

未来每个人的路怎么走，偶然性很大，正因为人生处处充满偶然性，所以我们只能顺势而为，不要给自己设立一个遥不可及的目标。路是边走边出来的，设计好的路那都是见鬼的，所以你们要去实践，在摸索中找到一条适合自己的路。

当然，除了理性，人还是要有点理想主义的，每个人都要怀有对生活的热爱，怀有对人生向上走的渴望，始终保持一种向上的姿态，这是我这个曾经的新闻老兵对各位年轻朋友的寄语。

采访札记

工作要有尊严

他是一个随和的人。这是向寒松先生给我们的第一印象。

采访那天，我们来到地处广州市中心的珠江新城，比预定时间提早了半小时到达旗智传播机构所在的远洋大厦。他亲自下楼到大堂来接我们，电梯里碰到一位比我们稍微大一点的女生，见到向先生便温柔地向他问好，他的一声"诶，你好"，不像是一个老板对员工说话的语气，更多的是和同事之间的聊天。

他的办公室比较宽敞，中间摆一张简洁的办公桌，还有一张红木茶几和几张椅子，办公桌背后的书柜陈列着各种各样的汽车模型和十余尊厂家颁发的奖杯。显然，这里是他们公司接待客人的场所。我们的摄像师取景的时候，因为窗户有不少阳光透进来，影响了摄影效果，于是向先生提议说在办公室外面的椅子上聊。就这样，我们和他的距离马上从隔着一张宽大的办公桌的采访变成了面对面的聊天。

随着访谈的不断深入，我们其实不难看出，向寒松转型成功的背后，是他敢于创新、着眼于实践的品质。这些品质体现在他转型过程中的一次又一次的选择上，他没有高谈阔论他以前转型的宏大计划，他的每一次选择只是一次反思。即使是在《羊城晚报》做汽车周刊主编、前程看似一片光明的时候，他依然反思：如果自己 10 年或者再一个 10 年之后还在干着同样的事情，那么人生的意义又在哪里？他强调："路是边走边出来的，设计好的路那都是见鬼的，所以你们要去实践，在摸索中找到一条适合自己的路。"

向寒松给我最大的感触，便是那句"工作要有尊严！"很多人误会了公关公司是去陪酒什么的，其实不然。公关公司的职责是要给客户创造一个良好的形象，促进客户的销售，但是做公关也有自己的尊严。做任何媒体也是一样的，只要是违反了自己底线的，坚决不做，这也是任何一个行业都需要的骨气！

他还让我印象深刻的是要打造属于自己的 IP。公司也好，媒体也好，甚至个人，都要打造属于自己的独特 IP，这是在万媒时代建立自己差异化定位的关键所在，是让公司、个人立于不败之地的重要支点。

这次采访，更让我意识到，其实新闻人的新闻理想，并不仅仅局限于纸媒或者电视媒体。媒体只是信息的载体，真正强大而具有无限生命力的是信息，我们不必拘泥于在哪里工作，正如向寒松所说的，他只不过是换了一个地方工作罢了。

四

企业高管

熊晓杰　营销人的本质是媒体人

卢杰怡　周倩欣　布玛丽娅·阿布都克里木

人物档案

　　熊晓杰，男，六十年代生，暨南大学新闻系研究生、中山大学营销学博士。曾任信息时报社社委、采访部主任以及广州日报报业集团《赢周刊》总编辑，现任长隆集团市场总经理。他曾经是知名财经媒体人和企业战略和营销研究者，现在，他是娱乐营销、媒体公关、自媒体运营和营销战略规划上的成熟操盘手。

　　媒体人的转型，表面上看是身份转变，实际上是媒体人身份的延伸。媒体人在传统媒体上所获得的知识、经验和眼界，对其转型起到了重要的作用。现任广东长隆集团市场总经理熊晓杰对此就有深切体会。

　　在当下这股"离职潮"之前，他就已经离开传统媒体行业多年。他坦言，传统媒体存在的"天花板"让他自觉无法实现自我的新闻理想，而最终选择离开。但离开媒体依然受益于媒体，除去市场总经理这一身份外，他也是个颇具情怀的"自媒体人"。他的公众号"熊出没"聚集了众多兴趣相投的粉丝。他发起的社群"放肆青春"每年一度的活动成为城中盛事，这些活动在创意、情怀和行动力等方面广受赞誉。

　　在2016年12月一个星期日的早上，作为暨南大学新闻系毕业的研究生，熊晓杰在暨南大学的"JNU 1906"咖啡馆接受了我们的采访，讲述他的转型故事。

"在小报也要做大记者"

问：你是怎么走上新闻这条路的？

熊晓杰：我其实很小的时候，读了一篇小说，那个小说里一个班主任在课堂上问一个小孩：长大了以后要做什么？那小孩就说，我要做"无冕之王"。我当时也是小学生，并不知道"无冕之王"是什么意思，只觉得这四个字听起来很牛。那应该是媒体行业给我的第一个非常深刻的印记，或者说一个启蒙。

我在一个小城市长大，妈妈是武汉人，我每年寒假、暑假都要去武汉。每次待在武汉，没有小朋友一起玩，便自己一个人跑邮局，泡在那里买报纸、买杂志。我对于报刊，有着一种天然的兴趣和一个长时间的阅读积累。后来我考研究生，选择国际新闻，就是因为我觉得新闻对于我来讲是很小时候就被点燃的一个梦想。同时，在我整个的成长过程中，我又觉得我的阅读面、对外界的好奇的确比我同学要更丰富。

问：就是说，你其实挺喜欢看书的？

熊晓杰：对报刊杂志其实更加有兴趣。

如果仅仅是说读书的话，也许我们班还会有很多同学比我读得更多、更深入。当然我也喜欢读书，但是我觉得，我最大的优势还是在报刊这方面。我是那个年代极少数喜欢跑到街上去买报纸、买杂志或者订阅报纸、订阅杂志，然后持之以恒去阅览的人。直到现在，每到一个城市，我对于那个城市的报摊报亭还有着天然的亲切感。我高中的时候是在湖北的一个中等城市，那个时候我就开始长期订阅广东的《羊城晚报》和上海的《新民晚报》。所以，当我考研究生的时候，我觉得那个试卷简直太简单了，就是给一个新闻打标题，写一段新闻，考完以后我觉得肯定没问题。

这就是我走上媒体道路的一个过程。

问：你当初怎么想要到《信息时报》工作呢？

熊晓杰：我们读的是国际新闻研究生班，要求外语很好。当时号称成立这个班的目的就是要为中新社提供驻外记者。所以，我们自恃很高，老师和系主任也说你们很厉害，新闻外语两把刀，上社会以后还不是见谁砍谁、所向披靡？

但我们毕业的时候，正好碰到一场政治风波，找工作一下就变得特别难。很多单位停止招应届毕业生，或者是对应届毕业生的招聘非常慎重。毕业前，我们心理预期特别高，说《南方日报》、广东电视台算什么，觉得没有地方可以安放自己躁动的灵魂和才华。就业环境变糟，很多地方你去不了，只好退而求其次，到了《信息时报》。

《信息时报》当时是一个经济类的报纸，规模不大。我刚去的时候，报社做了一个征文比赛，就是每个员工写一篇对报社周年的一个看法、感悟。有的人说我当记者如何自豪，而我的题目就叫《在小报也要做大记者》。我想说，虽然我到了一个比较小的平台，可是我一定要做个大记者。

问：这也表现了你的一种新闻理想。

熊晓杰：有新闻理想，然后要追求深度报道。我觉得我从小到大，都是一个志存高远的人，我虽然不是一个智商特别高或者情商特别高的人，但是我最大的优点就是从小有梦想。

我在人生的每一个阶段都会有自己的规划，而且眼界比一般的同龄人要高远。比如，你看我身材不高，体型也不好，那年我读大一，暑假就没回家，专门留下来做两件事：一是健身，二是学吉他。我觉得作为一个男生，会弹吉他是件很酷的事情。暑假在学校天天踢球、健身，很累很累，实际上没什么效果。因为每个人的肌肉类型不一样，有的人练一个星期马上有效果，像我这种人怎么练都没什么效果，再加上本身体型不是特别好。但我当时练的时候，其实不只是在练我的肌肉，我是在想有朝一日，当我成为一个比较重要人物的时候，我的气质，我身体状况，应该保持一个比较好的标准。我跟杠铃做搏斗，是为我未来去做一些基础训练。所以，从这个小的故事就可以看出，我还是蛮有梦想的。

"研究生办报"有声有色

问：《信息时报》原来是经济类报纸，后来改为综合类，可以说你见证了它的转变。

熊晓杰：我是一个挺愿意研究问题的人，我不仅仅是做事，我会去研究这个行业的变化。我到《信息时报》的时候，它其实是处在上升期。因为当时的党报比较死板，基本上不会触及经济新闻，不会涉及一些服务信息。经济信息报纸抓住了这个空当儿，做一些经济信息和服务信息的报道，就有生存空间。但是，等到综合性报纸尤其都市报出现以后，它们把你要做的事情全部做了，一下就把你的空间给挤压了。

到了《信息时报》晚期的时候，我们已经在思考：未来经济信息类报纸的发展方向怎么样？当时我朋友刘勇写了一本书，叫《媒体中国》，里面就讲了我对这些问题的思考，以及当时的纠结。

我和我的伙伴们一直在《信息时报》追求做深度新闻、宏观报道。这是一个比较优势。因为党报和都市报没有办法跟，即使跟也跟不了你这么深。当时也有很多不同意见，我说为什么他们都想不明白这道理？这么简单、这么显而易见的这样一个方向，为什么你们看不到？后来我觉得也许不是他们看不到，而是看到后没有力量去实现。

我当时是最年轻的社委、采访部主任。我们采编是分开的，我们采回来以后，要给编辑部编，就会发生冲突——编辑部说你们文章太长了，或者是说这个选题不好，或者是其他的。后来觉得这老是冲突，道不同不相为谋，我就说，我按我的方向来做，你们给我一周里面发行量最小、关注度最小的那一天的报纸，我做一个采编合一的周刊。

问：这就是后来的《赢周刊》吗？

熊晓杰：对。我当时就找了5个人来做。加上我，6个人里有4个人是研究生，所以当时就有北方媒体戏称"研究生办报"。我们6个人开始做起，然后迅速做得有声有色。

我们对《赢周刊》做了三句话的总结，第一就是追踪商战。不断地表现这些企业是怎么进行商业的运作、怎么跟竞争对手竞争等。第二就是剖析成败。一个好的企业，它好在什么地方？我们会去深度地采访，找出好的原因。它失败，败在什么地方？我们会去进行深度采访，所以叫剖析成败。第三就是聚焦名人，做一些名人的深度访谈。

名人深度访谈在我们以前的报纸是没人做的。因为，第一，这么一个人值得你采访吗？随便举个例子，你们比较熟悉的，比如说马云。当时的观念就说你采访他，那他就是一个先进人物。只有先进人物才值得你花这么大力气去采访。可是，如果你采访他，他下个月变成坏人了，你怎么办呢？当时的价值观就是这样，你做一个人的深度访谈就是做一个表扬，就是做一个先进事迹报道。如果说这个人，他万一变坏了，以后你报社是有责任的。第二，你花这么大的力气去写阿里巴巴老板，是不是有什么好处啊？他会不会给你钱？这也是一个怀疑。但是我们不管，我们照做，之后迅速成为一些企业很关注的一个周刊。

这条路也是挺有意思的。我不仅在研究媒体的新闻规律变化，也在研究媒体的产业变化。我在做《赢周刊》的时候，我就和我朋友说，有朝一日，《信息时报》会不存在，而《赢周刊》会作为一个独立的报纸存在。大家都不相信，你《赢周刊》就一附属的周刊，凭什么这么说？因为我对这个行业有洞见，我知道《信息时报》一定会撑不下去，但是《赢周刊》这种模式和形态一定会有机会。果然，大概一年以后，原来意义上的《信息时报》已经消亡，《赢周刊》成为一张独立的报纸。

问：所以很有成就感？

熊晓杰：对，我对自己的媒体生涯还是蛮自豪的，做成了很多事情。比如说，做成了一个独立的品牌，和自己的小伙伴做了很多轰动全国的报道。那个时候的全国性报道很有意思，你做完以后，新浪、网易和搜狐会转载你的报道，因为它们完全没有自己的采编力量。基本上，被新浪转载的频率和摆放的位置就说明了你的江湖地位。所以，《赢周刊》当时并不是一个全国发行的刊物，也不是一个发行量很大的刊物，可是它的很多报道很有力量，就是因为互联网，尤其是当时的新浪。

问：我们了解到，《赢周刊》当时有一个栏目叫"生于六十年代"，非常有人文情怀。你当时怎么想到在一个商业周报弄这样一个栏目呢？

熊晓杰：我是觉得经济报道有个很大的问题，就是看不到人性。比如说，采访时记者总是会问，你经营策略怎样？你的思路怎么样？定价怎么样？产品质量怎么样？都是问这样一些类似的问题。各家报纸都很雷同。

就拿马云作为例子，因为马云你们大家都比较熟悉。假如说马云退回到十年前，大家问马云的例子都是：你这个经营策略怎么样？你为什么要国际化？……都是问经营层面的问题。可是我觉得，其实人才是经济活动里面最值得关注的。人性，人的情怀，才是我们更加需要关心的，而且是以前没有被挖掘的。

这是第一个原因。第二个原因，我是 60 年代出生的人，我对这批人比较有感情。第三个原因，我觉得这批人其实就是未来中国经济的一个支柱和脊梁。当然我也有经营上的心思，想把这批人团结在自己周围。说实话，这就是现在所谓社群营销的一个雏形。

"文章本天成，妙手偶得之"

问：经历了这么大的变化，你可以给我们谈谈你觉得最重要的媒介素质是什么吗？

熊晓杰：首先是你要有思想高度。

做一个记者，如果你没有思想高度，你是很难做一个优秀的记者。我还是很注意学习，看各种书（尤其报刊杂志），关注社会思潮，关注这个社会的一些变化的趋势。你会发现，相对于你的同辈，相对于同行，或相对于你的同事，你会比他们的眼界更高，你会看到现在做的这个事情其实不是很重要的，你要去追求更高的目标。很多人之所以做不到更好，是因为他看不到更好。从很早开始，我一直在做一个积累——积累知识、积累观念、积累眼界。所以，我在知识、观念和眼界方面比一般的人要高。我觉得这个是非常重要的。

另一方面，我不会对任何人发怵。

我们当时的采访对象都是柳传志、马云、史玉柱这样级别的人，但你并不会在他们面前怯场。记者生涯对我的一个很好的培养，就是"见官高一级"——你见到省长你就是省长的格局，你见到经济学家你就是经济学家的格局，你见到企业家就是企业家的格局。当然，你得有相应的知识储备和高度。比如说企业家，你要对他的行业、对经济环境、对趋势、对企业战略这些东西有些基本概念，不然的话你也没办法对话。

所以，我觉得做记者非常好的一点，就是纵采百家之长，站在巨人的肩膀之上。因为我们访谈的全是很牛的人，他的经营理念、他的为人、他的管理方式，甚至说他对待员工的管理思维模式，都会给你一些启发。这个过程其实是非常好的成长和进步。

问：你当时的一篇报道《巨人屹立在珠海》获得了广东新闻奖，而巨人也是一代人的激励与向往。你对这次采访肯定印象深刻吧？

熊晓杰：其实一个好的报道，首先你需要很多的积累，没有积累，天上掉馅儿饼你也接不住。古人有句话叫作"文章本天成，妙手偶得之"，当你有了积累之后，很多事情并不是刻意为之的。

这篇报道其实是一个新闻公关活动的结果。我的一位朋友是史玉柱的中学同学，他组织了一帮记者和一帮经济学家去帮巨人做一个公关活动，经济学家去论证巨人模式，记者去采访。说实话，这个放在今天，大家会认为其实不是一个特别符合新闻规律的事。但是我们很敏锐地抓到了巨人这样一个新兴的知识性企业成功所带来的启迪性意义。因为，过去很多企业的成功就是因为胆子大，政策灵活，然后通过卖苦力、拼体力、拼胆量发展起来的。可是巨人的发展代表另外一种趋势，就是说中国的知识分子有可能通过知识、通过技术，去开创自己的生意模式。所以这个稿子写得并不是说技巧特别好，而是说我抓到了这个点，然后编辑也敏感地意识到这个点，认为这有启发意义。后来因为这篇文章，我一直跟巨人保持比较好的关系。

（注：珠海巨人高科技集团公司是一个以计算机软件开发为主的高科技实体，是仅次于四通的全国第二大民办高科技企业。公司于1991年4月成立，在短短的两三年时间内，从几个人发展到近200人，从4000元起家到资产超亿元，创造了中国高科技的奇迹。现今为上海巨人网络科技有限公司。）

问：所以，这个新闻抓住了很好的契机？

熊晓杰：对。

第二个印象深的报道是《太阳神，下一个受伤者会是你吗?》，这是我职业生涯里最成功的一个报道。这篇文章发表以后，《南方周末》全文转载，我想是因为当时全国有很多民营企业陆陆续续出现了问题。

我跟太阳神的董事长助理是很好的朋友，他花了差不多一个上午的时间，介绍太阳神面临的困境，包括战略、投资、用人、产品等。这个记录整理出来，就是一篇完整的文章了。

这篇文章之所以引起很大轰动，第一个原因是我这个朋友起了很大作用，他对太阳神非常了解，我不需要采访其他人，只需要他一个人的材料就很充分了。第二个原因是太阳神在当时是神一样的企业，就像现在阿里巴巴或腾讯一样。虽然它的产值不一定是最高的，但它知名度非常大，美誉度非常高，而且广告做得非常厉害。这篇文章能引起巨大的轰动，是因为大家意识到即使是像太阳神这样的企业也会出现问题，所以不夸张地说，这篇文章引起民营企业反思热潮。我因此也和朋友一起合写了一本书叫《中国民营企业的反省年代》。太阳神这个案例也被吴晓波收录到他的《大败局》里面。

当时，很多企业拿着报纸或复印件来找我探讨：民营企业为什么失败？我们企业怎么办？所以说，做媒体的那种自豪感真的很强烈，会觉得你的一篇文章能影响无数人，改变无数人的心智，改变无数人的思维。

我做的另一个比较成功的例子是爱多VCD。

爱多曾经是中国一个明星级企业，成龙那时候还给它们拍了一个广告。当时这个报道也是得来全不费工夫。我参加一个活动，遇到了爱多的公关部部长，他那时候已经离职了。我敏感地意识到：一个人的离开，这背后一定有文章的。我问举办活动的媒体——《南风窗》：爱多跟你们有合作吗？他们一年给你们多少钱？钱到位了吗？他们抱怨说，最近拖欠严重。我觉得，这又是一个信息。我又问给爱多做广告代理的公司，他们告诉我已经欠了几百万元。我觉得这里面有问题，马上就去了中山采访爱多和他们的经销商。《爱多，还是苦多?》应该是全国第一篇报道爱多危机的稿子。

所以，你可以看出，一个好新闻作品的产生就是"文章本天成，妙手偶得之"。当然这过程中你也需要很多积累，你要有很多朋友，要有很多线索、很多关系。那偶尔的一个电话、偶尔的一次聚会、偶尔的一次会议，或许就会成就一篇很好的新闻作品。

（注1：太阳神集团有限公司成立于1988年，是以生产和销售保健食品、食品和药业为主的中外合资企业集团。

注2："爱多VCD"由胡志标创立。20世纪90年代后期，"爱多VCD"红遍大江南北，一度是中国家电行业最成功的品牌之一。爱多从无到有、从小到大、从辉煌走向破灭，仅仅用了四年左右的时间。）

媒体人进企业面临很大调整

问：既然对媒体有着独特的情怀，你为什么要选择转行呢？

熊晓杰：嗯，第一个原因，我觉得中国媒体在当时是有"天花板"的，尤其是有体制的"天花板"，就是依靠个人的努力你不能改变的东西。我们其实做了很多的改变，比如我从一个经济信息类报纸的骨干记者做到一个经济专业类报纸的总编辑，我创办的报纸还做了很多体制上的突破，在集团内率先对外融资成功。但是你还是会发现体制这个东西，最后会成为压倒你的"最后一根稻草"，你会觉得其实没有办法真正实现自己的理想。

第二个原因，我作为一个经济报道的人始终还是对经济实务有自己的好奇。我在《信息时报》的时候，我就有个想法——能不能跟报社请一年半年的假，我到某个企业实习一段时间，锻炼一段时间，让我真正地了解经济的一些运作。这样的话，可能会让我今后写起文章来会更加的通透、更加的有底气。

当然，第三个原因是企业本身对我还是有吸引力的，这也是一个方面的原因。

问：在转型过程中，遇到比较难突破的困难吗？

熊晓杰：嗯……我觉得还好，很自然。我觉得没有什么特别难的点。当然这需要一个过程，熟悉这个行业、熟悉这个企业，这需要一个过程，不是说你一去马上就能起作用。这个没有半年以上，是很难真正发挥作用的。但是我觉得我适应得还算快。

问：这个适应过程是怎么样的？

熊晓杰：第一，就是你得有很多的积累，包括知识的积累、资源的积累、人脉的积累和经验的积累。这些积累会给你一个比别人高的眼界和思维方式。

第二，我觉得媒体人进到企业其实面临很大的观念和思维的调整。因为媒体人都是很自由、很有个性的，这个行业就是提倡创意、提倡自我，然后个性表达、孤胆英雄，一支笔可以写出很多文章。到了企业以后，要制度，要有团队，然后必须服从体系等。所以，其实是面临着完全不同的管理文化和氛围。很多进入企业的媒体人，可能就这一关很难过。

问：《赢周刊》是协助中小企业成长的周报，你之前也提到了你在《赢周刊》上也做了一些媒体自身的营销活动，这些经验是不是给你现在的工作带来了一些帮助呢？

熊晓杰：对，毫无疑问。

第一，当时我既是总编辑也是总经理，我本身也做经营。《赢周刊》是媒体中最早做社群营销、数据库营销、活动营销的。当时看来是有些不务正业，现在看来，却是代表了方向。其实，这些对于我到"长隆"之后策划各种活动完全是一脉相承的。我不是一个单纯的记者，我不是一个只靠写稿为生的记者，我既是媒体的掌门人，又是媒体的营销人。本身就在策划很多活动，做很多事情，对策划对品牌一点不陌生。要掌握什么规律，要用什么理论、用什么渠道，这个我是非常熟悉的。

第二，我觉得媒体人做营销、做品牌，最大的好处就是他能够找到兴奋点，他知道什么东西是受众关注的。很多人问我，"你到了企业以后，跟媒体有什么不一样？"其实没什么不一样。我们在媒体的时候，就是开编前会，等着记者来爆料，谁的料更有价值就把它做大，谁的料不行就把它毙掉。现在我们开类似的编前会，我们叫策划会。比如，你们三个各想一个点子，我们怎么去制造一个媒体关注的话题或者受众关注的话题，如果你的点子好，我们就做你的。其实，最后还是为了这个事情被报道、被放大、影响受众。我觉得规律都是一样的。

问：你在报社工作的时候，看得比较远。你进入"长隆"以后，看得也比较远，提出了"未来所有企业都是娱乐企业"。你是怎么想到这个观点的？

熊晓杰：这就是对于趋势的一个看法。

问：《爸爸去哪儿》《奇妙的朋友》效果都挺好的，你当时想到会这么好吗？

熊晓杰：想过，很多后来发生的事情大家可能以为是碰巧。其实不然。

我一到"长隆"，结交了非常好的朋友叫陈 sir。他曾经是广州电视台非常火的节目《新闻日日睇》的主持人，当时他人气非常火爆。当时我一来，我就说，我一定要与广东媒体界所有的意见领袖建立密切联系。每天在电视上讲话的这些人，不经意地跟你讲一句好话和不经意地批评你，效果是很不一样的。所以，通过一些方法，通过一些朋友介绍，我迅速跟他们成了朋友。这个就是你要有预见性地去做很多事情。

比如说，我们跟《爸爸去哪儿》的合作表面看起来是个很偶然的机会，是我一个朋友他要拍一部电影然后找到我。但是，他为什么会找到我？是因为，我在做爱多报道的时候就跟他成为朋友。他就是爱多的广告代理商，一环扣一环。为什么《爸爸去哪儿》找到我？是因为《爸爸去哪儿》是湖南卫视的一个节目。差不多 9—10 年，我们每年去湖南卫视推荐"长隆"，让它们来我们这里拍节目。我们可以免费提供吃，提供住，然后不断有节目来。这样的一个格局就形成了。

问：今年"父亲节"的网红加直播模式，也算是一种整合营销传播吗？

熊晓杰：我们会不断地根据社会的发展去抓一些热点，比如说：今年直播很火，那我们就抓直播。你在营销中，第一要创新，你要抓住人家没有想到的东西。第二，人家都想到的东西，大家都做的东西，你也不能落后。

"企业可以构建自媒体系统"

问：我们知道你有一个公众号"熊出没"，最近你女儿也在上面发了一篇文章，引起大家的关注。你对公众号运营的前景怎么看？

熊晓杰：肯定是个大浪淘沙的过程，因为去年到今年公众号增加了很多，现在全国公众号有几千万个。

我觉得公众号有几个发展趋势：

第一，个人的公众号还是会有一定的机会。现在互联网时代它有一个常见的现象，比如说你喜欢花艺，你这块做得很精，你每天写一些内容，你也会积累你的粉丝甚至会积累你的生意。国外有一个著名的理论：假如说，你有1000个铁杆粉丝，你也可以凭着这个1000个铁杆粉丝的供养活得很好。你就是一个做花艺的，然后这1000个人愿意反复地去买你的产品，你也可以活得很好。所以我觉得对于每个个体来讲，这是一个个性解放的机会，也是一个个人创业很好的机会。

第二，我觉得社会类公众号反倒不太看好，因为这个有成本。你自己做的公众号，成本是你一个人的，成功就成功了，不成功你还可以做其他的事情；或者你在做其他事情的同时，你还可以经营自己的公众号，所以投入不会很大。现在很多的资本在投入社会类公众号，这个反倒会出现泡沫。

第三，我觉得越来越多的企业会用自媒体公众号的方式来做自己的宣传推广，而且未来进行宣传推广不仅仅是基于企业自身的一个宣传，逐渐会变成企业所投资的、基于企业消费者属性或者消费者的喜好所建立的一个媒体平台。

比如，"长隆"现在所做的事情跟其他的企业所做的事情一样，做一个"欢乐长隆"的订阅号，做一个"长隆"的服务号，这些东西讲来讲去都是在讲"长隆"。虽然我们的内容相对来说有趣一点，但还是在讲"长隆"。未来我们要做的就是针对你们年轻人群体去做一个媒体，然后就把它变成一个真正的社会媒体。这个肯定是未来自媒体的发展趋势，而且，这个平台还不是一个单一的文字平台，你可以做媒体公众号，你还可以在视频网站、音频网站建立自己的平台。未来企业完全有可能构建自己的自媒体传播系统，越来越代替传统媒体过去在企业传播过程中的功能。

问： 现在传统媒体也在做公众号和 APP，除了这些，你认为传统媒体还有哪些方面可以与时俱进？

熊晓杰： 坦诚地说挺难的。我看了这么多传统媒体的一些转变，除非你下定决心什么都不干，关门，重新干。我举个例子，在中国做视频很有名的"一条"，它们以前是《外滩画报》的骨干，它们后来把原来的抛弃了，自己出来干。你又想做传统媒体，又想做新媒体，挺难。第一个是精力，第二个是思维，第三个是体制，我觉得体制是一个非常大的"天花板"。我当初离开也是因为体制。我相信，现在很多传统媒体人转型也是因为体制。

要求女儿一定要做一段时间媒体工作

问： 现在离职的传统媒体人才比较多，你对此有什么看法？

熊晓杰： 我觉得没关系呀。当初让我女儿读传媒的时候，很多人都不理解，说传媒这个行业没有生命力，你干嘛还让你女儿去做这个。我说不是，媒体的内容是永远需要的，任何一个时代、任何一个社会永远都需要好的优秀的内容制造者。所不同的是平台的变化，旧的平台坍塌，新的平台升起。所以你完全不用担心说报纸垮了、电视垮了会怎么样。现在谷歌都在做新闻平台，苹果都在做新闻平台，你有什么好担心的？全世界的公司今后都会做自己的自媒体，你有什么好担心的？

问： 传媒行业发展迅速，你认为新闻教育怎么样才能适应社会需要呢？

熊晓杰： 多跟实践结合吧。我接触到比较出色的人有两种：一种是读书读得的确很好的。那就是知识面非常宽的，属于专业技术性的人才。他今后无论走到什么地方，文章写得好，他也不用太多地顾虑关系，甚至报社破产他写文章也能过得下去。但是，更多的还是社会活动型的。他们参加各种社会活动，认识很多人，然后在这过程中丰富自己一些观念、思维。这个会比单纯地在学校学习来得实在。说实话，我不知道你们现在课程设置怎么样，反正我们那个时候的课程设置，我现在想起来觉得没有任何价值。什么新闻编辑学，新闻什么学，老师都没有干过编辑，即使干过，也是几十年前干过，我觉得这个没有任何价值。所以好在，我们那个时候不是太听话的学生，还能够学到一点东西，否则的话，那就被耽误了。当然，现在肯定不一样，因为我很多同学和朋友也在做新闻教学，我觉得他们各方面还是很厉害的。

问：你女儿也是学传媒的，你对我们这些新闻专业学生的职业规划有什么建议？

熊晓杰：因为我女儿也是学媒体的，所以我给她的建议就是，无论人生今后怎么变化，她一定要做一段时间的媒体，比如说两三年是必须的。因为媒体它会给人很多其他行业所给不到的，比如说眼界、理想主义的精神。媒体人相对来讲比较有理想主义精神。理想主义精神、思维高度、见世面和各种资源的积累，这都是做媒体非常大的一个好处。当然还有表达能力，这是你做任何事情会比别人更优秀一点的原因。你比别人会写，比人家会说，哪怕你今后去做会计，在一群会计里面，你会写文章，你会写自媒体，你会演说，你就会比人家更加出色。

采访札记

他的内心仍住着理想主义者

在采访之前，我们通过资料了解到的熊晓杰更多和"长隆市场总经理"以及"放肆青春"活动联系在一起，他在我们的印象中是一个娱乐产业的营销人和桀骜多才、充满激情的文化人的矛盾综合体。

在真正见到熊晓杰的时候，我们感觉他更像一个始终面带微笑、宽厚和善的"大男孩"。在采访的那一天，他穿着印着"放肆青春"的活动衫，平易近人，也在一定程度上消除了我们的紧张感。但听到他说话，你绝不会把他当成一个腼腆的"大男孩"，他的阅历、眼界、经验和对事情的看法都让我们惊叹。

在访谈过程中，他对媒体的独特情怀，他对新闻理想的执着追求，完全看不出他是一个总经理。在聊到"放肆青春"活动、《赢周刊》的时候，我们在这个半百"老人"身上看到了远甚于年轻人的活力和激情。以他自己的话来说，他不是一个暮气沉沉的家伙，不是一个失去了生活追求的家伙，而是一个有着理想、情怀、创意和正能量的人。

熊晓杰是个很健谈的人，而且直言不讳。他对于自己的媒体成就颇为自豪，一聊到过去的媒体故事就滔滔不绝。我们很惊讶，这么多年了，他回忆起自己的媒体经历依然记忆深刻，恍若昨日。可能是看我们是学生，他以举例向我们解释他的一些观点，生动而不深奥。

熊晓杰虽然把自己报道的获得都归功于"文章本天成，妙手偶得之"，但他也不断强调积累的重要性。他在媒体工作时培养的新闻理念、敏锐能力、活动能力以及拥有的资源对其转型有很大帮助。事实上，我们也看到有实力的人无论做什么都能成功。

熊晓杰作为一个营销人，依然不忘媒体人的身份。

"媒体人相对来讲比较有理想主义精神。"

他要求他的女儿"一定要做一段时间的媒体"。

我们看到的熊晓杰，内心仍住着一个理想主义者，他对媒体的情感一直延续到了下一代，朝气蓬勃，熠熠生辉。

尹 捷 内心深处有当逃兵的感觉

漆婉容　张雅婷　王楚凡

人物档案

尹捷，1969 年生，广州人，现任广州汽车集团股份有限公司（简称"广汽集团"）公关部部长。

1992 年，大学本科毕业于北京广播学院外语系国际新闻专业，进入广州电视台新闻部工作，任新闻部副主任；2005 年 9 月，获英国外交部志奋领奖学金赴英国伦敦威斯敏斯特大学攻读，获传播硕士学位；2006 年 9 月起，在广州电视台英语频道工作，任执行总监。2012—2013 年，任广告部主任。

从事新闻工作期间，多件作品获全国和广东的奖项，并获广东省第三届"金话筒奖"（1998）、"广东省百佳主持人"（2007）、全国金话筒爱心传播活动爱心使者（2007）等称号。她还是广州市城市形象大使冠军、广州市第十二届人大代表、2008 年北京奥运火炬手、广州2010 年亚运会志愿者和申办陈述人。

2013 年，离开广州电视台，担任现职。

见到尹捷的时候，我们很自然就想到了另一个知名媒体人杨澜。

她俩有许多共同点。比如，都做过电视主持人，英文都很好，都做过体育盛会的申办陈述人（一个是奥运会，一个是亚运会），身上都带有许多许多的光环。

不同的是，尹捷可能更为低调和务实。

当谈及转型的问题时，她说"内心深处有当逃兵的感觉"。这是一个真正的新闻人！

当别人都惊讶她放弃电视台工作去大型国企做公关部部长时，其实她早已有所积累——当年留学英国时，她学的就是公众传播与公众关系专业。

尹捷把自己的顺利转型归功于"运气好"，但她又告诫我们："机会永远都是给有准备的人的，要抓住机会去充实自己。"

"我铁定要做记者"

问：当初你为什么想做媒体人？

尹捷：中学时代读的两本书，奠定了我对记者岗位的向往。一本是埃德加·斯诺的《红星照耀中国》。斯诺是美国的一个青年记者，在1936年6月，他是第一个到达陕北革命根据地采访到毛泽东的西方记者。还有，后来在改革开放后第一个对邓小平做专访的西方记者——法拉齐，一位意大利记者，她写了《风云人物采访记》一书。这两本书让我对于记者这个职业非常向往，法拉齐和邓小平，斯诺和毛泽东，他们八杆了打不到一起的人，就是因为记者这个职业，让他们能够相遇、彼此了解，所以我觉得记者这个职业，他能够经历很多的人生，我们只能活一辈子，可记者可以活几百辈子，因为他们在采访者身上汲取很多经历、能量。所以，我就铁定要做记者。

问：可以讲讲以前做过的新闻工作吗？

尹捷：在媒体21年，我有将近十三四年是做纯新闻的岗位。我做过编辑、记者、播音员、主播，后来做到编审、负责策划、节目把关、制片人，再后来做到新闻部副主任。

问：做纯新闻工作的时候，典型的一天是怎么度过的？

尹捷：我有好几年都是每天工作13小时。我最早试过，早上4点钟就到岗位，最晚晚上12点半才下班。媒体的会不定时，节假日别人越要休息的时候你就越要忙，这是媒体的一个规律。因为，观众获取新闻资讯的需求也基本是全天候的，特别是他们休息了有空来看新闻的时候，你就得工作。我们跟正常的是相反的。

问：你在新闻工作岗位上已经做到了很高层次的位置，忙碌程度相对初级刚入行的媒体人有什么不同？

尹捷：不一样。初级一点的员工他的那种忙，体现在他一件件的工作中，但是他做完了，也就 OK 了。只要上班的时候认真做，下班了他基本就可以不带着工作下班。但是，作为管理者呢，你可能动手的时候不像普通员工那么多，但是你这里（大脑）要一直不停。因为你要想团队怎么带领，工作的进度怎么把控，这些考虑啊、决策啊都得劳心。可能初级一点的人员他就劳力，管理者就是劳心加劳力，但更是劳心。而且，他有责任的承担。整个团队，任何一个人的短板带来的这个（后果）都要你来负责。

问：网上"钱多事少"这种说法，其实是不对的？

尹捷：对，承担的责任和获得的报酬一般来说是成正比的。

问：你认为传统媒体未来走向会如何呢？电视会像报纸那样走向衰落吗？

尹捷：会的。这不是我们主观意志能控制的，它有一定的发展规律，是一种社会行业发展规律，是一定要符合时代发展的。我们把报纸归为传统媒体；在报纸很风靡、很赚钱的时候到处都是报纸。我们主要有四级，国家级、省级、地级市、县级，但是信息就只有那么多，非常容易重复性报道。但西方经过了市场整合，情况就会更好一些，像美国全国性媒体有三大电视台，而在中国，除去中央电视台，地方卫视全国就有 31 个左右，每个台又有很多个频道，然而市场容量又是有限的，这是市场的一个趋势，哪怕传统媒体没有衰落，也会有它本身的优胜劣汰存在，本身就不符合市场规律的东西就会被淘汰。而且，在如今媒体迭代的情形下，传统媒体在逐渐被新型媒体所取代，这两个原因都加剧了传统媒体的衰落。去年（2015）电视的收入下滑了将近 30%，电视广告等整体收入都在下滑。在报纸杂志之后，下一个很可能就是广播电视，也需要进行整合。

"走一条风景不一样的路"

问：你进入媒体行业的时候，有想过离开的一天吗？

尹捷：没有想过。

其实我是很有新闻情结的。刚刚转行那几年，虽然我也觉得自己对转型的理解是正确的，但是内心深处，我总觉得好像有点当逃兵的感觉。后来我发现，我的一些社会情怀可以体现在一些其他方面，不一定非要通过记者或者媒体人这个角色去来释放。我现在做企业公关人，一方面，我对一些公益慈善的关注，我在汽车行业的人文关怀，这也是我社会情怀的一种体现。另一方面，也就是说生产力的发展，推动着各种生产关系的改变，那我可能是顺应了这个时代的发展。

问：为什么要转型做公关？

尹捷：第一，我在职业上到了一个"天花板"，那是由于平台的局限性带来的。我在 2003 年参加了一个城市形象大使的选拔赛，并荣幸夺冠。之后我就参与了很多这个城市对外宣传推广工作，在 2004 年我也参加了整个申亚工作，并且作为一个主陈述人，向亚奥理事会展示广州的实力，就有点像申奥的时候杨澜的角色。后来，亚运会举办的时候，我被借调到亚组委作为新闻发言人。经过亚运会锻炼，我觉得自己能力有很大提升，学习了很多新东西。再回到台里，就有点像从大海走到溪流里的一种感觉，这种平台的约束感就比较强。

第二，也跟整个媒体事业的发展有关系。2013 年，新媒体的冲击已经非常强了，而电视台的体制机制能够突破现有框架主动去迎接挑战吗？或者，整个媒体为了迎合受众新的信息消费习惯而进行转变？我看不到。我不认为这种机制能够很主动地应对新技术时代、新传播时代的到来。

其实，我当时没有那么有远见，我就隐约感觉到危机感，觉得在这样一个很振奋人的转型时代，你做不了什么，你服务的机构也不能指引着你做什么，就感觉像一个充分准备好的选手，就等着那个发令枪，能够让我去跑，不管跑第几，哪怕跑最后，但起码让我去跑。你老等不来这个发令枪声，那种感觉就像温水煮青蛙。

第三，也有一种职业的懈怠感。21年的电视生涯其实还是很精彩的，我很幸运，因为我是跟着中国广电行业的快速发展而发展的。但是到了后来，整个行业也不可能永远都这么高速发展，发展到一定的时候可能就会进入稳定期或者成熟期。但是，我希自己能够保持在前十几年的那种状态，我想我可能需要一个新的环境去刺激我创作和学习的欲望，所以我就很想找这样的机会。

第四，机缘巧合。那一年，广汽集团创新变革促发展，内部机构大调整，新成立了公共关系部门，他们要物色一个部门负责人，正好关注到了我。我应该是候选人之一吧，我自己又正好很想主动地改变，客观上又提供了这样的机会，那很快我就决定了。

问：转型的时候，同事和家人都支持吗？

尹捷：我没有商量太多，就是跟我的先生简要地说了一下。但是，也有很多人不理解，甚至我的老表姐还以为我受了处分，不得不离开，"是不是有什么问题不得不走？"不是这样的。有人还认为，你做得那么好，你运气好，搞搞关系，混个台领导什么的，也挺好的。但是，这种"挺好"我当时一眼已经看到了，你看得到的东西可能就没有吸引力了。

问：转型之后重新出发，在这过程中有没有什么不顺利的呢？

尹捷：文化上不一样。媒体人相对自由一点，企业比较严格，就是要朝九晚五地工作，有板有眼；而且着装也比较严格，去工厂着装必须是工作服，头发必须塞进去。我刚来到这边的时候，觉得上班的工作服，衬衫西装的也不是很好看。有一种 culture shock（文化休克）吧，但也很快就融入了。

问：你是抱着什么样的情绪转型的呢？你对传统媒体失望吗？

尹捷：没有失望，没有很负面的情绪。只是走一条风景不一样的路。

"也许仍会继续转型"

问：最近你总是出差，都在做些什么工作呢？

尹捷：我现在的岗位是广汽集团公关部部长，我就负责这个公司的公关、公关传播、品牌建设和推广，还有企业文化、车展、上市公司的企业社会责任，就这几大块的工作。像下个月，我们到底特律参加北美车展。

问：据说你最近也在做公益工作？

尹捷：它叫企业社会责任。我也负责我们企业的这一块工作。上市公司都有这样的要求，你要尽到企业公民的责任，包括绿色、环保等。这方面的工作，我们集团每年加起来有几千万元的公益捐赠。

问：离开了媒体单位还会常关注新闻工作吗？

尹捷：会的。比如，我微信关注的订阅号就是一个轨迹。刚转行的时候，都是新闻类的，媒体管理、改革这一类的占绝大多数。最近才慢慢开始订阅有关汽车和经济的。

问：你刚才说到，电视台的工作一眼望到头就离开了，那在公关这个行业感觉自己取得了辉煌的成就之后还会继续转型吗？

尹捷：会，但是我还没有很辉煌。要"辉煌"的话，就要把广汽的品牌打得更响，这是我的一个小目标。

机会永远留给有准备的人

问：你如何能在所有接触的领域都做到卓越？

尹捷：我运气比较好。可能是越努力越好运吧。我很认真去工作，我觉得我很努力，学习能力也很强，加上性格、情商可能没有什么硬伤（笑），但是也不至于很好。

我来了广汽之后，我们的董事长放手给我很多的工作机会。集团总部的整个公关团队都让我来搭建。整个行业的规律，包括生产运营、上市公司的治理，都是我原来知识领域里面比较空白的，但新鲜感很强，而且无论主动、被动，哪怕它强迫你，都让你处于一种比较紧张的状态去学习，去处理这个新的东西。你原来就比较懈怠啦，闭上眼睛，哎呀驾轻就熟啦，也有点老油条啦，做了二十多年，什么题材没见过？但是，转型其实有很多风险，包括你1个人的思维，二十多年的模式训练，总是有一种定势的。如果你学习能力稍微弱一点的话，这么大跳跃的行业，说实在的，以前做媒体人的时候每天的内容相对还比较风花雪月，学人文的东西。到这边就是实实在在的，去了工厂，那些扭矩、机器，我也有过"头大"的时候。

问：你会不会觉得，文科从事媒体工作比较好，理科就从事经营管理工作？

尹捷：我觉得不是。现在是媒体融合，各种跨界的融合，不应该那么去局限。一个理想的人才是需要多方面能力的，最好是能够跨界一点。

问：公关一定要"脸皮厚"吗？

尹捷：会。不只当公关，当记者也要"脸皮厚"，而且当记者你更得脸皮厚，所以我做这个，要用我前二十年的专业训练。过去的工作经历给我打下很好的基础。记者需要非常强的突破能力，你发现好的题材，都是人家不太愿意接受采访的。很顺利接受的采访，通常不会受到重视。但是有一种，媒体人不具备的，就是服务意识。

问：你为了转型有没有提前做什么准备呢？

尹捷：没有刻意地去做准备，更多的是我职业生涯上的一种积累吧。

2005年，我获得了英国政府的奖学金，为我提供学费、住宿费、生活费，让我去威斯敏斯特大学攻读硕士学位。我当时没有选择新闻相关的专业，可能是感觉自己在新闻方面的知识积累已经足够了。我选择了公众传播与公众关系专业，就为我现在的工作做了很好的铺垫。而且很多台里的人是不喜欢频道的，因为工作也不太一样，但我这个人不是很害怕改变，而且创新能力强，像我之后又去广告部工作。还有就是亚运会，因为我是作为亚运会的代言人，是亚运会会场的一个公关负责人，那个平台也非常大，对我现在的工作也有很大帮助。

机会永远都是给有准备的人的，要抓住机会去充实自己。我现在还对大学毕业后的第一个工作印象深刻，因为我是北京广播学院毕业的，我们当时都是全英授课，英语和新闻能力都是挺强的，所以到了广州电视台。当时科班出身的人也是不多。我们的新闻是有限的，但台里想要报道一些国际新闻，没有很好的渠道，就要去监看国外新闻台一些没有加密的卫星。我的工作就是坐在一堆监视器面前记录新闻，当时感觉很瞧不起我自己，这种工作随便找个会英文的人问一下就可以了。我觉得我一天就可以做完了。后来领导问我做得怎么样？做了多久？他听完我汇报，就说这个工作我没完成好。因为我是每天从上班看到下班，但是美国那边是有时差的，领导说过要记录下所有重要的新闻，但是我没有抓到黄金的新闻时间。美国的黄金时间，比如在东部，新闻黄金时段是晚上7:30，这个时间段是他们的新闻，下午4:00—6:00也是有价值的，但这个时间正好是中国的凌晨，就错过了。所以说，不要小看每一份工作，要认真去做，不要认为简单的工作就容易。

我有一个朋友，考大学的时候没考好，毕业之后做了贴发票的工作。但是，除了贴发票，他还去研究这些发票，整理出一个大数据，然后拿给老板提一些自己的建议，比如吃饭用得太多了啊，钱可以用在另一方面等。现在他已经是他们公司的一个很主要的负责人了，也是因为他在自己的岗位上做出了超越期待的成绩。

问：有人说新闻工作主要是讲出故事，公关工作就是掩盖事实。你怎么看这种说法？

尹捷：不对的，其实两个都是事实。但是，新闻要求你把事实的各个方面都要说出来，它所谓的客观和公正，就是阴阳面、正反面、黑白面都要讲，它要求你提供一个全面的信息，然后让受众去判断。但是公关有点不一样，不是掩盖事实，我觉得公关也要讲事实，不能说假话，是怎么样就怎么样。如果遇到问题确实是我们工作有失误，你也需要承认，但是真话不一定全部讲。

采访札记

一个有情怀的新闻人

在选定尹捷前辈作为采访人物后，我们做了很多准备工作——从上网搜索资料，到小组讨论准备采访问题，敲定采访时间，我们也一步步走近了她的世界。

采访当日，我们比预计时间早到了三十分钟。为了缓解紧张心情，也因为来之前听说尹捷感冒初愈，我们特意给她买了一盒润喉糖。到了约定时间，尹捷前辈准时出现。

"你们就是陆老师的学生吧？"闻声望去，尹捷步伐轻快面带微笑地向我们走来，"你们是从大学城过来的？"她一边带领我们到公司二楼的接待室一边问道。也许是一身随性的黑白色调通勤着装和素颜的缘故，她看起来十分的平易近人而又知性优雅。

她告诉我们，回程时如何乘搭地铁可以更快地到达目的地后，从容地打开吧台上的小音箱，在随即流淌出的玛丽亚·凯莉慵懒迷人歌声中开始张罗着给我们冲咖啡，并开始如数家珍地介绍广汽集团及其经营销售的概况来。

尹捷很健谈，每每我们提起一个话题，她都能滔滔不绝地跟我们分享很多，也让我们感受到了她的学识与经验，以及敢拼敢闯的干劲与精神。言语中透着一丝当年专业记者的风范，不禁让人肃然起敬。

随着访谈的深入，她的肢体语言也变得丰富起来。问及转型原因的问题时，她的一句"茶杯里的小风波"这样生动风趣的比喻，让我们感受到了她的幽默。她还跟我们分享了她在做记者时的丰富经验，比如在警方的封锁区，如何突围拿到采访等，都让我们敬佩不已。

让我们感受最深的是她的新闻情结。"我也是有新闻理想，新闻情怀的人"，她不止一次这么说道。我们从她的语言中仿佛也"目睹"了那个年代电视的辉煌。然而，她也承认，"电视被取代只是时间的问题"。

总的来说，从尹捷前辈的身上，我看到了新闻人该有的职业理想和情怀，以及一种敢于探索人生更多可能性的勇气。这是多么难能可贵的品质，非常值得我们当代大学生学习。

钟紫斌 在商业和道德之间寻找结合点

张 枫 陈小琳 苏比努尔·乌鲁格

人物档案

钟紫斌，广东卫视原副总监，毕业于暨南大学新闻系，1995 年进入广东电视台。1996—1997 年参与筹备创办珠江台，在广东卫视工作了近二十年，主要负责节目和大型活动策划、对频道及栏目进行发展战略的研究和收视调查分析。策划的节目和大型活动有"天生我材"、"Hello 中国"、海心沙跨年音乐晚会等。

2015 年离开广东卫视，投身民营企业，现任广东龙浩影视文化传播有限公司总经理一职。参与投资拍摄的《建军大业》和《漂》等影视作品将于 2017 年上映。

相对于纸媒来说，电视人的收入还是不错的。虽然也有电视人离职，但毕竟不算多。广东卫视原副总监钟紫斌的转型引起了我们的关注。

谈及转型的其中一个原因，他说不愿意蹚收视率造假的"浑水"。他未详细展开这个原因，但看得出，他是一个做事有底线的人。

记者是社会公平、正义的守望者，有底线不正是这个职业的应有之义吗？我们感兴趣的是：一个有底线的媒体人，在投入商海之后如何保持自己的底色？

"收视率造假的浑水我不想蹚"

问：你现在的工作主要在做些什么？

钟紫斌：我现在的影视公司主要是偏向投资方、策划方的一个传媒集团，做电影、电视剧的。我也是帮人打工（笑）。

问：这个工作跟你转型之前所想象的有出入吗？

钟紫斌：不会有太大出入，那个也可以想象得出来。在电视台，你就是一个大企业里的一颗"螺丝钉"，你就做好你这个岗位的工作，其他的就交给不同的"螺丝钉"去做。比如说创收，由广告部去做，新闻有新闻部，就是这样不同的岗位。但是，你要是出来做一个企业的话，你可能各个方面都要去兼顾了。创收的、策划的、宣传的，甚至是财务追款的，谁欠你的钱，你还要去追他是吧，都会兼顾。

问：你为什么会选择转型呢？

钟紫斌：有几个方面的原因吧。

一个是现在整个行业的大背景确实我们也能看到，传统媒体行业在走下坡路，慢慢在逐渐衰落。电视卫视受网络视频的冲击很大，你看现在网络视频都是可以点播的，电视节目过去了就没有了，虽然现在有电视机也是可以回放，但相比较电脑和手机就麻烦很多，而且现在电视台慢慢都不再做制作单位了，讲究制播分离，电视台也就没有它原来的内容优势了。

另一个就是整个竞争环境，电视台收视率造假也是很多的，像我个人就不是很愿意蹚这趟"浑水"，那你就要选择绕过去而不是直接走过去；而且，你不走，像我们这些人只要不犯错，谁都踢不了你的。但是你不走，你是"螺丝钉"还是"螺丝钉"，有些有形的、无形的因素会制约的，加上你的前景，对这个行业的判断，你出来闯一闯也未尝不可。

还有一个原因，自己有段时间身体不是很好，就休息了一段时间，这段时间也就想了一些东西，就是想换一种活法吧，多看一下外面的风景，其实也是很多偶然的因素吧。

问：你还说到，其实这个事情还有偶然性，包括你刚指出有一段时间你身体不适。能具体讲一下吗？

钟紫斌：身体不适的话肯定要休息。休息的话你的时间精力就不是放在工作上，那你就会想一些眼睛一闭啊你能为社会、为子孙留下什么东西，得有痕迹的东西。你做一颗"螺丝钉"，你又有什么痕迹呢？对吧？比如说卫视创建，你就会想，卫视只有几个人的时候我参与了整个筹建，把广东卫视送上天去啦、下地啦。如果取得了前三，那就更好啦。现在虽然没几个前三，也有十几，也不错。当然，再找一个理由说市场这么黑暗，所以我做不了前三，也行（笑）。当然还有很多其他理由。

有些东西你只能戴着镣铐跳舞，跳成什么样就什么样。但是，别人不知道你戴着镣铐在跳舞啊，他就觉得你无能。那也没办法。这都是很多原因，反正不管怎么样，你出来不能再"赖"（粤语，责怪的意思）体制的原因，你得靠实力说话。

问：你转型的时候有没有考虑过新媒体？

钟紫斌：我倒没有考虑过太多关于新媒体的。本身就不太熟悉。视频已经形成几大巨头，比如说优酷这些。到现在它们也不赚钱。你要是做视频网站，你要选。新媒体想进入也不是很难，但不是我擅长的。当然，如果有新媒体的项目人才，运营公司有资本，觉得可以做的话也可以。但是新媒体也一样，竞争很激烈。

做自媒体要有号召力。你站出来说，我是夏陈安，是浙江卫视总监，他可以捣鼓那些内容出来。这要看个人的能力。

你说自媒体现在能赚钱吗？也不好说。被网络这么一冲击，网络是免费的嘛，你收费人家就说不看，你不收费那就是找死，还得靠自己做广告。只能寻找了，能不能找到"风口"那也很难说。

问：那学界呢？

钟紫斌：不要误人子弟吧！（笑）也是觉得自己现在能力还没有到可以给同学们上课的程度吧，而且学校也是一个体制内的东西，既然已经跳出来了，就不想再进去了。

"出走是社会多元化的选择"

问：你刚刚说到，传统媒体衰落是很多传统媒体人离开的一个原因。你现在身边会不会有很多同事或者朋友选择转型？

钟紫斌：不算多，但是陆陆续续都会有。电视很辉煌的那个时候，吸引人过来了，但是现在这个趋势大家都已经认识到了。一部分人为了实现他的价值，他就会出走。

电视台其实如果不是体制的原因，从经济方面来实现自己的价值还是可以的。但是，因为体制，分配价值你就不能够有太多突破了。所以说，就有很多人选择出走，我身边来说有，但是不多。毕竟是社会多元化的选择，这很正常。

问：作为媒体人，转型的困难是什么？

钟紫斌：那得看是哪个岗位吧。如果他在主持人或者某一个专长领域做得很好，比如"辑思维"那个"罗胖"（罗振宇），他出来之前积累的人脉对他创业还是有很大帮助的。如果你只是一个"螺丝钉"，这个"螺丝钉"对外没有什么太多的接触，对内只是其中一个"段落"、一个"环节"，这个"环节"拿到社会上来说是不能成为竞争优势的。这个很难一概而论。

总体来说，他既然敢出来，那他肯定是思考过。我不出来，我拿工资、拿退休金也行，但是出来以后，能否在社会上立足还是会考虑的。

问：转型的电视人需要做哪些方面的改变？是观念上的改变，还是其他？

钟紫斌：如果他要出来的话，他的观念就已经改变了。观念没改变的话他肯定不会选择出来。人的行动肯定是受观念转变影响，观念指挥了他的行动，他才会出来。

"人无压力轻飘飘"

问：你现在的工作压力比以前大吗？

钟紫斌：各有各的压力。以前没有经济上的压力，台里广告部在创收，做节目跟创收是分开的。那里是做节目收视率，是排名的压力，这边是经营创收上的压力，当然还有业界的压力，还有出作品的压力，不能说没有。人无压力轻飘飘。

问：以前做新闻人的时候，做完一个节目，完成一个作品，会有一种压力之后带来的成就感。你现在的工作压力有没有给你带来类似的成就感？

钟紫斌：因为现在我们公司做的业务周期都是比较长的，拍一部电视剧，你没有两年三年是拍不出来的，从它的剧本开始，到目前为止作品没出来，最早的一个也要 2017 年 8 月播出，所以从这个角度来说，还不能说有什么成就感，只是说目前这个阶段在创业。

问：与之前的工作相比较，你有没有很难适应的地方？

钟紫斌：没有什么难适应的，这个事情也并不是有多难，碰到困难你就想办法去解决就是了。实在不行老板把你炒了，你再去找一份工作，很简单的，不用有什么压力。

不做毁"三观"的内容

问：你之前在广东卫视工作了那么多年，有没有什么在那里受益，直到现在对你的工作还是有影响或者作用的事情？

钟紫斌：以前的工作经历，对现在来说肯定是有影响的。卫视从无到有，从刚刚开始筹办，到它整体的频道定位、栏目设计、版面设计，包括台标设计、策划节目，包括当时还可以去拉赞助、拉广告之类的，就等于是把一个台从无到有把它建立起来，最后到它成功上星、落地，包括建卫星地球站、接收信号、传送信号，这一整个创建的过程，我觉得是锻炼了个人的能力，各方各面你都要兼顾。

当然，以前的资源是电视台的，现在是老板的，你付出了你的努力，付出了你的劳动，最后看到一个成果，多多少少就是另一回事了。比如，你把一个小孩生出来，他能不能够考上北大、哈佛，还是去你们广外，那也得看个人造化了。

问：作为投资方，你偏向哪种题材？

钟紫斌：做电影的话就要娱乐性强的，以喜剧为主。

电影是一种解压的，所以不能赋予它太高的要求，太多现实的意义给它。就是说，你能够起到减压娱乐的作用，就完成了它很大的一个功能。如果在这种娱乐当中你得到了收获，有交易，那个是你赚到了，是附带的。这个娱乐不是烂片，比如说那个《美人鱼》是娱乐性题材，它也有环保、感情之类的在里面，整个表现形式看完你就笑一笑就可以了。所以说，它有它的成功之处。

电影没有排斥社会意义的题材。美国大片它也宣传很核心的内容，传播正能量的价值观。它是有价值的。

问：你公司现在做的《漂》《建军大业》，好像是比较红、比较专的一种题材，这种选择是为什么呢？

钟紫斌：所以我跟你说，一个是选题，一个是电影，你一定要走市场，因为要靠一个人一张票进来的。但电视剧你不一定要走娱乐风格，因为电视剧一般来说电视台负责埋单，电视台功利性比电影院要强，由政府在主导。

电视台选片的时候会考虑到政治方面的、宣传方面的需求。电视台行业主管在电视上会有所限制，像娱乐性太强的综艺节目也会受到限制。这种大的历史题材，像《建军大业》这种有政治意义的、有历史意义的，电视台比如央视对这种题材的电视剧会有一些需求在这里。所以这些需求也是我们投资的原因。而且，电影是要求赚钱的，电视剧呢，在保本的情况下你可以加点自己想要的东西，有时候就可以做一些有情怀的作品。你看《漂》这个讲广东华侨在美国淘金修铁路这么一段历史，这种题材如果你做成电影，历史这么久远的事情，80后、90后接不接受先不说。你再弄一堆"小鲜肉"上去，再加几个狗血剧情那肯定不行。这个题材就是要还原历史，所以比较适合去做电视剧，况且这种题材政府也支持，它有它的社会意义。

问：所以说你选择这些题材是因为多年在广东卫视培养出的政治敏锐感，或者说铁肩担道义的那种新闻情怀在里面吗？

钟紫斌：那也没有，出来以后不要讲太多情怀了，适当的时候你可以考虑的。你也会在情怀与商业之间权衡。比如说，有段时间支付宝上的大学生日记，靠这种赚钱的方法我们想都不会去想，送上来我们都不会要，包括一些讲黑社会的网剧。

网剧靠什么赚钱？靠点击。点击靠什么赚钱？靠题材嘛。它里面会有那些毁"三观"的内容出来。黑社会打打杀杀的、跌宕起伏的剧情，肯定好看。但是，这个东西就不是我们要做的，能赚钱但是不符合这么多年我们所坚守下来的那种立场。我们会有底线不会去突破它的。

其实，就是在商业和自己的道德观之间寻找一个结合点吧。

采访札记

另一种情怀

采访是在钟紫斌先生的办公室里进行的，我们注意到了一个细节。

在钟先生的办公椅靠背上，披着一件红色的运动服外套，在黑白色调的办公室里显得尤为显眼，但又极为和谐。他一次不经意的转动，露出了运动服的"庐山真面目"——那大约是一件广东卫视的团队服，胸口处印着广东卫视的视标。我们好奇地问：留着这件衣服，是因为还对广东卫视留有什么样特殊情感或者眷恋不舍吗？钟先生只是笑笑说，放这里只是为了天冷的时候披下，方便。要说太多的不舍倒也没有，但那毕竟是自己待了二十多年的地方，奉献了自己整个青春岁月。出走只是一种选择，还是希望老东家能有好的发展吧。

在采访中，我们感受到了钟先生作为一个公司总经理的忙碌。采访进入到尾声时，恰逢钟先生的公司到了开饭的时候，他热情邀请我们共进工作餐，一边吃一边继续接受着采访。接受完我们的采访，他还要去赶赴另一个会议，连午休的时间也没有。我们问：压力大吗？他笑着说，人无压力轻飘飘。言谈中对现在生活状态也是颇为满意。

最令我们印象深刻的是钟先生的"情怀"。当我们问，正在拍摄的两部片子，是不是因为曾经在传统媒体工作而选择这种带有所谓情怀的题材？钟先生给了我们一个意想不到的答复——"出来了就不要讲太多情怀了"。或许是看到我们有些失望，他做了进一步的解释。他说，像我们现在搞电影、电视剧其实什么赚钱都很清楚，但有些赚钱的东西，送给我们我都不会要，不符合这么多年我们所坚守下来的那种立场，我们会有底线不会去突破它的。

采访的最后，我们希望钟先生能给我们提点建议，让人生少走点弯路。他却说，年轻人不要怕迷茫，要相信你走的每一步都是对的，这些弯路最后都会成为你们想象不到的经历，在你人生的某个时间点就起到了作用。不走弯路固然是好，但弯路有时候也可能就是一条直路。关键是储存好自己的能量。

周虎城 现在是媒体人的"黄金时代"

裴昕萌 胡俊扬 高彦妤

人物档案

周虎城，1979 年生，华中科技大学文学学士，新加坡南洋理工大学公共管理硕士。香港大学公共行政与政治学系访问学者，清华大学经管学院 EMBA 媒体班学员。

2004—2015 年，就职于南方日报社，曾任理论评论部副主任和首席评论员。2014 年获新加坡《联合早报》金牌奖。也曾获中国新闻奖和广东新闻奖特别奖、一等奖等。2010 年，主笔《中国特色社会主义的伟大实践——纪念深圳经济特区成立 30 周年》和《新一辈改革家应该站出来》等文章，引起思想界热议。

2015 年 12 月，周虎城加盟乐视，担纲集团新闻发言人，并兼任负责核心政府关系与公共事务的副董事长办公室主任等职务。2017 年 3 月离职，加盟香港主板上市公司皇中国际（01683. hk），任执行董事，从事航空旅游、金融服务和国际投行。

主要社会兼职：韩国首尔传媒大学客座教授，海关公共关系研究中心特聘专家，外交与国际关系智库察哈尔学会副秘书长、国际传播委员会秘书长和高级研究员，欧美同学会东南亚与南亚分会副秘书长，中国航空金融研究院秘书长。

除了外交部，开发布会最多的就是昔日的乐视。

这是"罗胖"（罗振宇）2016 年 1 月在跨年演讲——《时间的朋

友》里的调侃。设想一下，如果你是乐视集团的新闻发言人，那得有多忙啊?!

《南方日报》原首席评论员周虎城就曾坐在这个位置上。他的职责之一，就是"协调打造乐视各大生态新闻发言人队伍并组织培训"。

从党委的"喉舌"到民企的"喉舌"，再到上市公司执行董事，周虎城的转身着实让人吃惊：他为何如此选择？他又是如何做出选择的？在新的岗位上他干得还顺利吗？

2016年12月，几经努力，我们终于"缠"上了他，请他在百忙中抽空接受我们的线上采访。彼时，他尚在乐视。我们也没想到，他很快又到了新的领域迎接新的挑战。一年后，我们又进行了补充采访。

"新闻发言人要具备三项能力"

问：与之前的工作相比，你在企业会更忙吗？

周虎城：我在乐视任职一年多一点，到皇中国际任职也半年多，接触到很多新的知识。以前也忙，只是忙的内容不大一样。之前在媒体的时候，因为评论工作，需要做许多社会问题的研究；而到了乐视任职后，我其实主要负责政府关系，除了要做互联网生态的研究外，还需要处理公司各种涉外事务，以及资源对接。在皇中国际就更忙了，航空金融对我而言是一个全新的领域，也是一次更深刻的转型。比媒体忙是必然的，媒体是触角广，企业是专精深。

问：乐视资金链危机出来以后，作为曾经的新闻发言人，你如何看待乐视的命运变迁？

周虎城：创业型企业的资金紧张不独乐视有，只是乐视被放在了显微镜下。作为创业型企业，经历一些坎坷、波折，付出了很大代价，令人心痛。但我以为，乐视所倡导的互联网生态概念，依然具备相当价值。当然，企业治理是一门深厚的学问，野心和理想不能逾越了能力。

希望乐视早日走出危机，获得新生。

问：你认为新闻发言人应该具备哪些能力？

周虎城：企业新闻发言人，至少要具备三项能力：懂市场，知情况，会说话。所谓懂市场，既要懂得市场运作的逻辑，又要懂得社会运转的逻辑；知情况，既要知道自身企业的问题与优势，又要知道媒体与社会所关注的焦点和他们想知道的信息；会说话，这个很简单，话有三说，巧说为妙。

"转型是新的延伸和扩展"

问：你在体制内前景看好，转型为何选择了企业呢？后来又为何二次转型？

周虎城：每个人的道路都是自己的选择。对我来说，迎接挑战，是一种生命的自觉。

在选择乐视之前，我曾有过各种体制内的发展机遇，在年少时，这些机会都是我梦寐以求的。应该说新加坡一年的学习，改变了我许多。我从新闻理想主义开始向获取现实治理技术迈进。我执着地认为，新型互联网的治理模式蕴藏着许多外人不知晓的秘密，为了探索这种秘密，学习到更多的新互联网知识，我来到了乐视。

离开乐视，更多的是因为新闻发言人的定位并无法满足我对转型的诉求。既然选择了企业，就希望得到更多企业治理的实战，因此，我加盟了皇中国际。这是一家新型国际航空金融企业，我开始实质性地参与上市公司企业治理，参加海内外项目并购谈判，并配合董事长一起打造了"3＋1"平台模式，即投资平台、资本运作平台、基金平台和智库支撑平台。目前，这一"产、融、智"多向融合发展的模式已得到了市场的相当认可。

问：你也参与创办了察哈尔学会，该学会已经连续跻身全球顶尖智库排行榜，在多重身份之间你如何转圜？智库在你的发展中扮演什么角色？

周虎城：在报社工作的时候，我便配合全国政协外事委员会副主任韩方明博士共同创办了非官方的外交与国际关系智库察哈尔学会。这是一家从事公共外交与和平学研究与实践的机构。该智库的创办得到了南方报业的支持，双方形成了战略合作关系，一起推动公共外交在中国的普及。离开报社以后，报社领导一以贯之的支持这一合作，这一点需要感谢老东家的信任与支持。到了企业以后，企业领导也很看重察哈尔学会在公共外交和"一带一路"等领域的影响力。

察哈尔学会从无到有，从有到强，有许多故事，一下子也讲不完。但智库传播和智库运营都需要策略，也需要机遇。策略对了，机遇来了，抓住几个重大事件，为国家的整体外交氛围改善做一点工作，人生会变得更圆满。比如在半岛和平问题上，我们扎扎实实做了许多工作，我本人也参与过好几次解决萨德问题的谈判，还和新任韩国驻华大使卢英敏阁下一起开展诗歌外交，这大概便是家国情怀的实际演练吧。此外，企业和智库可以虚实结合，有机互动。

问：你曾任《南方日报》理论评论部副主任，你认为在媒体转型期，新闻评论扮演的是什么样的角色？

周虎城：评论依然是风向标，是彰显媒体属于哪种气质的决定性因素。

对媒体转型而言，评论的灵魂作用独一无二。新媒体时代是一个信息海洋的时代，但评论代表着思想的张力，是信息海洋中的思潮引领者。无论哪一个时代，都需要观点，需要明辨是非，越是信息复杂，越是需要有人提供观点。观点市场在过去、现在和未来都有着深刻而独特的价值，因此评论永远无法被取代，只不过写作方式、表达技术需要与时俱进。

问：在《南方日报》期间，做评论会遇到哪些困难？你一般又是如何解决的呢？

周虎城：在党报做评论，受到的束缚要比都市类媒体更大。

首先，作为党报的评论要有喉舌功能，政策解读既要传达党和政府的精神，同时又要非常专业地让民众看得懂。其次，作为评论，既要引领舆论，又要把真正为党说话与真正为人民说话有机统一起来。很多事情，不是不能碰，而是要看什么时候碰，碰到什么程度才能达到最佳效果。

为此，我提出了党报评论"双满意"的观念。所谓双满意，就是既要党和政府满意，又要市场和人民满意。而要做到"双满意"，首先你得是位政治研究专家，要深刻理解党和政府的精神，深刻理解中国政治运作逻辑，能从蛛丝马迹中判断到政治走向和政治信号，能清楚党和政府的底线在哪里；其次，你得是位行业专家，知道某个社会问题的症结在哪里，解决方案在哪里，既会批评又能建设；最后，根本上你是位媒体人，会说话是基本功能，要明白以怎样的话语表述问题才最为合适。

有了这些经验，就会明白，有些别人不能碰的"天花板"，你是可以碰的，别人碰了就会出事的"天花板"，你因为掌握了批评的尺度，碰了反而会赢得掌声。

问：在《南方日报》那段时间，你最大的收获是什么？对于现在的你来说，那段时间给你带来了些什么？有什么是你一直受用至今的？

周虎城： 最大的收获是有一帮始终信任我、鼓励我的老同事，无论我在哪里，他们都在关注和支持我的发展。在报社工作的十二年是我青春无悔的十二年，我收获了职业的荣光，践行了少年时的新闻理想。我执着地相信，无论是我的职业如何变迁，在南方报业所积累的工作经验、社会人脉和工作能力，将令我受用终生，也是一生的财富。

"生产内容的人永远不会被淘汰"

问：据我们所知，你对媒体转型也很关注。你认为媒体转型有成功的先河，包括"南方"在新媒体方面做了很多的尝试。你能简单举几个例子吗？他们最终是成功还是失败了呢？

周虎城： 当下媒体转型的方向有很多，比如：有的转型心切，贪大求全，微博、微信、新闻客户端一应俱全，以为有了这些新媒体"标配"就算转型成功，对如何更好发挥新技术、新平台作用研究不多，突破不够，导致传统媒体和新媒体合而不融，没有一体化，依然"两张皮"；有的发展新媒体"快"字当头，重建设轻管理，将"活一点"等同于"松一点"，在导向把关上标准不一，噪音、杂音、不和谐音频出，对舆论引导形成干扰；有的片面理解"用户中心"，一味迎合受众口味，导致庸俗、低俗、媚俗内容泛滥，与主流价值观背道而驰；有的片面强调发展，偏离主业和媒体属性，社会效益第一、社会价值优先观念置之脑后……

那么，评判媒体转型的标准到底是什么？是经济效益的增长？是新媒体用户的翻番？是，但又不全是。南方报业评判媒体成功转型的标准只有一个，就是舆论引导能力和可持续发展能力的双提升，二者相互依存，缺一不可。

提升舆论引导能力是媒体的使命职责，为可持续发展明确目标、把准方向；提升可持续发展能力则反哺媒体的内容生产与传播，为舆论引导夯实物质基础。比如，最近一次的南方报业转型推出权威自媒体分发与办事服务平台——"南方号"，通过"南方号"矩阵向专家学者、意见领袖以及南方名记的自媒体延伸，为用户打造一个"最懂广东"的自媒体平台。

问：你说过，"媒体给找死了，但是媒体人给找活了。"而且还指出，在这个新媒体的时代，信息特别复杂，大家特别需要这种专业化、专业性，所以媒体人离开媒体到别的行业而言会有很多的机会，这是一个媒体的末路的时代，却是媒体人的一个"黄金时代"。

在你看来，媒体人的转型方向有哪些？媒体人"黄金时代"的前景是什么？媒体人还应该如何适应新环境？

周虎城：最近这几年媒体人转型方向，大概有这么几种：

其一，从为媒体打工改为与媒体打交道，比如从事广告或公关，尤其后者更甚。对于很多中国很多公司来说（无论是企业主还是公关公司），他们更喜欢用媒体人做公关，因为他们认为媒体人人头熟，做事方便。

其二，创业。《21世纪经济报道》的左志坚创业做"拇指阅读"。"财新"的资深记者赵何娟创业"钛媒体"，中国企业家李珉创业"虎嗅"。罗振宇的"罗辑思维"已经鼎鼎大名。还有如"雪球"的方三文，"陌陌"的唐岩。

其三，改行，比如商业价值的主笔夏勇峰，跑去做了小米的产品经理。改行其实也非常多，另外还有"天下网商"主编许维去了一个以企业社交为核心的创业公司。

但其实大部分转型的媒体人，还是做着内容生产与传播的工作。尤其是移动互联网时代，很多媒体人因为拥有比较专业、优质的内容生产能力，通过自媒体平台，放大了他们的声音和效应。

我说的"黄金时代"，并不是传统媒体的"黄金时代"，而是媒体人的"黄金时代"。因为，无论科技怎样变化，传播的介质怎样变化，这个时代依然需要内容，优质的内容始终是稀缺品。所以，淘汰的只是传播的介质，生产内容的人，永远不会淘汰。

在这个过程中，媒体人如何改变话语的表达方式，以更容易被接受的互联网语言进行传播，如何快速掌握新的技术和新技术下内容生产模式，则决定了一个媒体人能否胜出。当然，最为根本的还是如何生产出优质的内容。

问：你对未来职业的期盼和规划是什么？

周虎城：其实，对未来职业的期盼和规划很简单，就是如何让自己走在时代的前沿，不断挑战自己的能力，释放自己的能量，做一个对社会和雇主更有用、对家庭更有价值的人。

采访札记

每一位采访对象都是宝藏

刚刚拿到采访名单时，我们这些"愣头青"懵了：周虎城，乐视的新闻发言人，《南方日报》原首席评论员。大咖的分量出乎意料！

为了做好采访，我们小组分头行动：第一个负责收集背景资料、生平档案，让我们更好地对采访对象做一个侧写；第二个负责去搜集周虎城发表过的文章，发出过的言论，参加过的大型会议，以便我们从这些只言片语之中探求他的思想和价值观；第三个负责搜集有关最近乐视的公司新闻和公司的回应，以便了解周虎城上任后的一些举措。

做完前期资料收集工作后，我们分工写出了三部分的采访提纲，之后又根据采访对象的身份更改了多次提问技巧,力争让采访提纲更加完善。准备了这么多,终于要进入采访环节,但意外却不期而至。

意外一,采访对象不在广州。

拿到号码,手机联系之后,对方爽快地答应了我们的采访请求,定于那一周的周六采访,我们也很高兴,从没有想到过程会这么地顺利。可是,再联系采访地点时才得知,原来采访对象不在广州,在北京,我们一时间慌了神儿。

经过短暂思考,我们决定不放弃这位难得的大咖。经得对方同意,我们利用线上采访来获取想要的信息,为此,我们组员与周虎城先生的拉了一个微信群,以方便提问。

意外二,采访对象职业变换。

等到要校稿的时候,周先生已经开启了新的职场生涯,这实在有一些始料未及。而且他的身份较多,既有企业身份,还有智库身份。但他的职业跨度之大,还是颇令人惊讶的。好在我们及时调整,才让这一份采访不至于过时。

在采访过程之中,我们也有不少收获:

一是记者的自信。

无论对面的采访对象是谁,只要自己做好了充足的准备,都不必在采访对象面前怯场。我们是平等的关系,只管用合适的方式交流就可以了。并且,我们也利用到了课堂上所学到的知识,学以致用。

二是近距离接触大咖,保持联系。

在与周虎城交流的过程中,我们对传媒人的转型和整个媒体业的大环境都有了新的认识。周虎城去韩国参加智库论坛,也会在群里和与我们交流一些看法。在他的朋友圈里,我们也看到了许多优秀文章,或者对一些热点问题的一些简短评论,对我们都有很大的启发。

这着实是非常宝贵的一次采访经历。

五

专业转型

陈伟军 传统媒体转型仍需要有思想的记者

梁凯琪 许舜钿 程琳绚

人物档案

陈伟军，1973 年生，湖南湘潭人，文学博士。

曾在南方日报社工作 7 年，2004 年获评主任编辑职称。2005 年调入暨南大学新闻与传播学院任教，2009 年评定教授，2013 年遴选为博士生导师。

主要从事传媒文化、新闻业务、文化产业等方面的研究。2010 年受聘第二十届中国新闻奖、第十一届长江韬奋奖评委，中央电视台特邀评奖专家。兼任《岭南传媒探索》杂志副主编。在《文学评论》《现代传播》《国际新闻界》《社会科学战线》等学术刊物发表论文 70 多篇，其中多篇被《新华文摘》等期刊全文转载。出版专著 4 部，其中《广东文化产业发展战略研究》获广东省第六届哲学社会科学优秀成果奖二等奖。主持、参与国家级和省部级课题多项。

从主任编辑到博导，陈伟军的职业转型无疑是非常成功的。他跟我们分享了"从媒体走向课堂"的心路历程，提醒我们："无论是转型还是工作和学习，最重要的是应该清楚自身的特点，找准自己的定位。"

作为有业界背景的学者，他坦言，无论是新闻界还是学界都不是预言家，我们不能确切地说出传统媒体会往哪个方向转型，也难以为潮流变化开出一个完美的应对"药方"。以不变应万变是最好的方法。要坚持用心做好内容生产，做一个有思想的新闻工作者和称职的传媒人。

他建议，新闻专业的学生在关注社会现实的同时，不要忘记阅读经典著作，锻炼自己的文笔和社会洞察力。

培养"有思想的记者"

问：听学生说，你是一个务实、业务能力很强的教授。

陈伟军：同学们的评价可能有赞扬的成分在里面。我自己认为是一个能把理论和实践相结合的老师吧。希望能在教学中给学生们实践的案例分析和理论知识，现在更注重培养学生的理论和学识修养，希望他们做一个"有思想的记者"。

问：你现在主要教什么课程？

陈伟军：教了很多课。主要有《新闻采写》《新闻编辑》《报刊电子编辑》，还有《新闻评论》《专业新闻报道》，基本上新闻专业的业务课都上过。

问：你有什么独特的教学方法、经验可以跟我们分享吗？

陈伟军：独特的地方可能也说不上，就是比较注重实际的训练吧。比方我上新闻评论课，让他们每周写一篇新闻评论，下一节课抽一些作品当堂点评。新闻采访课就让他们课外做新闻采访的实践，通过采访和写作的方式来提高他们的动手能力。

问：你觉得我们现在学习的"新闻传播学"与其他的学科有什么不一样的地方？

陈伟军：应该说我们这个学科还是属于社会科学范畴的，跟社会接触比较密切，关注社会的最新变化。新闻是对现实的一种记录，一种快速的反映，需要我们的动手实践能力。但是也需要思想，因为你要理解社会、记录社会，没有思想的话你的理解很容易是肤浅的、泡沫的，因此要有深刻的洞察能力、判断能力、预见能力，你才能做社会更深刻的记录者。所以，我们学科的不同就是和实践结合非常紧密，需要对现实有一种快速的反应力，同时要有深刻的判断力、洞察力和写作能力。其实，我不主张把学科分得太细，像我们新闻传播学科，你最好是可以广泛地涉猎、广泛地读书。

我那时"为他人做嫁衣"

问：你当时是如何进入南方日报社的呢？

陈伟军：在中山大学中文系读研究生，发表了不少的研究论文，显示出了一定的文字能力吧。那时候也不像现在这么多轮的面试，南方日报社人事处长去学校看档案，跟我谈了一次话，就通知去南方日报社上班了。

问：你是如何理解"新闻人"这一概念的呢？

陈伟军：那时候对新闻的理解还比较简单，只是希望能跟社会接触。当时我也是可以在中大中文系当老师的，因为读书和社会实践还是不同，想毕业之后去外面闯一下。本来也可以去机关工作的，但还是觉得新闻和社会实践结合比较紧密，想更多地历练自己。

问：据我们了解，你之前是在南方日报要闻部工作，当时主要负责哪一类型的工作呢？在那一段时间有发生令你印象深刻的事情吗？

陈伟军：主要负责是编辑，具体是头版编辑。

印象深刻的就是在工作当中有一些大的、战役性的报道吧。像1998年长江特大洪水、澳门回归、党的十六大召开等重大报道。

问：在这些重大报道中，你充当什么样的角色呢？

陈伟军：在重大报道里，其实每个人都是其中的一个环节，一个"螺丝钉"，是一个团队的协作，特别对编辑来讲。编辑个人的力量可能就淹没其中了，这也是为什么说"编辑是为他人做嫁衣"。

问：怎样理解《南方日报》2002年的改版？

陈伟军：应该说定位更清晰了。《南方日报》做得比较好的，就是明确了自己精准的定位。定位于高端读者人群，既发挥党报优势，又做一些有针对性的挖掘，占领高端市场。从这方面讲，《南方日报》在国内的党报中依然是领先的，据说2015年它还有百分之十几的广告增长率。

"我调到高校好在读了个博士"

问：2004年你已经评了主任编辑的职称，是什么让你选择放弃努力多年的成果而转型到学界？有什么契机？

陈伟军：可能还是个人爱好的问题。

孔子说，"三十而立，四十而不惑，五十而知天命"，反映了人对自己的认识过程。一开始，我们都不知道自己要干什么，我在读研究生的时候也是这样，二十岁觉得世界很精彩，闯荡一下，发现也就这么一回事。2005 年左右，找到了自己的定位，觉得去学校可能更适合我，因为个人的性格、原来的基础都会决定了去一个地方能不能适应下来的问题。我当时积累了一定的研究基础，有论文作品，加上也有了职称，"主任编辑"是相当于"副教授"的职称，而且学校也能提供"副教授"的待遇。

这其实也是出于综合考虑——兴趣、环境、个人基础。如果转了一个行业，自己适应不了，那其实也是在为自己找麻烦。

问：你之前从事编辑工作的这段经历，对你转型做教授有什么优势吗？

陈伟军：不能说是优势吧，就是跟其他的老师会有不一样的地方，我可能会更加注重现实一点。

我现在研究分为两个方面，一个是与社会结合得比较紧的，另一个就是理论的文化的研究。我平时和同事们交流的时候，我说"现在是两条腿走路"，一个是实务，另一个是理论。因为之前中文系的训练会注重抽象、思辨性的东西。而且，我原来在媒体有实践的经历，与现实社会接触得比较多。

有业务，也有对理论的思考，因为如果单纯从业务的角度是上不了层次的，业务是技术操作的，相对比较容易掌握，出高端的成果就极不容易；理论研究使我们相对超脱一些、学术性更强一些。

问：你在转型的时候，有没有遇到过困难，又是怎么样去克服的呢？

陈伟军：一开始，有一个要适应高校教学工作的过程，还有科研方面也有一个转型过程，要把报社的实践经验转化到理论高度，还要把中文的学科背景转化到新闻传播学的研究领域。好在读了个博士，训练了转化的技能，这个适应的时间也没有太长，大概三四年的转型期，2009

年就评上了教授，适应了学校的教学科研体制，从原来的实战转变成教学和科研方面。

问：你身边的人是怎么样看待你转型的决定呢？家人、朋友或以前的同事给了你怎么样的帮助和建议？

陈伟军：身边大多数人都不理解。2005年的时候，多数媒体人对报业的前景充满乐观。我调到高校工作，身边的一些同事也不理解，有人甚至说："学校是养老的地方。"现在就换了一个说法了，一些原来的同事说我太英明了。

"三十而立"，我找到了自己的定位。现在"四十不惑"了，也没什么困惑了，该是你的就是你的，不是你的强求也没用。认识自己是一个过程，需要经历、需要磨炼。

问：转型之时，你对高校教学有过怎么样的设想？进入暨南大学后，你面对的现实情况跟当初设想有什么出入？

陈伟军：高校的工作我还是比较了解的，不是一个全新的领域。因为研究生毕业之后，我也跟着我的硕士生导师一起在做课题，读博士本身也是在做研究，所以高校的研究我应该是能够适应的，不能说肯定会很好，但应该不会垫底。现实情况也基本是按照我原来的研究设想在进行，大体能做自己感兴趣的事情。

问：现在纸媒的前景堪忧，很多传统媒体人都转型去了别的领域。你有什么经验要跟转型到学界的媒体人分享吗？

陈伟军：我的建议就是，要综合考虑自己的特点，进高校一点也不轻松，学校运作机制也有它的规则。现在的社会其实也没有一个轻松的行业，大家都是"压力山大"。到高校来要看自己适不适合做研究，或者说有没有那个悟性，学术并不是靠看书就行，还要有悟性，就像做新闻要有新闻敏感一样，做学术要有发现问题、解决问题的能力，要在纷繁的现象中找出问题，并且提出自己的观点。

从媒体转型到高校一定会有用武之地，特别是在业务方面，但是，还需要一个根据自己特点的转换和适应过程。世界上没有一个理想完美的职业，只能根据自己的特点找到适合自己的。

"以不变应万变是最好的方法"

问：我曾看一篇论文写道：从传统媒体转到学界的新闻人，大都既有新闻理想又有学术理想，不知你是否也是呢？它们分别是什么呢？

陈伟军：是有的，但还需要不断地去完善。对于新闻，我个人觉得它是一个很好的行业，是一个能够给年轻人很多锻炼的机会、让有新闻追求的人去实现自己价值的行业。

我常跟学生说，虽然新闻行业遇到了很多的挑战，例如现在的传统媒体在走下坡路，但这并不意味着新闻业本身会死亡，它的存在有很重要的价值。如果能成为一名优秀记者，能够把新闻做好，那么在其他行业都能够适应和胜任，因为新闻学培养的是一种综合能力。

而从学术的角度来说，我觉得自己是非常喜欢在高校教学的，因为它给了我一个很好的机会去跟年轻人交流，把我的想法告诉他们，同时也了解到他们的观点和看法。我很享受这种观点交流的过程。在科研方面，我也十分希望自己的心得以及研究成果可以成文，能写出我想表达的东西。

问：都说新闻是瞬息万变的，你是否觉得部分课堂上的内容已经不适应当代？学界是否已经与业界脱节了？

陈伟军：这一个问题也的确是我们新闻教育界长期以来都会面对的问题，因为实践确实是走在新闻教学前面。社会处于大变革的时代，变化之快，潮流之新，甚至连身处其中的传媒人也会感到迷茫，更别说是在教学方面的更新了。

一方面，我们需要保持对变化的敏感性，另一方面，我们要学会以不变应万变。最基本的东西是不变的，如新闻的采、写、编、评，在这方面我们要打好基础。新闻学学生进入社会后，要发挥在内容生产和传达这方面的优势。因为在新媒体技术搭载下，其内容是多样化和多元化的，我们只有将自己的基础打好了，才能去适应新媒体的平台和潮流的变化。

像年轻人都熟知的"papi酱"，她是一个有才华的人。她的短视频不同于其他偏低俗、恶俗的直播视频，作为一种网络亚文化现象是有意义的，从中我们可以看到一个媒体人生产内容的机智和灵巧，这正是一种以不变应万变的体现。未来新媒体平台将会越来越个性化，去应对它，我们首先还是要把自己的基础打好，坚持用心做好内容生产，做一个有思想的新闻工作者和称职的传媒人。

技术性的东西永远都会过时，永远都有不适应的时候。未来的发展方向是很难预测的，我们不能确切地说出传统媒体会往哪个方向转型，无论是新闻界还是学界都不是预言家，都难以为潮流的变化开出一个完美的应对"药方"，我们只能是去探索、去实践。所以，我认为学界的新闻研究者面对变化不能自乱阵脚，也不需要担心他人的指责，努力提高自己的综合修养，在密切关注媒介生态变化的同时，以不变应万变就是最好的方法。

问：你刚才也提到了新媒体平台的个性化趋势，在互联网时代，人人都是信息生产者，你认为专业的新闻人应该怎样发挥自身优势？

陈伟军：不同类型的媒体对人的要求不同，新闻人首先要了解自己的性格特点以及学科知识背景。

信息正在变得越来越多样化，单一的新闻内容已经难以满足受众多元化的需求，所以新闻人需要适应时代的变化。如何发挥自身优势因人而异，最关键的是找到自己的特色所在，并结合自身特点去展现自己的能力，展现出自己与众不同的一面。

"传统媒体将专门化和边缘化"

问：从你的微博可以看出，你还时刻关注着传媒行业，那么你对传统媒体的现状有什么看法呢？如何摆脱困境呢？

陈伟军：我留意到，传统媒体如今大多都在探索、在转型中，但转型是一个很艰巨的过程。

传统媒体原本的运作模式已渐渐不适应新情况并且已逐渐被改变了，原来的运作模式是以单一的新闻内容为主，然而新媒体时代，无限而多样的信息才是主流。所以，今天传统媒体的转型主要着重于如何从生产单一的内容产品转向提供多样的内容产品，但这并不意味着所有内容都要覆盖，每一家媒体都要找准自身的定位。我们可以看到，现在有影响力的传媒公司基本上都是复合型的，比如说腾讯，它们的内容都是十分丰富多样的。内容越丰富，积聚的人气、受众就越多，公司就越有发展的潜力和空间。

问：你也紧跟时代潮流，对直播、网红等问题也有着自己独到的见解，那么你认为新媒体行业对传统媒体行业有哪些冲击呢？

陈伟军：新媒体行业对于传统媒体在用户、观念、体制等多方面都有冲击。在用户方面，新媒体可以说是十分接地气的，是真正贴近普通老百姓的，仍以"papi酱"为例，她的直播能够吸引两千多万的观众同时在线就能够说明她生产的内容对于受众来说具有很强的接近性。

在运作和管理机制方面，新媒体比传统媒体更加灵活，传统媒体如报业，是属于国有企业，它在管理、运营以及用人方面在一定程度上受到更多条条框框的桎梏。

而在观念方面，传统媒体的互联网思维还没真正得以贯彻，我们常说的"互联网＋"其实并不只是简单地与互联网结合，而是如何将新媒体的技术优势与自身特色内容进行融合。所以传统媒体与新媒体在各方面的差异，都可以说是新媒体冲击传统媒体的表现。

问：从你以前的文章和访谈中，我们可以看到，你也是一个密切关注新媒体发展的人，在如今新媒体迅速发展的背景下，有人认为传统媒体在衰落并最终会被新媒体取代。你是怎么看待这个说法呢？

陈伟军：传统媒体如报纸并不会消亡和被取代，但会渐渐走向边缘化。这种边缘化是指传统媒体将专门面向某一些特定的人群，如机关报、行业报、企业内刊等。比如说广播，它在车载广播方面的应用一直支撑着它的发展，让它不至于消失。所以说，传统媒体不大可能会被取代，它只会慢慢地走向专门化和边缘化。

在阅读中发现和积累自己

问：你作为新闻学院的教授，有什么话要对新闻系的大学生说吗？

陈伟军：如果是想做新闻的同学，可以先去传统媒体工作，得到充分的锻炼之后再考虑转向新媒体。因为传统媒体已经有一套成熟的生产新闻内容的经验，传统媒体相对来说是比较人性化的，它容许你有一个成长期。而新媒体的产品过于多样化，学生如果找不准自己适合和能够适应哪一方面的工作，就容易陷入迷惘状态，自信心会受到很大的打击。

每一个人的发展道路都是不可复制的。本科阶段的大学生要根据自己的特点来学习。要脚踏实地，把基础打扎实，多阅读，大学四年里把书读好，这些就回到了我最开始所说的以不变应万变。

现在的社会比较浮躁，诱惑也很多，许多学生很难静下心来去阅读一些真正有营养的书籍。而我上大学是在20世纪90年代的时候，物质生活不如现在丰富，但这反而是一个好事情，因为可以不受外界干扰，扎扎实实地读书。我在大学的时候，读了上百本经典著作，还分别做了读书笔记。有了这样的知识基础之后，我无论是到媒体工作，还是后来转型到高校教学，也能很好地适应。

我们很难去判断未来行业格局的变化，也很难及时跟上技术的更新速度，所以，最好的方法还是以不变应万变。在关注社会现实的同时，不要忘记阅读经典著作，锻炼自己的文笔和社会洞察力。读书多了，我们遇到问题就能够有自己的观点和想法，能够提升我们的底气与自信心。所以希望同学们能够在阅读中慢慢探索到适合自己的、自己真正中意的事物。

采访札记

温和却有力量

这是我们平生第一次采访，各种紧张是难免的。幸运的是，我们碰到了一个温和而又亲切的采访对象，顺利画上了一个完美的句号。

在访谈中，陈伟军教授总是带着鼓励的眼神，认真回答我们的每一个问题。

他对每个问题的把控都非常到位，不会夸夸其谈，更不会避而不谈。他总是微笑着点头，予以我们极大的包容和耐心。后来整理采访资料时发现，我们有一两个问题问得不是很好，可当时教授并没有表现出丝毫的不满，反而很真诚地回答。

除了待人真诚，陈伟军喜爱阅读也给我们留下了深刻印象。我们留意到，他的办公室书柜装满了书籍，不只是新闻学方面的。在回答问题时，他处处引经用典，听得出阅读量非常惊人。他说，读大学时阅读了上百本经典著作，而且在阅读时有随时做笔记夹在书中的习惯。我们问他阅读的体会，他说读书让人活得更自在。

作为从业界到学者的教授，陈伟军也很"接地气"。他紧跟时代潮流，喜欢和学生们交流，对网络直播、网红等现象也十分关注。当谈到"papi 酱"时，我们的采访氛围格外火热。

他说转型是兴趣使然，是一个深刻认识自己之后做出的选择。谈起这个影响终身的决定，他满是自豪。的确，他做了正确的选择，也是从心的选择。认识自己、了解自己喜欢做什么并为之付出努力，也许便是他转型成功的法宝。转型的道路充满着困难、充满着艰辛，但只要是自己真正想要去做的，那便勇敢地去做吧。

如果让我用一句话来形容陈伟军教授，那便是"温和却有力量"。

裴谕新 转行要把资源优势用上

吴泽娜 刘嘉欣 李傲华

人物档案

裴谕新，1970 年生，现为中山大学社会学与人类学院副教授、硕士生导师。

1992 年，大学本科毕业于中国海洋大学，进入苏州市水产研究所工作；1996—1999 年，在南京大学社会学系攻读硕士学位；1999—2002 年供职于《新周刊》，历任编辑、编辑部主任；2002—2007 赴香港攻读博士学位，作为一名女性性文化研究者出现在公众视野，并出版《欲望都市：上海 70 后女性研究》一书。先后在《时尚健康》《21 世纪经济报道》《男人装》等报刊杂志开有专栏。

2013 年，因和其研究生团队在网上征召网友自慰故事引发热议。

新闻学是一个让人有点尴尬的专业。我们满怀朝气地进来，却被告知即将进入一个衰落的行业；怀揣新闻理想，渴望"无冕之王"的荣誉，却看到许多自我污名化的记者，新闻变成了"腥闻"。因未曾进入传媒行业，我们对这些变化感到不可思议，但至少，我们可以去理解那些离职传媒人的变化，他们转型的原因以及背后的故事。就这样，我们采访了中山大学副教授裴谕新。

裴谕新是一个跳跃性很强的人。她本科就读水产专业，毕业后当了四年研究所的助理工程师，因为"觉得太闷"，又跑去南京大学读了三年社会学。之后，她在《新周刊》待了三年，从小记者一路做到编辑部主任。这时，她又做出了一个惊人的决定——辞职去香港大学修读博士学位。拿到博士学位后，她成了一名学者，因性学研究频频出现在公众视野。她的研究大胆前卫，常有人拿她与李银河比较，她却说"李银河比我无趣多了"。

她的经历丰富又传奇，但我关注的，却是她精彩纷呈的人生中那段和传媒纠缠的岁月：为什么选择在传媒"黄金时代"离开？曾经的记者生涯又怎样影响了她如今的学者身份？

"我遇到了职业天花板"

问：读完硕士之后，你就在《新周刊》工作了，后来为什么会想到读博？

裴谕新：现在我的同事好多都转行了，只有极少人还留在《新周刊》。他们也问我一个问题，你怎么转得那么早啊？当时我们都还没认识到，其实当时《新周刊》是鼎盛时期。那个时候还完全没有衰落迹象。当时新浪已经出现了，但我们根本没有把新浪当一回事。

问：当时大家都还不习惯用。

裴谕新：对，当时大家不习惯看新媒体。我改行只是因为自己在媒体行业已经遇到了"玻璃天花板"，从职业上升的角度上我遇到了一个"玻璃天花板"。

问：怎样的"玻璃天花板"？

裴谕新：作为一个女性，你会感觉到，你的职业不可能再上升了。你可以看得到上面有什么，但你就过不去。在媒体里基本上人人都是有追求的，当你已经成为了一个非常熟练的记者后，你就想做主笔，想做主编，你想自己决定选题，你要自己决定自己干什么。那个时候你发现自己决定不了。

我已经能够看到我的职业阶梯的最高层，那个生态链的最高层是主编。我很想做一个主编，但我就做不了这个主编。我做不了，我不可能。当时《新周刊》的趣味我做不了，它的定位决定了。就算给我主编这个位置，我也没办法按照它原本的做下去。

问：是因为你就职的周刊里，男权色彩比较强吗？

裴谕新：那是看不见的一种文化，你的男同事能力确实非常强。现在的一些媒体也还是一样，大部分是由男性来统治的。

我也想过跳槽，当时一份杂志的猎头来找我，比我原来那个就好一点点，但是对我来说吸引力不是很大。然后我觉得，好像我在这个市场上也没有多大价值。

问：你拒绝了这家猎头，是因为它没有上升空间吗？

裴谕新：对，所以我没有去。现在想想，我可能不适合做传媒，我适合做研究。我的趣味太单一了，杂志是要求多面化的。

问：当时没有想到自己是学者型的人吗？

裴谕新：对，没想到自己是学者型的人，当时还以为自己只适合做传媒呢。后来发现自己对女性就比较感兴趣，对女性主义、性研究比较感兴趣，所以就想，不如再去念书。

"《新周刊》丰富了我的人生经验"

问：你在《新周刊》工作，收获最大的是什么？

裴谕新：我在《新周刊》的收获特别多。

首先，《新周刊》丰富了我的人生经验。当时是媒体的黄金时代，也是《新周刊》的黄金时代。我们每一个季度都出去旅游一次，我之前没怎么有过这种集体旅游的经验，有好几次是去那些非常美丽的地方。这是一种人生经验。我以前从来没有经历过，这是职业带给我的。

其次就是，我遇到了优秀又很勤奋的同事。就算是以前读书的时候，大家选的是同一个专业，但是那个"筛子效应"也不如《新周刊》。也不知道是杂志社的文化比较强，还是它选的人都很像，都比较个人主义，但也都才华横溢。大概都过了十年了吧，现在在不同的场合会遇到，你还是觉得非常亲切，没有隔阂。

我以前擅长写故事，但我不擅长总结一种社会现象，我的研究生训练没有达到这一点。去把握一种趋势、一种社会现象、一种社会心态，从比较宏观的视角看问题，这些反而是《新周刊》教给我的。这个宏观视角你要把它落到实处，需要通过多方资料、多方印证，有趣地把这个观点呈现出来，这也是《新周刊》教给我的，甚至查文献都是《新周刊》逼我的。当然，我们读研究生时也需要查文献。但是在那么短的时间之内，要找到那么多文献，而且你要迅速消化掉，变成你的文字，这也是《新周刊》教给我的。

问：你觉得和媒体专业出身的记者相比，你存在什么优势和劣势？

裴谕新：我没觉得我有劣势。

问：在《新周刊》工作的时候，不会说觉得自己不是（新闻专业出身）就……

裴谕新：不会，因为他们只有几个是，其他的都不是。我觉得人生应该多些经历比较好。我的专业背景不同，我的知识来源不同，我的思维方式不同，这是我的优势。很多能力是你的专业给你的，但也有很多能力是专业之外的东西。有的时候，这些专业之外的东西起了非常大的作用。比如说，现在有的传媒人不做传媒去做别的了。人生不应该把自己固定在某一个位置上面，你应该去打破一切常规。

问：你在《新周刊》的工作状态是什么样的？

裴谕新：我们要是不写稿的时候，就会在杂志社里待着，要是写稿就回家待着。一般我都会报三四个题，每一期我都写三四篇文章。星期一定报题，我就在家里边待着写文章。但是我写文章进入状态比较慢，比如说我有两天时间可以写稿，但是这两天我就什么也不干，到处去逛，等到要交稿了，我当天晚上才开始写，写到天亮。很多时候我都是通宵写稿的，非常不好，但效率高。

我现在还保持我当记者的这种工作状态，昨晚3点多才睡，早上7点就起床了。其实学者不应该这样，学者应该是细水长流的，每天写个两千字。但我不是，我还是会连续好几个月不写东西。

"新鲜感是对记者职业的回报"

问：传媒的工作模式对你现在还有影响？

裴谕新：有影响。我选选题的时候，会去看很多东西，我会去琢磨这个选题能怎么样去反映社会心态，我要思考从哪几个角度去写。这个对我来说是非常好的一个思维训练。

我到现在还很喜欢看各种各样的新闻，如果你要我看自己领域里面的（文章），篇篇都差不多，会觉得很烦，当然这个也是要克制。到现在，我日常生活中的阅读还是记者式的。

问：你从传媒转去搞科研，会不会遇到什么不适应的地方？

裴谕新：有。传媒的一个特点是抓热点，所以到现在我写文章都还是既符合我的趣味，也符合大众的趣味。我总是考虑到我的读者。可能有些学者在做研究的时候不去考虑读者，或者只考虑同行。但我考虑多的永远是大众。所以一开始我写东西就有一个特点，我的东西读者非常喜欢读，但和学界联系得不多。我没有考虑到我的学者同行们怎么看我的研究。所以我写出来的东西常常是，我导师说很有意思，但不是学界主流。我现在慢慢地学会去和学界发生联系。

问：在你写这本书——《欲望都市：上海 70 后女性研究》的过程中，你觉得作为记者去采访别人和作为学者去采访，在心态和方法上有什么不同？

裴谕新：当记者的经验影响了我的研究，这是非常难得的。

我觉得人在年轻的时候，如果有机会还是要去做记者，这可以让你快速地接触到生活的不同的层面。而且，一旦你代入记者这个身份，你好像就可以跟世界上任何一个人发生联系，这个感觉非常奇妙。我做研究的时候也是很喜欢跟人发生联系的。比如说，我交朋友的话，可能就会说，"我来给你做个访问吧"。

问：两者之间还是有共同点的？

裴谕新：做媒体的时候，冲击就是四面八方一下就来了，学问相对来说还是要忍得住寂寞的。你要在一个领域里面做十年、二十年，然后还要保持那种热情，保持那种新鲜感，你让自己在这个领域里面不断地成长，你才能获得这种感受。做媒体你不可能整天都待在家里面，你还是要去跟社会发生很多接触的。

问：做媒体和做学术，最大的不同是什么？

裴谕新：做媒体的好处是你每天可以接触一些新鲜的东西，这种新鲜感对你的职业来说是一种回报。你会感觉自己永远站在潮流浪尖，什么东西你都懂，什么东西你都知道，你确实也能非常迅速地把握信息和潮流。但是学者就不一样。学者就是你只盯着一个题目去做。但实际上，如果你把你的视野放得宽广一点，就在你这个研究题目下，在你这个世界范围内，也是不断有一些新发现、新视角、新理论，也是可以带给你惊喜的。

问：以前在专栏写的文章比较浅显易懂，现在写严肃的论文比较严谨，就这两者来比较，会不会更认同现在的自我价值？

裴谕新：写学术文章，读者圈小，要比较严谨，还是有很多局限性。怎么说呢？还是说要耐得住寂寞吧。比如说，你写一篇文章要写好几个月，但你写完之后来自外界的反馈并不是很多的。可你需要这种内在的自我成长。

问：这种回报变了？

裴谕新：对，以前的回报是外向型，外面的人给你的即时反馈，现在是一种内向型的，自己肯定自己，自己在里面发现乐趣。很多时候是一个孤独的旅程，但是又不是那么的孤独，因为还可以去参加学术会议，和相同领域的学者交流，那种交流让你觉得非常快意人生。

问：对于个人来讲，你是更享受做一个记者还是做一个学者？

裴谕新：每个时代不一样。我读研究生的时候也有同学考博，可是我想都没有想过，因为我觉得我要投入到火热的生活当中去。这跟我的年龄有关、跟我的精力有关。那时候我什么都还没经历过，当然要去经历一下。

但我经历之后发现，我真的不适合做传媒，适合做学者。

"我看过它辉煌，也看着它衰落"

问：你以前在《新周刊》的同事很多都已经转型了吗？

裴谕新：很多。

问：他们的转型方向是什么？

裴谕新：有的人去做公众号了。我有一个朋友叫李国庆，他开了一个玩具店，成了一个玩具达人。周桦成了传记作家，这也算转行吧。她以前在《新周刊》的时候，一直去采访那些政商人物，后来她给王石写了传记，又给褚时健写了传记，现在她成了一个专门写财经人物传记的作家。还有一个朋友李冬莉，在北京专门做艺术品代理，她是把艺术品的想法呈现出来，做策展。陈若云开微店，做茶文化。我觉得，这些都跟他们原来在《新周刊》的工作有关的。原来我们也会有策展、采访，还有像那个玩具达人，他以前会采访潮流店，可能这些经历会触发到他。你转行肯定要把原来的资源优势用上，不然你凭什么转行。我觉得他们都是用上了自己的资源优势。

问：还有机会的话，你还会选择回到媒体吗？

裴谕新：不回了，我现在把研究当成我的人生职业。我一直做一些和媒体有关的事情，比如说我在研究里面也会运用一些传媒的手法，而且受传媒的影响，我不会觉得研究做得越高深越好，对我来说大众传播更重要。但我不会再回到传媒了，因为传媒的一个特点是做的东西太杂、太迅速，对我来说只有青春那段时间是适合那个职业的。

问：离开传媒行业后，你还会关注传媒行业的发展吗？

裴谕新：我不会去关注这个产业的发展。一个产业怎么发展，这个问题对我来说太沉重了。我会关心这里面人的命运。比如说，我的朋友他们离开了传媒之后要去做什么，如果他们不离开传媒要怎么样去生存。

问：他们转型是个人原因还是行业在衰落？

裴谕新：一开始像我一样，就是个人原因。但后来大家转型越来越快了，大家聚在一起就在讨论该怎么样转行。

问：大概什么时候？

裴谕新：几年前我就有这种感受了。

问：你怎样看待大家都在讨论转行？

裴谕新：我心里觉得挺悲哀的。我看到它的辉煌，现在它又衰落了，心里还是挺怀念那个时代的。但是我也知道这是潮流，没办法。

采访札记

她不是美，是美好

在经历了不少波折后，我们终于和裴谕新教授约定好了采访时间。在此之前我们只跟她在微信上聊过天，未曾谋面，对这位教授的所有印象也不过是她很大胆、很开放，曾经带领一群研究生搞了个很轰动的自慰研究。

裴谕新今年已经四十几岁了，然而当我们踏进她家的时候才发现，这位教授跟我们平时见的四十多岁的人相比大有不同。她一个人居住，小家非常明亮，连装修的色调都是清新明快又粉嫩可爱的，看起来更像是一个二十出头的单身女孩子的风格。室内干净整洁。也许是刚搬进来不久，她的家里杂物很少。以前经常会在网上看很多室内装修的案例，当时嗤之以鼻，有人居住的地方怎么可能像图片上那样整洁到一点乱七八糟的杂物都没有？但在裴教授家里发现了网上也不全是骗人的。

单纯听裴教授的声音，会以为她还是一个不满 20 岁的少女。不只是声音里带有苏州女子那种软软的腔调，还有叙事时那种热烈而投入的样子，带有浓浓的孩子气。虽然这样妄自评价一位学识丰富的教授并不妥当，但当我战战兢兢地向她提出问题时，她是那样随和亲切，像是大不了你几岁的姐姐，在一个冬阳温煦的早上迫不及待给你讲她的故事。

不仅声音，连带她的笑容动作都是少女式的，自然随意，你一眼就能看出来她并非是特意与我们亲近，只是性格如此。当我们提出要录像采访时，她苦着脸说："哎呀，怎么办？我没化妆呀。"然后小跑到化妆台前细细地涂上口红。聊到在《新周刊》的岁月时，她忽然来了兴致，讲了很多故事，和我们原因设想的主题无多大关联，但你就是不愿打断她。她笑得开心时，轻拍一下大腿，捂住嘴开怀地笑，眼眸里满满的兴致盎然。

结束采访后，她送我们到地铁附近与我们道别。我扭头看她，她的背影慢慢地消失在拥挤的热闹的人潮中，我们才发现，原来她不是美，是美好。

罗爱萍　向心的选择,向上的人生

杨璟銮　李小菲　吴小云

人物档案

罗爱萍,1977 年生,广州人,现为律师,著有《中国剩女调查》《反逼婚攻略》等书,有"单身掌门"之称。

2000 年 7 月,大学本科毕业于华中科技大学新闻与信息传播学院,到南方都市报社任政法记者。2002 年从南方都市报社离职,2003 年到中山大学法学院攻读法学硕士。2005 年 7 月至 2015 年 6 月,先是在《广州日报》江门记者站驻站一年,后主要在夜班编辑部工作。2010—2011 年,在英国威斯敏斯特大学媒体、艺术与设计学院进修文学硕士。

2016 年 1 月离开广州日报社,改行做律师。

有人说,新闻专业是"万金油",这个专业的毕业生什么行业都能干。这种说法像是表扬,更像是讽刺,说你不够专业。

在现代传播日益分众化的趋势下,专业化是对新闻记者工作的更高要求。这是共识,但问题是:记者如何才能实现专业化?

罗爱萍的转型故事具有借鉴意义。本科新闻专业出身的她,为了做好政法新闻报道,她攻读了法学硕士。在传统媒体不景气的时候,她转型做了律师。工作之后不断"充电",让她的职业人生更有底气。

"我读法学硕士是为了做记者"

问：你在"广日"的时候一般做什么？承担什么职务？

罗爱萍：我在"广日"之前，在"南都"工作了两年。我在"南都"是政法记者，然后在"广日"先是做了一年的驻站记者，在江门。驻站期间，主要还是写政法新闻，但是会兼顾其他。

问：为什么你在"南都"工作了两年之后，选择去读法学硕士？

罗爱萍：因为当时我做政法记者。六张报纸里六个记者，三个是读法律的，三个不是。因为自己在法律方面不够专业，在跟法院的人打交道时还是感觉到有不一样的地方，就很微小的那种区别对待，只是一种感觉而已，我自己是比较敏感，察觉到之后就决定去读法律。

问：你为什么去读法学而不是新闻呢？

罗爱萍：因为当时我想要考法律。我负责的是政法新闻，做记者的时候明显感到法律专业知识不足够才去读的。读完之后又回到新闻界，是因为我本来就是想去增强我的法律知识，然后更好地做一个政法记者。我去读法学硕士根本不是为了法律，而是为了做记者。

问：当时那三位读法律的记者，因为本身是学法律的，所以比较说得来，就更容易获得信息吗？还是情感上会更亲切一点？

罗爱萍：情感上是会更亲切。不过能不能跟法院打好交道，能不能交到朋友，这些其实还是要看个人吧。我虽然不是读法律的，但是我勤快啊。他们觉得你勤快，也会欣赏你。在中大读书期间，经常会回忆起以前做过的报道，感慨如果早点接受法律的专业训练，报道会做得更好。毕业之后去江门，也以跑政法新闻为主，就有一种法律的专业人士报道政法新闻的感觉。

问：如果可以回到以前，你是选择读新闻？还是会读法学，再去做记者？

罗爱萍：我还是会选择新闻，因为当时就是因为喜欢才读新闻，而且工作中学到的东西也很多。那时候媒体挺景气的，黄金时期，我身处其中感觉很不错，虽然有点挫折，有点不开心，但总的来说还是不错。

对我个人的成长也是很有帮助的。

"媒体人都会有点不畏强权"

问：你提到新闻工作中个人是有成长的，那你感觉新闻带给你的一个好的方面是什么？

罗爱萍：可能比同龄人见识更广一点。前不久，我发现自己身上有一股不畏强权的气质。应该是说，媒体人身上都会有点不畏强权。之前还不知道自己是这样，后来做了律师，发现其他律师不一定是这样，才知道原来是有不一样的，可能是做记者出身。政治敏感性还是会比一般律师好一点，做过记者要强一点，而且我的信息、数据分析能力也比较强。

问：为什么当记者能培养出不畏强权的气质？我们现在作为学生还感受不到。

罗爱萍：因为你还没有接触到，到时候去采访就会感受到。或者说报道负面新闻的时候，就一定要把它报出来，就是做舆论监督嘛，就要这么做。

问：有没有什么让你感到矛盾的，考虑该不该报的？

罗爱萍：其实没有。反正写了都交上去，有时候好像明显是有违职业道德的，但对社会有益或能帮助采访对象的，经过慎重考虑，我会选择后者。

"严肃新闻仍然很有市场"

问：传统媒体的黄金时期过去了，面临着一个转型，你觉得现在的媒体生态怎么样？

罗爱萍：虽然它现在走下坡路，传统媒体这种纸质的形式或者载体可能会被淘汰，但是我觉得严肃的新闻还是很有市场的。

我现在基本上很少看公众号，在新闻传播方面，我不相信个人公众号的真实性、中立性和客观性。我每天都要看政经新闻或行业新闻，会看《人民日报》的微信、中央电视台、央视网或者是最高法的微信，原来的信息渠道被冲得七零八落，变得非常分散，我作为信息的需求者，感觉找到这些信息非常吃力。以前是有编辑帮忙筛选，现在要自己去找和筛选。我有一个习惯，就是确保信息的来源和权威性处于最高级别。比如，一则法律修订的新闻，我最相信的是最高法的公众号的文章，肯定会先转这个，其次是一些地方高院或中院。就算是专门做法律内容的公众号，我都持怀疑态度。还是要分辨。有时候转一些新闻，除非是凤凰新闻、腾讯新闻等公众号或者客户端发出的新闻，否则，都是要那种传统媒体出来的经过记者去核实采访的才转。

问：凤凰网这些吗？

罗爱萍：就是。它是一个新闻机构，有自己的记者，有整套监控流程。

问：其实传统媒体还是被新媒体牵着走，很被动，像某传统媒体的公众号也有些不太严肃的新闻，以前说最重要的是内容，现在好像也有"标题党"的倾向。

罗爱萍：那要看是什么吧，可能想和自媒体抢粉丝，是需要这样的。像我现在转去法律这方面，如果需要我付费去买严肃的政经新闻，我乐于付费，只要质量足够高。但是，有些大号要靠粉丝多取胜，内容免费，不过它会做广告。像 Economics（经济学人），还有我以前经常看的一个网站叫 New Science，很多有趣的研究或发现，刚开始是免费的，后来收费，但很不幸的是，经济学人和 New Science 都是在支付过程中出现问题，屡次支付不成功，我就放弃了。

现在受众我觉得需要分类了。就一般的粉丝的话，是需要你迎合他的口味的。需要高质量的、正经的、严肃的新闻的，也是一种类型。虽然人少但有支付能力，他们愿意购买就 OK。但是传统媒体没有考虑这些。

问：你怎么看待这种现象？

罗爱萍：我觉得以后会好转，但不会像以前那么好（指黄金时代），还是需要这些主流媒体。因为公众号太容易起谣言了，而且个人始终是不可信的，一定要有一套严密的机制，有一个严格的机构，确保它的真实性、权威性。

问：传统媒体正在转型，你认为其方向是什么？

罗爱萍：我对这个问题思考不是很深入。新闻是有市场的，传统媒体的舆论监督功能是不能被取代的。聂树斌的案件如果没有《南方周末》的报道，他也不可能最终沉冤得雪。

前几天一个美国朋友问，中国对美国大选怎么看？我有点被问懵了。因为现在看得多的是自媒体报道，传统媒体报道看得比较少。美国希望了解中国的媒体态度，借此了解中国政府的态度，这是他的思路。可是，传统媒体有关美国大选的信息根本无法达到我这里，感觉我和外国朋友交流都有困难了。国外的传统媒体也在衰落，但主流媒体依旧能控制舆论场，可是中国在这方面却有一定的欠缺。当然这也与国人的习惯有关。我在英国学传播的时候发现，外国人也是玩转社交媒体的，但是一旦有大事件、大新闻发生，他们还是会选择传统媒体，因为他们需要获得很权威的信息。现在中国的情况是，许多人不懂得分辨什么是权威什么是不权威，哪里来的都行，可能还是与国民的素养有关，在筛选信息的能力方面还有待提高。总而言之，在传统媒体衰落的时期里，报纸这种载体是不行了，但新闻还是被需要的。

"希望人生始终保持往上的态势"

问：2015 年，传统媒体走下坡路，大批的媒体人出走，你有受这波"浪潮"影响吗？

罗爱萍：嗯，我有听说，但我个人受其影响倒不大，主要是个人原因，自己的人生规划发生变化。

问：你为什么提前辞去了《广州日报》编辑一职呢？

罗爱萍：到这个年龄，还是希望能有进一步的发展，始终保持往上的态势，会觉得时间更加重要。所以就离开了。怎么样才算往上呢？要么职业往上，要么收入往上，这样生活质量才会往上。可是这个行业已经不能满足我这个愿望了，那就换职业，比如当律师，同样可以实现这个行业的社会价值，收入应该会更高一点。

问：你为什么选择律师这一职业？

罗爱萍：我很早就想当律师了，大概是 2013 年或 2014 年的时候，就跟朋友说过要当律师，当时只是随口说说。她说："啊！转变好大啊！"但还是拖到了2015年才做了这个决定。

问：就是说你在辞职前就想好要做什么了，是吗？

罗爱萍：就随意想了一下吧，也没有认真做过调查，也没有去评估。这个选择比较随意。就是想换一个环境，然后刚好之前进修了法学硕士，对口且便利，就去了。

"只要熬过去以后会更好"

问：在转型期间，有遇到过什么困难吗？

罗爱萍：目前还是有的，和上份工作有关系。

以前做编辑的时候，只要来料加工就好了，不需要跟人打交道，连话都不用说太多。我又是单身，在家也不怎么说话，有时候觉得说话技能都退化了，说话都结巴了，要说上一两百句话以后才能把话说顺。做律师呢，你要跟当事人打交道，要跟他们解释法律，解释为什么要收那么贵的律师费。但我做编辑是不需要解释，连话都不用说。所以有时候会发现自己"吞"掉很多信息，就是我不会将我想说的都说出来，还需要一段时间适应和改变。

另外一个就是，表达不够准确，但律师要求信息是非常准确的。比如，我在微信上与人聊天的时候，面谈时间、要求等都要全部说出来的，但我就要想到一点说一点，有时候还表达不准确。知道了这个毛病以后就要改呀。然后我发现其他行业的人都有这个毛病，好像是一个普遍的现象。后来进一步思考，我想可能是中文思维导致的。

问：做记者的时候不是也要与人沟通吗？

罗爱萍：虽然有共同点的，但要求还是不同的。记者也需要与人交流沟通，以获得信息，但这与律师工作仍有大不同。作为律师，我需要从当事人口中得知案件详细的来龙去脉，获取具体的事实，挖掘其中的法律关系；与此同时，还要向当事人解释案件所涉及的法律知识，根据实际情况分析案件胜诉的可能性。律师的工作技术含量更高，对准确性和严谨性要求更高，但对时效性的要求很低。

问：你接收的案件大概是哪些类型？

罗爱萍：我现在是综合型的律师，每种类型的案件都做，都要学会做。先解决生存问题，打下扎实的基本功，然后再根据个人喜好和机遇，选择一个专业化的方向。需要两三年吧。

问：你有没有遇到过什么棘手的案件？

罗爱萍：没有。有些案件一开始没有思路，但是只要去钻研，总会有思路的。现在司法公开做得比较好，可以在中国裁判文书网找到大量的判决书。这也是我的一个学习方法。有什么新的案件，先确定它的类型，然后找来 20 份判决书看看，基本能了解是怎么回事。再来 20 份加强印象。20 份不够就 50 份，50 份不够就 100 份。这样你对案件在全局上就有一些把握了。当你看了足够多的裁判文书以后，即使一开始你没有头绪的案件，也会慢慢清晰起来。

除此之外，多和同行交流，向他们请教。在律师这个行业，同行交流合作很频繁，也非常重要。事实上，能够通过查找资料或请教他人解决的案件，都不是棘手的案件。

问：在新闻行业工作了十多年，积累的经验是否对你的律师工作有所帮助呢？

罗爱萍：当然有，比如我法律文书就写得不错。除此之外，还有学习方法、人脉、见识，保持学习的习惯。有时候觉得自己蛮普通的，但是与别人相比，又觉得好一点。总的来说，见识、技能会比别人优秀一点。我又比别人更勤奋一点。虽然现在律师的工作刚开始，会遇到很多困难，但只要熬过去，努力一点，以后肯定会做得更好。

"热爱才是最重要的"

问：大学里越来越多的学生选择网络新媒体专业，传统新闻专业遭到冷落。你怎么看待大学以及大学生专业选择的这种转变？

罗爱萍：根据社会热度选择专业很正常。我高考那年，法学是大学里热门的专业，很多学生趋之若鹜，一拥而上。但几年后，法学专业人才过剩，又出现了择业难的问题。社会对不同专业的人才需求处于波动状态，对自己的选择要有清晰的认识，选你喜欢的。

问：有人说新媒体学生以后就业比较吃香，新闻专业就业前景却不被看好，你觉得呢？

罗爱萍：未来难测，关键还在自身。我现在觉得你想做什么行业，一年过渡，三年就可以成为那个行业的专家，只要你足够勤奋。不要把重新开始看得太难，太高估困难，足够勤奋就可以了。什么编程、计算机，文科生也可以做得很好的。只要你肯去学。并没有一条界线说，谁可以学，谁不能学，只要你想，就可以学到学会。我有一个做记者的朋友，去英国读了一个计算机的硕士学位，回国后到了科技公司。

关于新媒体和传统媒体就业的选择，还是以自己喜欢的为主吧，喜欢就坚持去做咯，当然不要长时间地忍受低工资。对于女性来说，你占有多少资源，你的生存环境就会有多好。现在很多女孩子都挺理想主义的，对物质方面的要求不是很看重。不把赚钱当作任务，结婚了就依赖丈夫。

问：对于学习新闻专业的学生，你对我们的未来职业方向有什么建议吗？

罗爱萍：最重要的是做自己喜欢的，热爱才是最重要的。再者，就是要有学习的能力。即使不在这个行业，去到另一个行业也能够适应。专业选择的关系不大，关键要不断学习，保持往上，比别人更努力。

"选择一种自己更喜欢的生活"

问：为什么你自称"单身掌门"？

罗爱萍：这是我的微博名称，当时《中国剩女调查》刚出版，我这本书有一种剩女反击战的意味，所以就很随意地给自己取了这个名字。不过，自从这本书出来之后，引起了广泛的媒体报道，推动剩女舆论的反转。现在看来，这个称号也是蛮名副其实的。

问：是什么原因让你形成现在的爱情观和婚姻观的？

罗爱萍：就是在大家结婚的时候没结婚，不断观察周围朋友的婚姻，读了很多研究婚姻家庭的书，思考了很多，最后发现自己做了一个不错的选择。当时看来比较小众，而且被排挤，现在是越来越大众的选择，社会的态度也变得越来越包容。

问：什么思考？

罗爱萍：就是结婚和没有结婚这两种选择，对个人的生活、工作，最重要的是个人实现，都有哪些利弊。偶尔回顾年轻时的选择，就是在该结婚的年龄选择了去进修，其实是为现在和以后的发展做了很好的铺垫，算是一个很好的选择。而且现在的状态很好，没有什么负担，不需要承担责任，有些钱有些时间，有知识有见识，工作有方向，有前景，好像什么都有了。更重要的是还有自由。只要想到要放弃这些，还真是有点舍不得。

问：什么情境下接触的女权主义？

罗爱萍：就是我生活的情景，再加上去英国接触到女权主义。我也不是一接触就相信，会在生活中不断地验证它，然后发现用它来解释生活中的一些现象是十分合理的，最后才决定信它。

问：比如什么现象？

罗爱萍：像女记者去采访台风，有人说要保护女记者。难道男记者不会被台风吹走吗？为什么只保护女记者而不保护男记者？这是典型的以保护之名剥夺女记者到一线报道的权利。

问：你对剩女的看法和态度有改变吗？

罗爱萍：社会对剩女的态度改变了很多，基本反转了。经济发展和社会变化让更多的人做了这样的决定。最近两年结婚率在雪崩，离婚率却在不断上升。社会变化很快。享受自由，经济独立。在看到其他女性在婚姻里面不平等后，自己会做出选择，选择一种自己更喜欢的生活吧。

采访札记

一直在努力奋斗的人

我们在一家咖啡厅对罗爱萍进行了采访。她的亲和幽默，让我们放下了心中的顾虑和忐忑。我们像朋友一样聊天，谈传统媒体的辉煌与衰落，谈转型期间的得失与苦乐，谈人生路上的选择和决定。

与她分别之后，我们的小组成员小菲有些激动地说："好开心呀！罗老师真的是一个很励志的人。"是的，她一直在努力奋斗。

罗爱萍是一个女权主义者，但她口中的女权主义并不是与我们想象那样，与强势挂钩，它更多的是一种对自己负责，是独立的表现。

她的独立能干、靠自己，不仅仅挂在嘴边。从华中科技大学毕业后，她进入南方都市报社做政法记者，随后辞职，进入中山大学法学院攻读法学硕士，毕业后又去了广州日报社做记者、做编辑。2010年，她申请到志奋领奖学金进入英国威斯敏斯特大学攻读传播学。回来继续从事编辑工作。2015年，传统媒体走下坡路时，她毅然决然地选择转型，成为一名律师。

无论在哪一个职业上，她都倾尽全力做到最好，就像她说的："没有特别喜欢哪个职业，每个职业都有它的意义，在深入了解的过程中才发现越来越喜欢。"身为记者，她以纸媒为载体，撰写新闻报道；身为编辑，编写有新闻价值的稿件，起舆论监督之用，唤社会之公平；身为律师，借法律之威严，维护当事人的利益。她以实际行动，实现所在职业的价值，证明人生的意义。

在新闻行业奋斗十几年的罗爱萍改行做律师，是时代更替下所做的选择，更是为攀登人生新高峰所做的决定。"要么职位往上，要么收入往上，这样生活质量才能有所保证。"十几年来，她一直在努力，一直在奔跑，不仅仅是为了追求自己热爱的事业，也是为了应对单身这种选择可能产生的副作用。她预见单身除了为她带来自由，还可能带来贫困。随着年龄的增长，单身女性和已婚女性的经济状况开始产生差距。已婚女性可享受丈夫带来的成果，而单身女性只能依靠自己。"所以，我要非常努力。在我老去之前，把一切都准备好。"罗老师振振有词地说道，我发现她身上有一种别的女性少有的自信。

也许大势已去，但我们对新闻的热爱仍在。就像罗老师所言："最重要的是做自己喜欢的，热爱才是最重要的。"向公众传递最新的信息，探索事件的缘由，揭开事实的真相，我们有这样的渴望，成为一个新闻工作者的渴望。不同于他人认为的"女性新闻工作者更不易"，罗爱萍老师认为既然你选择了这一事业，就要尽全力做到最好。很多时候，我们都会以"自己是女生"为自己找借口，却常常忘了反问自身，男生能做到的，我们为什么做不到，就因为我们是女生吗？罗老师的一番话，让我想起了前段时间的一则新闻，女记者出外采访时，高举遮阳伞，怕热怕晒。这与记者所要求的职业精神大相径庭。

选择自己所热爱的，并为之努力，这便是罗爱萍老师所要传递给我们的信念。

张海波　女儿促使我转型

宋海南　章玉洁

人物档案

张海波，男，1996 年毕业于武汉大学新闻与传播学院。先后在羊城晚报社、新快报社、粤港信息日报社、广州青年报社担任记者、编辑、副总编辑、总编辑、社长等职。做记者期间，著有《中国股市大索赔》等专著，获广东新闻奖、中国晚报新闻奖等多个奖项。目前主编出版了关于媒介素养和家庭教育的系列教材 20 多本。

2006 年，从大众媒体进入青少年报刊和少年宫工作。曾在亚组委志愿者部担任部长助理、宣传策划研究办主任。在国内率先开展儿童媒介素养教育的研究与实践，先后主持多个广东省和全国的多项重点科研课题。其主编的《媒介素养》教材成为我国第一本进入国家地方课程的本领域教材。

现任广州市少年宫副主任和中国青少年宫协会儿童媒介素养教育研究中心主任，担任多所高校、研究院的兼职教授、客座研究员和校外硕士生导师。

"十年磨一剑，首本进入我国地方课程的媒介素养教材问世，感恩团队、各位师友。" 2017 年 1 月 22 日，张海波在朋友圈表达了自己的激动之情。由他主编的教材《媒介素养》正式通过了广东省中小学教材审定委员会的审定。

从一名资深的媒体从业人员到儿童媒介素养教育专家，张海波默默耕耘了十年。他的转型故事也是这个时代传统媒体人转型的一个缩影。

一个曾经认为"记者是天底下最好职业"的人，怎么会俯下身去做个"孩子王"？他的答案多少有点让我们感到意外：是他八岁的女儿促使他职业转型。

对张海波从事的媒介素养教育事业，暨南大学新闻与传播学院院长范以锦去年8月在《岭南传媒探索》的一篇文章中提及此事，并给予充分肯定："从小就抓媒介素养教育，是大势所趋。"

"记者是天底下最好的职业"

问：从资料中了解到，你当初是武汉大学在河北省招收的文科最高分，听说当时还有保送北京知名学校的机会。你最后为什么还是选择了武汉大学呢？

张海波：记者这个职业太好了。我从小就想当记者。我的性格不适合从事那种机械重复的工作，我父母是工程师，他们的工作就有点重复单调。记者就不一样啊，每天都是新的，每天可以采访不同的人，可以见到许多新鲜的事物。所以，当年高考时，中学老师给我保送北京两所重点高校的机会，但不是新闻系，我没去。那年只有人大和武大的新闻系到我那学校招生，武大来的老师到我们学校，我就问他：凭我的分数能不能确保我去新闻系？他说行，我就选了武大。后来老师说，你是我从河北省那年招的文科最高分。

问：毕业以后，你就去了报社当记者。你是不是整个大学期间都是朝着做记者这个目标去努力的呢？

张海波：对啊。我小学就当《中国少年报》小记者，现在还保存着小主人证书呢。后来在大学就当校报主编，当《中国青年报》的校园记者，投稿什么的一直想当记者。我觉得记者是天底下最好的职业，其实我现在依然这么认为，记者这个行业对于刚走进社会的年轻人来说依然是最好的选择之一。虽然现在这个行业不怎么景气，但这个职业对于人的锻炼还是非常好的。

问：那么请问你是如何看待记者这一职业的呢？

张海波：我记得谁说过："记者是一切职业的职业。"你做了记者之后，再去做别的，应该都能适应。人最重要的就是阅历，只有记者这个职业能天然地接触各行各业的人。你想学习社会的各类知识，都可以通过记者这个职业去亲身学习，而且可以学到这个社会最前沿的一些东西。

问：就像我们学新闻才能接触到老师一样。

张海波：很庆幸！我赶上了这个行业最好的时候。我的一位《南方周末》的师姐曾经这样描写 20 世纪末本世纪初的那段广州报业时光："那些金子一样的日子，闪亮得让人不敢相信。"

对于新闻人，那确实是一段黄金岁月。那时候我一到报社，就成了广州（可能也是全国）第一批"跑街记者"。所谓"跑街"，就是做社会新闻，做最底层的民生新闻，回想起来对我来说有很大的锻炼。后来，我又当财经记者。你说，我现在为什么能做媒介素养教育？和我当时的经历很有关系。我直接经历了网络在中国的兴起，那时跑网站，做 IT 记者，天天跑联想、新浪、腾讯、搜狐、网易……

问：你的同学毕业以后都从事了记者或者其他传媒职业吗？

张海波：能做记者都做记者了。那时候公务员也不是很热，也有少部分人去了企业。今年正好是我毕业 20 年。我刚回了一趟学校，发现我们做记者的同学，大概只有不到三分之一的人还在从事新闻行业，不少人都离开报社或电视台了。

问：你做财经记者的时候，有什么困难吗？像我们现在大学并没有专门学习财经知识，要怎么才能更加专业地报道财经新闻？

张海波：感谢我的母校。武大新闻系有个很好的传统，就是重实践。那个时候，我们大学的老师就提出，做记者要做专家型记者。比方，你是做财经记者的，你就应该成为半个财经专家。

我一直按这个来要求自己。大学二年级，我到《中国三峡工程报》实习，就利用一个假期和老记者跑遍了三峡坝区，写了上万字的《中国三峡大移民》调研报告。后来，我做财经记者，接触了股票索赔，就开始做了一年多研究，写了一本《中国股市大索赔》，这在当时国内也是第一本研究股票索赔的书。

你报道什么，就要研究什么。记者有很好的便利条件，这也是我非常喜欢记者这个职业的原因之一。你可以学到很多东西，而且你可以见到这个行业最棒的人。做记者这个职业真的是非常美好的。我有一段时间跑少年宫，就对少年宫教育有了深入的了解。我后来进入校外教育行业，和那段经历也很有关系。

"我们是第一批不跑线的记者"

问：在这段经历里，有没有让你记忆比较深刻的事情，那些能当作人生财富和美好回忆的故事呢？

张海波：有啊。第一个经历就是广州甚至全国的"报业大战"，我们开始做社区新闻。这是《羊城晚报》的创新，就是派记者到社区抓鲜活新闻。之前，记者到报社都是分线的，每条线上都有通讯员给你报料、供稿。我们是第一批不跑线的记者，不再写那种由政府部门或企业公关宣传部门给的宣传文章。那时候，我们在广州大街小巷抓新闻是很特别的。

我是北方人，又不懂广州话，踩个破单车，到西关那些老街，看到人家灭蟑螂，冒着很大的浓烟，就觉得很新鲜。我们北方人没灭过蟑螂，就知道抓老鼠。我就跑去问："这怎么回事啊？"他们说，那个街在灭蟑螂。我记着是荔湾区的金花街，印象很深。我就跑到社区居委会，问大妈，"怎么灭的呢？"大妈很热情地接受了采访，还感叹这些年轻记者真勤奋。

我们那时候这一批"跑街记者"后来在行业里发展得很不错，都成长为报社骨干。就是因为我们写很鲜活的故事，抛弃了当时的"官样文章"。

问：确实是一段珍贵的回忆。你刚刚说，这是第一个回忆，快给我们说一说另一段深刻的经历吧。

张海波：第二个让我感受很大的，就是做财经记者。正好是互联网刚刚兴起的时候，热了一段之后，它很快就遭遇第一次泡沫破灭。最低潮时，所有的企业都亏损。张朝阳啊，马化腾啊，都是他们最难的时候。那时候说互联网是"眼球经济"，纳斯达克都破灭了。腾讯推广QQ，给IT记者人人开通QQ号，给我们用。那时候，我们都用MSN。在很多人印象中，一般小孩才用QQ。我们知道互联网最真实的内幕，知道互联网其实蕴藏着很大的力量。这段经历让我觉得，我对互联网的了解特别深刻，因为我们完整地经历了它的起步、挫折和发展。

"女儿成为我的转型契机"

问：这段经历为你做媒介素养有了很好的借鉴，对吗？你比普通人更了解它的重要性？

张海波：对啊。你们说我转型，其实我认为自己就不存在什么转型问题。十年前，我离开媒体的时候，报纸这个行业还是非常好的。我那时候离开主要是因为进入了青少年报刊，到广州青年报社做总编辑，在少年宫做副主任。我转型，并不是因为这个行业不景气，而是因为一个偶然的机会从大众媒体进入了青少年媒体。当时我思考，青少年媒体应该怎么做？我想到了我刚到羊城晚报社工作时，广州各大报业都在推自办发行，请了日本报社的发行顾问。我当时就听说日本报刊为了培养下一代读者，专门派记者进行新闻知识教育，提升中小学生的媒介素养。我认为，媒介素养应该是青少年媒体应该做的事，青少年媒体不应该和大众媒体走一样的路线。这是促使我转型的一个点。

问：那么，请问这是你转型的唯一缘由吗？还是别的契机促使你转型？

张海波：另外一个真正促使我转型的契机，就是我有了女儿。我女儿八岁了。她一出生，我就看她用iPad，用手机，从小就玩，玩得比我好。我感到很震惊。所以，真正让我萌生做媒介素养研究的原因，就是因为我有女儿。

我当过IT记者，意识到新媒介对人的工作和生活方式的巨大改变。而且，我又发现英国、日本、中国香港、中国台湾等地都有教育界、传播界的人在推动这件事。我们也应该有人做这个事。

问：你并不是因为觉得媒体的前景不好才决定转行的，一切可以说都是机缘巧合。

张海波：对啊，其实我觉得青少年报刊这一块是很有前景的。不论网络再怎么发展，书本的阅读对于孩子，特别是低龄儿童来说短时期还是无法取代的。我认为，互联网改变了很多东西，但也有很多东西是互联网无法改变的。我们有的时候爱走极端，我做 IT 记者那会儿，很多人说互联网是骗人的，是"眼球经济"，是泡沫，现在有很多人认为互联网可以取代一切。

问：那么，你是如何看待互联网的呢？

张海波：互联网是人类历史上一个伟大的科技工具，但它也是人类发明创造历史的一部分，它也在不断地改进发展。人要掌握利用工具，最终改变世界的是人。

我们教媒介素养就是首先要对媒介有个全面认识。互联网伟大，但作为工具，我们要学会趋利避害。互联网为什么伟大？那是要人能够正确合理地运用它、把握它，才可以使它伟大。

问：媒介素养在这其中所起的作用是什么呢？

张海波：媒介素养其实是强调人的作用。很多人都误解了互联网。现在，过多地强调人适应工具，被工具改变。其实，过了就是异化嘛！是要人去辨别信息，去理性表达，去安全健康文明地使用工具。政府要去立法、去规范，企业要有社会责任，这都是在强调人的意志。网络确实伟大，但更重要的是人，这才是媒介素养的概念。

问：媒介素养的目标就是教我们去合理正确地使用网络？

张海波：嗯，可以这么说。

我这二十年，前十年是做记者，后十年是搞媒介素养教育。我觉得有偶然性，这正好是我的工作经历让我这样做了。但也有必然性，正好经历了从大众媒体时代到人人皆有麦克风的自媒体时代。

我搞媒介素养教育，并不是像我想当记者那样有意识地自觉地去做，我还是想当记者，但我的经历坚定了我要去做媒介素养，特别是我有了女儿之后。人吧，有了孩子之后，生活就会自然而然地慢下来，也会思考更多工作之外的事情。记者是一个变化很快的职业，但我做了父亲之后就慢了下来。我发现，我女儿出现了那么多的变化，她从小就会用智能手机、社交媒体，提出很多我们小时候想都没想过的问题。她看的许多成人化视频也让我担心不已。所以，我觉得我现在做的事情特别有意义，客观上正好契合了这个时代趋势。

"要在时代中找到自己的价值"

问：有人认为，纸媒时代就要消亡了，你是怎么看待这种观点呢？

张海波：我以前做过产业报道，当年很火的产业，如 VCD、光碟什么的，你们现在还在用吗？（很少了，小时候倒是有印象）BP 机见过吗？（我只是听说过，并没有用过，好像是父母那一代人用的）没有一个行业是永远不变的，包括现在的互联网企业。在这短短几十年，它们也经历了几代技术的发展和变革。

网络现在对许多行业都冲击了，不只是记者受影响啊。包括现在的大学教育，互联网现在那么发达，你完全可以坐在家里上哈佛老师的课。现在很多大学也在转型。这是一个普遍规律，没有什么值得大惊小怪的。

互联网既然是个时代潮流，你就要去善用它，你制造的内容要和互联网结合，你要做有价值的东西。不管互联网怎么发展，你传播的内容始终是图像、文字、声音。你得有这个能力，去好好运用互联网这个载体。

举个例子，我 20 年前毕业时，很多人愿意去电视台、报社，不太愿意去广播电台做记者，广播电台那时相对来说是弱势媒体。都有电视了，还有人去听广播吗？后来，因为汽车出现，交通台火爆了，广播成为了汽车的一部分。

所以，我们要看到，所有的东西都处于变化之中。你永远要在这个时代中找到自己的价值，这才是最重要的。

问：如果现在你还是记者的话，你就不会因为这个趋势而改变自己的职业方向，而是会用互联网这个更好的载体来表达自己。对吗？

张海波：互联网对纸媒确实是个冲击，但对记者来说是个很大的解放。

你以前在传统媒体做记者，每一篇好文章能确保 10 万人看到，而且可以直接和你联系吗？不可能！像"罗辑思维"的罗振宇，他以前在中央电视台做制片人，现在做自媒体，你说哪个价值更高？互联网让有价值的人更有价值了。以前他在媒体工作，媒体的价值比他大。所以，别说互联网给记者带来了多大的损失，给这个行业带来了多大的冲击。关键还得看你自己有没有价值。

我离开媒体之后，可以更客观地说这种话。

"改变家长的观念很难"

问：从事媒介素养教育，你有没有遇到什么困难？

张海波：第一个困难主要是观念的问题。

问：是不是家长还不能够理解？

张海波：主要是中国的互联网发展太快了。中国用短短几十年的时间走过了别人几百年的路，说是大跨越发展一点都不为过。你看，现在的腾讯、阿里巴巴都是世界顶尖的。发展的速度这么快，让我们大人都猝不及防，包括我自己，看我女儿玩手机都很震惊。我自己用手机，有些功能要弄半天，小孩子"咔咔咔"很快就搞定了。

问：挑战体现在哪些方面？

张海波：媒介素养最大的挑战，就是人们怎么在互联网席卷一切的环境下，冷静、理性地看待互联网，思考互联网到底对孩子造成什么影响。

现在，很多人都来不及，就好像一觉醒来手机就普及了，突然有一天孩子们就在网上看到各种资源了。孩子们在网上炫富、秀恩爱、对骂、分手、看直播，这在以前是不可想象的。现在，各种信息大人还没看，孩子们就已经看了。后喻文化时代，年轻人在新生事物方面比大人还厉害，现在许多潮流文化都是年轻人在引导。像什么超女、好声音。现在一些手机里最新游戏的玩法，我也在家里经常要问我女儿怎么玩。

问：面对这样的情况，媒介素养教我们做什么？

张海波：媒介素养就是让我们慢下来，思考一下：互联网到底是个什么东西？它给我们人们生活带了什么变化？这些变化哪些是好的？哪些可能是不好的？

媒介素养就是教大人小孩趋利避害，让大人小孩一起去解决在互联网时代生活中遇到的问题。可是，我们大人对这些都没来得及思考，天天刷屏。当务之急就是改变大人们的理念。媒介素养首先是大人的媒介素养。我们现在就经常做家长讲座，就是想努力改变家长的观念。

问：但改变观念其实是一件非常困难的事情。

张海波：尤其是家长的观念。世界上有一群人，天天让孩子学习，而自己不爱学习。这群人就是家长。

问：你从事媒介素养教育，成就感来源于哪里？坚持下去的动力又是什么？毕竟，教育工作不如记者那么刺激新鲜。

张海波：做记者每天都是新的。但我做了教育，发现其实都是一样的，因为你天天看到孩子们在成长，有变化，也是新的，很开心！你给孩子们上课，你可以看到他们给你反馈；孩子们天天玩新东西你也可以和他们一起玩。你自己学东西的速度会慢很多，跟着孩子就不一样了。

最近我开了一个课，教孩子们如何合理规划时间、玩网络游戏而不成瘾。为了上好课，我就跟着他们打"我的世界""王者荣耀"。如果不开这个课，我不可能天天玩这些。所以，我觉得蛮好的，很有挑战性。这和我做记者的乐趣是一样的。

媒介素养应成为公民必备素养

问：作为媒介素养教育的推动者，在将来，你希望能达到怎样的成就呢？或者说，你未来的目标是什么？

张海波：其实，我希望在未来，"媒介素养"能够成为网络时代公民必备素养。

现在，为什么没有人反复说"红灯停，绿灯行"？如果你对一个大人说这句话，他可能会说你是神经病。但是，如果你对一个大人说"玩手机要注意哦，你要注意控制好时间，要注意多一点与孩子的亲子时光，而且你要注意孩子手机上的内容是否合适"。他会停下来，思考一下，觉得好像是这么回事。其实，我觉得有一天，这些话是不应该和大人去说的，这应该是做家长应该懂得的基本常识。这个需要过程，这个过程就是媒介素养教育存在的意义。

问：你和家长们提起这些，他们是不是第一次听说？

张海波：对啊，现在还不是一种常识。所以，现在我们要做的事情，或者是说，我们做媒介素养教育的最大目标，就是把它变成一个人的基本行为规范。现在许多地方都开展媒介素养教育课程，国外也是这样的。在英国，中学就有一门课是媒介素养。在中国还没有，我们的团队正在努力突破。

另外，我们也做家庭媒介素养，想让家长知道，有了新媒体后，我们要注意正确地使用媒介，同时要教育好孩子。我认为，"互联网＋"的时代真正到来，应该有两个标志：一是所有行业都是互联网行业，也就是说网络像自来水、电一样，成为基本工具和要素；二是媒介素养成为每个公民的基本素养。我们的努力就是实现后一个目标。

问：从目前看来，除了广东开始媒介素养教育，国内其他地方还比较少。你会把媒介素养教育作为终身事业吗？

张海波：其实，不只广东在进行媒介素养教育，我们立足于全国青少年协会媒介素养中心，在全国18个主要城市的青少年宫（并且立足少年宫），面向学校和家庭，都在全面推进媒介素养教育。今年，我们还加大了向中西部地区、农村地区、留守儿童推广媒介素养教育。媒介素养教育应该成为全民教育。

问：是以广州为中心，在全国开展媒介素养教育？

张海波：2014年，中国青少年宫协会把全国青少年宫系统的儿童媒介素养中心设在这里（广州少年宫），由我们负责向全国开展媒介素养教育。所以，现在我们是一个全国平台，不仅仅是广东平台。

我们以少年宫为载体，在全国各大城市甚至到中西部农村进行媒介素养教育，从而辐射到学校、家庭。我们现在带孩子到国外参加国际会议，走向国际，让世界了解我们。2016 年我们带孩子去芬兰，2017 年我们带孩子到泰国参加联合国亚太区网络管制论坛并发言。

媒介素养实际上是个世界问题，不仅仅是中国。在这个问题上，能在全世界找到共同语言。你和英国、美国的父母谈，他们也会抱怨说，孩子现在回家天天都抱着 iPad，都在玩"我的世界"。

问：看来，这是一个漫长的过程，需要全世界共同努力。所以，你会奋斗终生？

张海波：一件很有意义的事情要做好，需要坚持。

问：就是要等到"媒介素养"成为共识，能达到大家不需要谈起"媒介素养"这个词为止？

张海波：对，会一直坚持做。

问：像你所希望的，当"媒介素养"这个词消失的那一天，你会怎么办？会转向其他领域吗？

张海波：我还可以继续从事教育啊，比如亲子关系，也是我们媒介素养中一个很重要的命题。

人的命运不应该被科技安排或取代。科技的发展，其实最终还是要回到人性，不能异化。我们要追问，我们人想做什么，而不是科技发展在哪里。在许多美国科技大片里，人工智能失控甚至会威胁人类命运，这些问题其实并不是很遥远，甚至很有可能十几年后就会出现。那么，我们人类有没有想过要怎么应对呢？

问：所以，这是你认为更加深层次的问题？

张海波：我认为这更有意义。科技越是发展，我们越要探讨人到底要怎么做。比如教育，许多人认为现在有了互联网还上学干什么呢？老师还有什么必要呢？可在我看来，人类可以把许多事情托付给机器，但教育这件事，只要人类还存在，人类下一代的发展是不能托付给机器的。以后，我还会继续从事教育，更深层次地探讨人类在科技发展中自身重要性的意识。

问：也就是说，你还是会以媒介素养作为切入口？

张海波：媒介素养的更高阶段，就是培育人们运用科技时的理性的自主意识。现在是讲趋利避害，下一步是人应该怎样处理与科技的关系，不仅仅是媒介的关系了。媒介是科技的一部分，我们人应当想一想科技的发展将把我们带往何处？那里真是我们想要的命运吗？

"传播学应该要向媒介素养转型"

问：作为我们的"大前辈"，你认为，我们新闻系学生要如何应对现在"纸媒消亡""媒体人转型"的趋势呢？

张海波：前几天，我回母校武汉大学参加毕业二十年座谈的时候，也谈到了这个问题。老师给我们出了个题目："你们现在都毕业二十年了，在各行各业各有所成，能不能给我们母校提个建议？现在新闻学科面临着很大的转型。以前我们新闻学院是为大众媒体培养人才，现在大众媒体、报纸、广播电视台都'不行啦'、'不要人啦'。现在新媒体也不一定要新闻系的人，要懂技术的人更多一点，那新闻传播学院怎么办？"

问：看来，这样的担忧是普遍存在的。你是如何回答的呢？

张海波：我认为，新闻传播学院作为一个培养人才的地方，确实应该随着产业的变化而变化。媒介素养为传播学的转型提供了机会。以前，我们也把媒介素养作为传播学最核心的东西，只是它渗透在各个课程里，像写作课、采编课，但那个时候我们着重的是专业素养，就是未来你要成为专业传播人才，成为一个记者、一个编辑，你要具备的素养、价值观。

问：但今天情况不同了，是吗？

张海波：对，现在是自媒体时代，人人都可以进行传播。问题也出现了，在自媒体时代人人都有麦克风，但人人都具备做公共传播的能力吗？这个能力包括如何在公共传播中构建影响力？如何理性表达？人肉搜索、网络谩骂、信息碎片化怎么办？当人人拥有自媒体的时代，媒介素养就应该成为一种通识教育。所以现在大众传播学的研究核心，应该从之前以专业的大众媒体为核心，向以社会大众的媒介素养为核心转型。

问：你现在所说的，是针对新闻系的转型建议？

张海波：是的，我希望新闻传播学能有一个领域专门去研究媒介素养，可是我看到，传播学领域对媒介素养的关注还较少。对于传播学的学生来讲呢，应当注重培养与人沟通的能力，以及如何获取信息的能力。如今，新闻学专业的学生就业面将更宽，自媒体时代企业需要更多的人才进行宣传。

问：撇开新闻人的身份，你认为我们作为大学生，需要具备什么样的品质呢？

张海波：我侄女现在也在读大学，在与她交流的过程中，我发现，现在这一代年轻人见识面很广，自主能力很强，这是很大的优势。但我觉得，如今大学生更重要的是提高自己发现问题、解决问题的能力。

我现在作为高校的校外硕士生导师，看了许多大学生的论文，发现一些大学生很多时候懒得去独立思考，容易人云亦云。面对网络的繁杂信息时，缺乏独立思考，习惯于从网络搜集别人的观点。我希望大学生可以自己提出一个问题，去实践，去找相关对象好好谈一谈，进行调查分析，再得出自己的观点，并且敢于坚持自己的观点。这是我觉得大学生需要具备的品质。

采访札记

幼吾幼以及人之幼的"孩子王"

传统媒体人转型者众多，但像张海波这样来到少年官，全身心地投入媒介素养教育，每天与孩子们交流、与孩子们打成一片甚至成为了"孩子王"的转型人，实属少见。

在"孩子王"与孩子们欢声笑语的背后，我们看到了张海波对媒介素养教育的执着。他说，这个转型一定程度上是有机缘巧合的，早年IT记者的经历，让他深刻认识到互联网的力量，又因为一次偶然的工作调动，他来到了青少年报刊，来到了少年官担任副主任，使他对于青少年这一群体更加关注。

　　然而，女儿的出生，更是坚定了张海波对媒介素养教育重要性的判断。当他看到女儿在懵懂的年龄就能熟练操作平板电脑时，他的内心五味杂陈，一方面为女儿通过平板电脑而获得欢乐而感到开心；另一方面为女儿感到担忧——还在懵懂之际的女儿，将如何面对复杂的网络世界？她会被网络上的不良信息所伤害吗？……

　　幼吾幼以及人之幼。张海波想到了与他面临同样情况的家长们。在对张海波的访谈中，他总是强调手机、平板电脑等新媒介充斥着人们的生活，使得家长与孩子们的交流愈发减少，亲子关系的恶化由此产生……作为较早使用电脑工作的记者，张海波认为媒介素养的重要性是难以言喻的。在瞬息万变的互联网时代，人们如何面对互联网，如何正确处理与媒介的关系，已经成为一个重要课题。

　　在与张海波的交谈中，我们能深切地感受到他对于孩子们的喜爱，对于科技发展与人关系的思考，以及张海波对于媒介素养这条知易行难的道路的坚定信念。我们也希望，有一天，"媒介素养"能够成为通识，不再需要被人们提及。那时应该是他最为开心的时候吧！